高等院校应用型教材——经济管理系列

基 础 会 计

姜彤彤　主　编

王　磊　黄桂然　副主编

清华大学出版社
北 京

内 容 简 介

本书以新的《中华人民共和国会计法》《企业会计准则》等法律法规为基础进行编写，以培养应用型人才为目标，注重实践教学和案例教学，并通过贯穿于教材始终的"思政课堂"纳入思政元素，充分发挥立德树人、课程育人的功能。其主要内容包括：会计学总论、会计核算的基本前提与基础、会计要素与会计等式、会计科目与账户、复式记账原理、复式记账原理的应用、会计凭证、会计账簿、财产清查、编制财务报告、会计循环与账务处理程序。

本书可作为高等学校经济管理类专业本、专科及研究生的教材，也可作为在职人员培训、MBA 教学及经济管理干部和工作人员自学用教材或参考书。

图书在版编目(CIP)数据

基础会计/姜彤彤主编. —北京：清华大学出版社，2024.3

高等院校应用型教材. 经济管理系列

ISBN 978-7-302-65694-4

Ⅰ. ①基…　Ⅱ. ①姜…　Ⅲ. ①会计学—高等学校—教材　Ⅳ. ①F230

中国国家版本馆 CIP 数据核字(2024)第 048539 号

责任编辑：陈冬梅　陈立静
封面设计：李　坤
责任校对：周剑云
责任印制：刘海龙

出版发行：清华大学出版社

网　　　址：https://www.tup.com.cn, https://www.wqxuetang.com
地　　　址：北京清华大学学研大厦 A 座　　　邮　　编：100084
社 总 机：010-83470000　　　　　　　　　邮　　购：010-62786544
投稿与读者服务：010-62776969, c-service@tup.tsinghua.edu.cn
质量反馈：010-62772015, zhiliang@tup.tsinghua.edu.cn
课件下载：https://www.tup.com.cn, 010-62791865

印 装 者：三河市龙大印装有限公司

经　　销：全国新华书店

开　　本：185mm×260mm　　印　张：20　　字　数：483 千字
版　　次：2024 年 3 月第 1 版　　　　印　次：2024 年 3 月第 1 次印刷
印　　数：1~1200
定　　价：58.00 元

产品编号：094214-01

前　言

　　会计是现代企业一项重要的基础性工作，通过一系列会计程序和方法，给决策者和其他会计信息使用者提供有用的信息。在此基础上，企业的财务管理和审计等工作才得以顺利进行。随着我国社会主义市场经济的深入发展和互联网时代会计信息化的必然趋势，会计面临着重大的机遇和挑战。除核算和监督的基本职能外，会计还担负起了参与经济预测和决策的任务。提升会计工作能力，是加强经济管理、寻求经济效益、助力社会主义现代化建设的一项重要内容。

　　2019 年 8 月，中共中央办公厅、国务院办公厅印发了《关于深化新时代学校思想政治理论课改革创新的若干意见》，明确提出要整体推进高校课程思政建设，发挥所有课程的育人功能。在此背景下，与时俱进地进行会计学教学改革，坚持把立德树人作为教学的中心环节，将正确的思想和观念贯穿于教育、教学的全过程，已成为必然选择。2022 年 10 月，党的二十大在北京胜利召开。二十大报告提出"必须坚持科技是第一生产力、人才是第一资源、创新是第一动力，深入实施科教兴国战略、人才强国战略、创新驱动发展战略，开辟发展新领域新赛道，不断塑造发展新动能新优势"等具体要求，这就使培养高端会计人才更加迫在眉睫。鉴于此，以"基础会计"为名编写一本教材，融合课程思政元素，并突出其应用性、实践性和创新性，以满足时代发展的需要。

　　本书的内容共分十一章，主要包括：会计学总论、会计核算的基本前提与基础、会计要素与会计等式、会计科目与账户、复式记账原理、复式记账原理的应用、会计凭证、会计账簿、财产清查、编制财务报告、会计循环与账务处理程序。

　　本书具有如下特点。

　　(1) 以培养应用型人才为目标，注重实践教学。从传授知识逐渐向培养能力转变，依据实际教学过程采取差异化、注重个性发展的多元化教学模式，以社会实际需求为导向，将能力提升与实践应用相结合。

　　(2) 高校人才培养是育人和育才相统一的过程，通过贯穿于教材始终的"思政课堂"和弘扬正确价值观的典型案例，充分发挥课程育人的功能。

　　(3) 重视案例教学和解决实际问题的能力。结合国内外会计学领域的最新案例，将抽象的理论与生动翔实的案例相结合，由浅入深，由简入繁，使学生在轻松快乐的气氛中学到知识。每章均设有教学目的与要求、关键词、引导案例、知识链接、本章小结、复习与思考题等，同时配有带动画效果的 PPT 教学课件，以提升教学效果。

(4) 注重实效性和政策性。在系统地介绍会计学发展脉络的基础上，以最新《中华人民共和国会计法》《企业会计准则》等法律法规为基础进行编写，反映我国会计和税收等制度改革的最新成果和发展动态，突出时代特色。

本书由山东师范大学经济学院的姜彤彤任主编，黄桂然、王磊任副主编，鲁彦参编。姜彤彤负责全书总体框架设计、初稿修订、补充及最后定稿，黄桂然负责全书的初稿审阅。具体编写分工如下：第一章至第五章由姜彤彤编写；第六章由姜彤彤和鲁彦共同编写；第七章至第八章由黄桂然和王磊共同编写；第九章由黄桂然编写；第十章至第十一章由王磊和姜彤彤共同编写。山东师范大学经济学院硕士研究生陈旭、栾博文在书稿编写的过程中作出了一定贡献。本书的编写、出版得到了清华大学出版社的大力支持，在此我们表示衷心的感谢。

在本书成稿的过程中，参考了相关的法律、法规著作和二十多本近期出版的教材，特向这些专著和教材的作者致以最诚挚的谢意！我们努力将基础会计的理论教学与实践教学相结合，同时融入课程思政的元素。尽管这是一次很好的尝试，但限于作者的水平，可能出现很多不尽人意之处，错误和疏漏也在所难免。希望广大读者不吝指正，以便我们不断修改和完善。

编 者

目　录

第一章　会计学总论

【教学目的与要求】

通过本章的教学，要求学生了解会计的起源；了解会计产生与发展的三个阶段；了解企业的组织形式；了解会计学科体系；了解会计信息使用者包括的内容；理解会计的职能与目标；掌握会计的概念；掌握会计核算方法体系。

【关键词】

古代会计时期　近代会计时期　现代会计时期　信息系统论　管理活动论　会计学科体系　财务会计　管理会计　核算　监督　决策有用观　受托责任观　会计信息使用者会计核算方法　设置科目与账户　复式记账　填制和审核凭证　登记账簿　成本计算　财产清查　编制财务报告

【引导案例】

解忧杂货铺

北关村村口有一个解忧杂货铺，张老板接手该杂货铺仅仅两年的时间，每天起早贪黑辛辛苦苦地经营。同村的小王是会计专业的大学生，张老板向小王寻求帮助。他主要关注杂货铺在年末的财务状况如何，当年的经营业绩怎样，是赚钱了还是赔钱了。他请小王搜集了有关杂货铺的经营信息，并请其进行综合分析。

有关会计事项	单位：人民币元
全年的销售收入	563 342
全年的销货成本	336 745
支付给张老板的工资	85 476
支付给其他员工的工资	63 455
年末商店的价值	600 000
年末小型货车的价值	50 000
年末库存货物的价值	80 000
保险柜里的现金和银行中的存款	6 500
水费、电费、电话费等各项杂费	40 500
年末欠供应商的账款	12 000
年末欠银行的款项	20 000

张老板还告诉小王，当年该地区的地产有小幅度的升值。但房屋经过一年的风吹日晒有些损坏，总的来说它的价值仍维持在一年前的水平上。而小型货车经过一年的使用，其价值从一年前的 60 000 元降到现在的 50 000 元，这中间的差额就是货车需要计提的折旧，在计算经营业绩时也要考虑在内。

思考题：

1. 评价该杂货铺一年来的经营业绩，即盈亏情况。
2. 分析该杂货铺年末的财务状况，即资产负债情况。

第一节　会计的产生与发展

以史为镜，可以知兴替；以人为镜，可以明得失。我们要界定会计的含义，对其有深刻的理解，全面发挥会计的作用，就需要对会计的起源、历史发展过程有所了解。经济越发展，会计越重要，作为国际通用的商业语言，会计的重要性与日俱增。

一、会计与生产活动的关系

为了自身的生存和发展所进行的生产性劳动，是人类社会一切活动的前提和基础。从古到今，人类的生产活动都存在着劳动耗费和劳动成果的计量、记录问题，都期望以较少的劳动耗费取得尽可能多的劳动成果。原始社会时期的人类，形成部落进行生产和劳作。在这个过程中，劳动生产力低下，社会生产发展缓慢。人们通过简单协作，按性别和年龄实行自然分工劳动。生产资料和生活资源是共有的，产品也归全体部落成员共同占有，并进行平均分配。随着生产力的发展，单凭头脑记忆已不能满足日常记录的需要，逐渐出现了一些简单的符号和行为来记录劳动成果的数量及其储存和分配情况。据考证，旧石器时代中晚期，人们已经通过绘制简单的图像和条纹痕迹等对少量的剩余产品进行记录和管理。后来，"刻木记事""结绳记事""垒石计数"等原始的计量、记录行为逐渐出现。这些简单的计量方式，与当时的社会生产力发展水平相适应，基本满足了部落群体日常打猎、种植、捕鱼、放牧以及交换的需要。但此时的计量、记录活动只能称为会计的萌芽行为，并没有专门的人从事这方面的工作，而是在生产性劳动之余进行的，是生产职能的附带部分。这些简单的计量方法不仅与会计有关，还与统计学、数学等其他相关学科有关，这个时期的会计我们称为会计萌芽阶段。

奴隶社会的中后期，随着生产力的不断发展，剩余产品迅速增加，会计逐渐从生产职能的附带职能中独立出来，有特殊的、专门的人从事这方面的工作，他们利用初等算术和成熟的文字对当时统治阶级的财产物资进行保管和记录。可见，会计是随着社会生产力的发展变化而逐渐产生的，是生产力发展到一定阶段的必然产物，对生产活动进行有效的管理是它产生的根本动因。人类有目的的生产性劳动是会计产生的前提条件。如果没有生产活动的各种劳动成果，便不会有最初会计的萌芽行为和后来专门的会计计量、记录工作。考古结果表明，只有当人类的生产活动发展到一定阶段，生产出来的产品足够保障人类生存和发展的基本需要时，人们才会关心劳动成果与劳动耗费的比较。当大量的剩余产品出现后，就会有专职人员从事相关工作，这时候真正的会计逐渐产生并得以发展。

二、会计从产生到现在经历的三个发展阶段

一般认为，会计从产生到现在经历了三个发展阶段。在这个过程中，会计逐渐从简单到复杂，由低级到高级。截止到目前，会计仍处于不断的演变和进化当中。

(一)古代会计时期(会计产生至复式簿记形成)

从奴隶社会的繁盛时期到 15 世纪末，单式簿记应用广泛，但发展缓慢。一般将这一时期的会计称为古代会计。

1. 中国

距今三千多年前的西周时期，我国首次出现了"会计"一词，《周礼·天官》中记载："会计，以参互考日成，以月要考月成，以岁会考岁成。"此处的"计"指的是日常的零星记录，"会"指的是期末的汇总计算，月要、岁会已初步具备了现代会计的月报、年报等会计报表的作用。周王朝还设立了专门的会计官吏——司会，主管财政经济及对官员政绩的考察。又设司书、职内、职岁和职币四职分理日常业务，其中司书掌管会计账簿，职内掌管财务收入账户，职岁掌管财务支出账户，职币掌管财务结余，这些人分工协作并定期进行汇总和报送。

我国会计核算的记账方法也在逐步变化。从单一的流水账，到周朝发展成为"草流""细流"和"总清"三账，这种账簿一直使用到明清时期。西周时期的会计结算方法从"盘点结算法"发展成"三柱结算法"，即收入减去支出等于结余。到了唐、宋两朝，我国创立了"四柱结算法"，通过旧管、新收、开除、实在四要素及其相互关系反映一定时期的财产增减变化并结算账目。到了明末清初，伴随着工商业和金融业的不断发展，"龙门账"和"四脚账"逐渐成熟。"龙门账"把全部账目分为"进""缴""存""该"四个部分，以"进-缴=存-该"作为会计平衡等式对日常所发生的所有经济业务进行记录。"四脚账"将客户往来或商品进销、现金出纳或财产损益都在各自双方同时登记，其账页格式均分为上、下两个基本部分，上方记来账，叫作"天"，下方记去账，叫作"地"，上下所记金额完全相同，故又称"天地合账"。这两种方法是我国会计发展史上具有划时代意义的记账方法。

这个时期我国的会计主要是为统治阶级服务的，称为"官厅"会计，"官厅"即为处理国家事务之机关。

2. 西方

生产力发展在世界各地区是不同步的，随之相适应的会计思想、方法和技术的进步也不同步。世界上著名的文明古国，比如古巴比伦、古埃及、古印度等都曾经出现过古代会计的变化和记载。据考证，古埃及第五王朝时期已经有了会计记录，并将日常记录与会计报告合为一体；古巴比伦乌尔第三王朝时期的会计记录方式采用了叙述式，语言和形式简化并结合数学技巧进行了记录；古希腊克里特文明时期已经出现了掌管簿记的官吏，到公元前 600 年，古希腊出现了铸币并逐步应用于日常的账簿记录中，这极大地推动了会计记录的专业化发展。古雅典还曾经出现过"财务公开"的思想。后来，西方的会计逐渐发展

成了一种庄园会计。以古希腊的奴隶主庄园和进入封建社会的中世纪早期欧洲领主庄园的会计最具有代表性和典型性。

在古希腊的私人农庄里，已设有会计机构并配备日常记账人员，负责农庄的财务管理和会计核算，并通过一个主管人向农庄主人定期报告农庄的经营状况。而在英国，庄园主聘请有能力的管家和其他人员来替代他进行庄园的日常管理。当时的庄园设置有专司庄园经营管理和监督审查工作的人员，其中总收入官负责庄园的收支账目和日常经营，监视人负责庄园的土地管理和地租记录，审查人员定期检查和审核前两者的日常工作及账簿记录，保证整个过程的准确性和真实性。这其中蕴含了现代会计报告受托责任的思想，其中资源的委托方是庄园主，受托方是庄园的管理人员。在所有权和经营权相分离的背景下，逐渐出现了向庄园主呈报的"述职报告"，相当于简化版的现代财务报告，同时为审计的出现提供了可能。这个时期的会计统称为庄园会计，主要为庄园主服务。

(二)近代会计时期(复式簿记形成至公认会计原则的制定和实施)

文艺复兴前后，整个欧洲的科学、技术、文化、经济都空前繁荣。意大利的地中海沿岸处于当时东西方的中继站位置，工商业和航海业发达，东方运来的瓷器、茶叶、丝绸等在这里被不断交易，金融机构增多，信贷业务频繁，会计实践得到了迅速发展。这时候在佛罗伦萨和热那亚、威尼斯等地，出现了以"借"和"贷"来登记债权、债务的账簿，后来逐渐扩展为记录商品、现金、损益和资本等。在此基础上，逐步出现了借贷复式记账方法，这是一种具有划时代意义的复式簿记的方法。近代会计时期是以复式簿记详细阐述并在一定范围内应用为标志的。

1494年，意大利传教士同时也是数学家卢卡·帕乔利(Luca Pacioli)在其出版的《算术、几何、比及比例概要》一书中详细阐述了复式簿记的基本原理，从而被誉为会计发展史上的里程碑。此书出版后，被译成多国文字先在欧洲各国传播，后逐渐传遍了全世界。这种复式簿记的方法并非卢卡·帕乔利本人发明的，而是在他游历欧洲特别是地中海沿岸的时候从当地学会并详细总结出来的。1534年，多梅尼科·曼佐尼(Domenico Manzoni)出版了《威尼斯式总账和分录账》，对帕乔利著作中的一些问题作了有益的补充。时至今日，复式簿记的方法仍然是世界各地通行的记账方法，会计电算化只是改变了复式簿记记录的方式，并未实质性地撼动复式簿记的基本原理。

1581年，世界上第一所会计学校威尼斯会计学院成立，这标志着会计作为一门独立的学科开始传授。18世纪末19世纪初，欧洲出现了股份公司组织形式，资本的所有权与经营权相分离，英国的公司法要求所有的财务报表必须经过会计师的审计才可以对外提供。1853年，第一家特许会计师协会在爱丁堡成立。工业革命之后机器化的大工业生产取代了个体工场手工生产，生产规模的扩大和生产流程的复杂化促使成本会计应运而生。同时，折旧会计的思想和划分资本与收益的思想也逐渐出现。这一时期的会计以企业会计为主，基于货币计量并采用复式记账的方法，且一直沿用至今。

【知识链接】

卢卡·帕乔利(1445—1517)生平

20岁时，帕乔利离家远游，在威尼斯找到一份家庭教师的工作，教富商的三个儿子。

这个时期他不断地充实、完善、深化自己的数学知识，将自己所掌握的全部知识编写成数学和簿记讲稿，教给三个学生，并让他们完成家庭作业。帕乔利从考察中得知威尼斯式簿记是在佛罗伦萨式、热那亚式簿记的基础上发展起来的，这些簿记方法已在当时的商品经济中发挥着重要作用。后来，帕乔利成为一位知名学者，受聘于佩鲁贾大学等高等学府并在 1481 年之前就发表了三篇数学方面的论著。1482—1490 年这 8 年间，他往来于意大利的罗马、那不勒斯、威尼斯等城市之间，实地考察了复式簿记在经济发展中的种种表现，逐渐学会并系统地总结了借贷复式记账法的基本原理，在 1494 年 11 月将其写入了具有划时代意义的《算术、几何、比及比例概要》一书中。这本书改变了世界会计发展的航向，结束了簿记实务口授心会、单脉相传的历史。因为这巨大的贡献，卢卡•帕乔利被称为会计学之父，他的名字将被永远铭刻在会计发展史上。

(资料来源：360doc 个人图书馆.会计学之父卢卡•帕乔利的光辉一生[EB/OL]. (2019-10-25)[2024-01-22]. http://www.360doc.com/content/19/1025/14/62513802_868995871.shtml)

(三)现代会计时期(公认会计原则的制定和实施至今)

【引导案例】

经济危机的启示

1929 年 10 月 24 日，纽约证券交易所开盘不久，股票价格急剧下跌，一日之内跌去 12.8%。经济大危机由此开始，紧接着就是银行倒闭、生产下降、工厂破产、工人失业。大危机从美国迅速蔓延到其他资本主义国家，从而引发了一场历时最长、涉及范围最广、后果最严重的经济危机。

经济危机导致资本主义世界工业生产下降超过 30%。很多国家的生产倒退了二三十年。美国倒闭了 14 万家企业和 1 万家银行，整个资本主义世界失业工人超过 3 000 万，各种经济损失达 2 000 多亿美元。世界商品市场急剧萎缩，关税战、贸易战更为剧烈。世界货币秩序遭到破坏，金本位制崩溃。

1933 年，经济危机逐渐结束，生产力得以恢复。在对这次经济危机的深刻反省中，社会各界认识到：由于当时企业会计需要遵循的准则和规范不严格、不具体，大量上市公司的会计报表不能准确反映真实情况甚至弄虚作假、过度粉饰，在一定程度上助长了社会经济秩序混乱，对经济危机的爆发起到推波助澜的作用。内在松散、不规范的会计核算是引发经济危机的主要原因之一。鉴于这一教训，在经济危机爆发地的美国，很多会计从业人员联合起来于 20 世纪 30 年代末期开始了旨在规范会计工作、提高会计信息质量的公认会计原则(generally accepted accounting principles, GAAP)的制定工作，这一工作一直持续了将近二十年的时间。

(资料来源：百度百科.世界经济大危机[EB/OL].(2016-05-10)[2024-01-22]. https://baike.baidu.com/item/%E4%B8%96%E7%95%8C%E7%BB%8F%E6%B5%8E%E5%A4%A7%E5%8D%B1%E6%9C%BA/5739432?fr=aladdin)

现代会计时期，从时间上看，是从 20 世纪四五十年代大量公认会计原则的制定和实施之后开始，一直到现在的。在这接近 80 年的时间里，会计发生了巨大的变化，主要表现为：①20 世纪 50 年代，企业生产经营的规模进一步扩大，竞争日趋激烈和白热化。企业为了在竞争中占据有利地位，不得不将经营管理和会计结合起来，形成了管理会计，为企业内部决策者服务，这标志着现代会计逐渐分化为财务会计和管理会计。②世界各地涌现了大量的股份公司，这种公司的会计目标主要服务于企业外部的会计信息使用者，而与独资和合伙制企业主要服务于企业内部管理者有所不同；决策有用观和受托责任观两种关于会计目标的观点同时并存。③1946 年，美国诞生了第一台电子计算机。从那之后，计算机和各种信息技术逐渐在经济管理和会计核算等领域广泛应用，现代科技的飞速发展引发了会计技术手段的巨大变革，逐渐发展为电子数据处理系统，大大地提高了会计工作的效率。

我国在改革开放之后，为了与社会主义市场经济的发展相适应，于 1993 年进行了会计改革，正式实施了《企业会计准则》和《企业财务通则》。进入 21 世纪，伴随着全球经济一体化的发展，会计的各种准则制度逐渐有与国际趋同的趋势。2000 年制定了《企业会计制度》，2006 年对《企业会计准则》进行了全面修订，并在十几年的时间内形成了包含企业基本会计准则和具体会计准则的完整体系，基本实现与国际会计准则的对接。随着外部环境的变化，会计的相关法律法规一直处于不断的修改和完善当中。

简单总结会计的三个发展阶段，如图 1-1 所示。

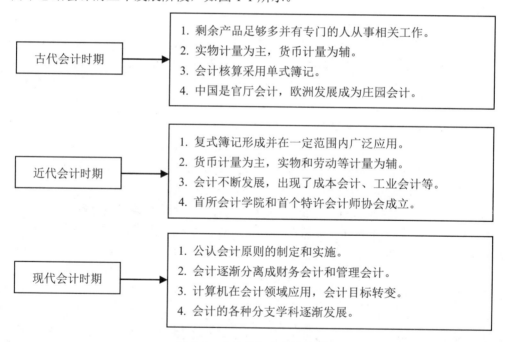

图 1-1　会计的三个发展阶段

综上所述，会计是社会生产力发展到一定阶段的必然产物，并会随着社会经济发展、生产力提高而逐渐适应并完善。内在科学良好的会计会促进社会经济环境的发展和进步，内在无序混乱的会计会阻碍社会经济环境的发展，甚至造成严重后果。随着经济全球化和人类社会的不断变革、科学技术的不断进步，会计必将不断地改进和演化，发挥越来越重要的作用。

第二节 会计的概念

在日常生活中，我们经常听到"会计"一词。比如，我是"会计"，我从事"会计工作"，我考上了"会计专业"，或者我在学习"会计"这门课。这里面的会计有会计人员、会计工作和会计学科等不同的含义。到底什么是会计？会计的内涵是什么？不同的人有不同的观点，几千年来一直有所争议，没有一个明确、一致的说法。大量学者对会计学相关理论特别是会计的内涵进行了系统研究，形成了不同的流派。本节我们将回顾和介绍会计概念和内涵的两种最主流的观点，并在此基础上得出会计的含义。

一、信息系统论

20 世纪二三十年代，美国会计界普遍认为会计是一门艺术，经济大危机之后会计职业界不得不重新审视自己的职业形象和会计的本质特征。第二次世界大战前后，信息论、系统论和控制论不断发展并应用于很多学科领域。会计信息系统论的思想最初起源于美国会计学家利特尔顿。后来在 1966 年，美国会计学会在纪念其成立 50 周年的文献《论会计基本理论》中，正式提出会计是一个信息系统。到 20 世纪七八十年代，这种观点已经成为美国会计学术界的主流，在很多的专业学术书籍中广为流传，得到了普遍的认同。所谓会计信息系统论，就是把会计的本质理解为一个经济信息系统，包括信息的输入、信息的加工处理和信息的输出三部分，最初输入的信息是原始的经济信息，而加工处理后对外报送的是财务信息，如图 1-2 所示。

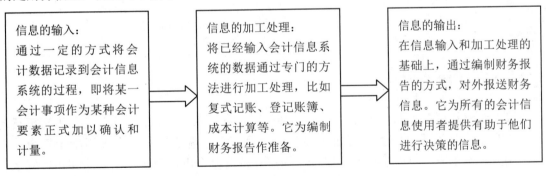

图 1-2 会计信息系统论

1980 年，我国的会计学家余绪缨教授首先接受并认同会计是一个信息系统，他在知名论文《要从发展的观点看会计学的科学属性》中提出了这一观点。陆续地，很多其他的会计研究人员认可了会计是一个信息系统并加以补充完善。最权威的提法是葛家澍和唐予华于 1983 年提出的——会计是为提高企业和各单位的经济效益，加强经济管理而建立的一个以提供财务信息为主的经济信息系统。国内绝大部分支持信息系统论的教材都引用了这一说法。信息系统论的观点将会计视为整体经济组织中经营管理系统的组成部分，并特别强调会计的目标是向会计信息使用者提供财务信息。

二、管理活动论

对于会计的概念，曾经有"艺术论""方法论""技术论""工具论"等。管理活动论是在管理工具论的基础上发展起来的。所谓管理工具论，即认为会计是一种管理经济的工具，就像算盘一样仅仅是一种工具，这种观点在我国 20 世纪 50 年代至 80 年代比较流行。其最大的缺陷是否定了会计在经济管理活动中的主观能动性，将会计界定为从属和附属地位。管理活动论继承了管理工具论的合理内核，同时吸收借鉴了最新的管理科学思想，从而成为当今会计学界中最具影响力的观点之一。

会计的主要工作是基于货币量度对单位或者组织在生产经营过程中所发生的经济业务活动进行确认、计量、记录和报告，可以将记录和报告等工作看成是一种手段，借助这些手段完成一定的目的，实现对单位经济活动进行日常管理并提高经济效益的目标。从这个角度来讲，会计是一种特定的管理活动，该观点充分肯定了人的因素和能动性。会计的内容和形式也从最初的仅仅记账、算账、报账，发展成为可以进行预测、决策、监督、控制、分析等多种职能。

管理学家法约尔(Fayol)把会计活动列为企业日常经营的六种职能活动之一；20 世纪 50 年代，美国的乔尔·迪安(Joel Dean)出版《管理经济学》一书，主张借助经济分析和管理会计来进行企业管理。我国管理活动论的主要代表性人物是阎达五教授与杨纪琬教授，他们两人在合作发表的《开展我国会计理论研究的几点意见——兼论会计学的科学属性》一文中首次提出了"会计管理"概念，视会计为一种管理活动，后来又出版了一系列专门论述"管理活动论"的著作，对会计的本质进行了深入探讨，逐渐形成系统的"会计管理活动论"。

关于会计的本质，管理活动论认为"无论从理论还是从实践看，会计不仅是管理经济的工具，它本身就有管理的职能，是人们从事管理的一种活动"。

三、会计的概念和内涵

以上两种观点争论的焦点在于：会计本身是一种管理活动中的工作，还是为管理活动提供信息的方法？吴水澎教授提出可以将会计"信息系统论"与"管理活动论"合二为一，两者并不矛盾，可以实现对立统一。简单分析可以看出，两者的出发点和角度完全不同，是不可能得出一致结论的，但也不是非此即彼的关系，可将其进行结合。综上所述，我们认为，会计是以货币为主要计量单位，以会计凭证为依据，采用一系列专门的程序和方法，对会计主体发生的各种各样的经济业务活动进行核算和监督，并向有关方面提供财务信息的一种经济管理活动。要想深入理解这一定义，需要从以下五方面入手。

(一)会计以货币作为主要计量单位

早期的会计计量以实物计量和劳动计量为主。实物计量最大的特点是直接反映产品的使用价值或现象的具体内容，比如一头牛、一吨煤炭、一件衣服等，而劳动计量涉及不同形式的劳动量是直接计量劳动时间还是如何统一度量的问题。这两种计量单位都难以直接汇总，综合能力较差。货币作为一般等价物，能够反映一切商品的价值，还能对商品具有直接交换的能力。在经济日益发展、社会生产力不断提高、企业竞争压力逐渐增大的当今时代，以货币作为主要计量单位，使经济汇总核算成为可能，是历史发展的必然选择。

(二)会计以会计凭证为依据

所有经济业务的确认和计量都需要以会计凭证作为主要依据，这就使得会计信息具有真实性和可验证性。就像司法领域需要真实的证据作为依据，会计的任何记录都不是凭空产生的或者口述完成的，而是要有实实在在的证据证明其发生的具体过程和结果，即时间、地点和具体交易或事项的内容。审核无误的原始凭证上载有的信息才能够编制记账凭证，并据以登记账簿进行加工处理。这样既保证了会计记录有凭有据，又为会计报表提供真实可靠的信息提供有力支撑。

(三)会计要运用一系列专门的程序和方法

俗话说，没有规矩不成方圆，没有固定的规则就无法对经济业务进行科学的计量和记录。会计在其长期发展的过程中，逐渐形成了一系列专门的程序和方法，特别是会计核算的七大专门方法，贯穿于会计人员工作的始终，具体包括设置科目和账户、复式记账、填制和审核会计凭证、登记账簿、成本计算、财产清查和编制财务报告。这些方法互相配合使用，形成一个有机的整体，对企业和事业单位日常发生的经济业务活动进行全面、系统、综合的核算和监督。

(四)会计的基本职能是核算和监督

会计的职能是指会计在经济管理过程中所具有的功能或者能够发挥的作用。根据会计的定义，会计要对经济业务活动进行核算和监督，此处的核算和监督就是会计的两大基本职能。关于会计的职能除了"两职能"学说，还有"三职能""九职能"学说等。目前，在国内会计学界比较流行的是"两职能"和"六职能"学说，后者是在两大基本职能的基础上增添控制经济过程、预测经济前景、参与经济决策、评价经营业绩等拓展职能。本章的后半部分会对会计两大基本职能进行系统的介绍，此处不再赘述。

(五)会计是一种提供财务信息的经济管理活动

财务信息是指以货币形式的数据资料为主，用来表明企业资金运动的状况及其特征等的经济信息。可以将财务信息理解成在原始经济信息的基础上经过会计信息系统加工处理后的信息。通过会计核算的专门方法，将最初会计凭证上的信息输入系统，经过记账、算账、报账等诸多环节和过程，编制成符合规范要求的财务报告对外报送。会计是经济管理的重要组成部分，是以提高经济效益为目的的主动的管理活动，这个管理活动可以向企业内外的会计信息使用者提供财务信息。

四、会计学科体系

在会计工作的长期实践过程中，人们通过不断的总结，将其逐渐发展成为一门学科，就是会计学。早期的会计学构成比较简单，以簿记的内容为主。我国第一部涉及会计业务的著作是唐代史官李吉甫撰写的《元和国计簿》，比会计实践的产生晚了大约 3000 年。西方会计论著的出现更晚一些。随着现代科技的进步，会计的学科领域不断延伸，并与计算机、信息技术、数学方法、现代管理科学等相结合，形成了一个充实的、相对独立但完整的学科体系。会计学来源于会计实践，又反过来指导会计实践。我们可以按照不同的标准对会计学进行分类。会计学按其研究的内容划分，可分为基础会计(会计学原理)、财务会计学、管理会计学、财务管理、审计学等。

基础会计是会计学的入门课程，主要讲述会计的基本理论、基本方法、基本技能，目的是让学生通过学习，掌握会计学的基本概念、会计的职能与目标、会计核算的基本前提和一般原则、会计科目与账户、借贷复式记账原理及其在企业中的初步运用，熟悉会计凭证的编制、账簿的登记、财产清查、财务报告的编制等基本的会计技术与方法，了解会计工作的全过程。基础会计又可以称为会计学原理或者初级财务会计。

财务会计学包括中级财务会计和高级财务会计，是为外部会计信息使用者提供财务信息的对外报告的会计。可以看出财务会计和基础会计是一脉相承的。财务会计是最原始、最正宗的会计，以记账为主。

管理会计学包括成本会计和管理控制系统两大组成部分，它利用会计信息和其他相关信息对企业经营活动进行管理，实现各种优化决策。管理会计与现代管理科学充分融合，对各种信息进行处理和再加工。现代管理会计有很多分支学科，比如作业成本会计、人力资源管理会计、战略管理会计等。财务会计和管理会计的区别和联系如表 1-1 所示。

表 1-1　财务会计和管理会计

分　类	财务会计	管理会计
方法与程序	以借贷复式记账原理为基础，基于传统会计处理程序和方法，对会计主体的经济业务活动进行核算和监督	引进和借鉴管理科学、计算技术等自然科学以及其他相关学科的理论和方法
信息的特点	按照公认的会计准则，对原始的经济信息进行确认、计量、记录和报告，对外提供报表上载有的财务信息，并保证其真实、可靠、可比	根据企业内部管理当局的需要，选择灵活多样的方式和方法，以保证为企业进行最优决策、改善经营管理、提高经济效益服务
信息使用者	企业相关利益集团(如投资者、债权人、供销商、上级主管部门等)	企业内部经营管理当局
信息的形式	以财务报告的形式，提供关于企业财务状况、经营成果和现金流量等的信息	提供方式多种多样，包括但不限于各类图形表格、文字分析报告，内容包括筹资风险、成本结构分析、量本利分析等

财务管理是企业管理的重要组成部分，它按照财务管理的原则组织财务活动、处理财务关系。其核心内容包括：筹资管理、投资管理、营运资金管理和利润分配管理等。简单地说，财务管理关心的是从哪里取得资金和要把资金配置到哪里的问题，而财务会计是把企业发生的具体业务如实地描述出来，聚焦于已经发生的现实。财务管理更加关注于未来资金的筹集和使用，可理解为对未来资金往来的一种筹划。

审计学是一门专门研究审计理论和方法，探索审计的发展规律，对经济活动进行有效监督的学科。早期的审计以审查会计账目、报表为对象，故名"查账"。现代审计学研究监督检查经济活动的合法性、合规性、合理性和效益性，具体包括审计基本理论和方法、财务审计、经济效益审计和内部审计等。审计学与会计学的关系十分密切，是广义上会计学的分支学科之一。

会计学还可以按照细分行业、业务活动特点、会计主体不同等进行划分，限于篇幅，此处不再详述。同时，会计学科体系的各种划分都是相对的，随着社会经济的发展会不断地延伸和变化，新的分支学科也会陆续加入，充实到这个大家庭当中来。

【知识链接】

企业与会计

我们在日常生活中，需要与各种各样的单位和组织打交道。这些组织有的以获取利润为目的，称为营利组织；有的并不以获取利润为目的，这种非营利组织涉及艺术、慈善、教育、环保等很多领域，经常具有一定的民间性、志愿性和非政治性。营利组织的代表是企业，可将企业的目标理解为利润最大化。利润是企业的收入和费用之间的差额。要想取得更高的利润，需要提高产品或者服务的数量和价格，控制成本和各种费用。要想更好地学习会计，需要了解企业的分类。

企业根据其经营内容的不同划分为制造业企业、商品流通企业和服务业企业。制造业企业以制造某种产品为主营业务。典型的制造业企业有生产汽车的比亚迪、特斯拉，生产调料的海天味业、千禾味业，生产家电的九阳电器、格力电器，生产白酒的茅台、五粮液、泸州老窖，生产运动产品的李宁、耐克等。当然随着企业规模的扩大，这些企业都在多元化经营，产品涉足领域逐渐扩大。商品流通企业是指独立从事商品流通活动的企业单位，以商品进销差价为主要获利方式。这类企业主要包括大润发、沃尔玛、国美、苏宁等。服务业向顾客提供各种服务而不是产品，如迪士尼、东方航空、立信会计师事务所等。除了上述知名企业外，还存在大量的、各式各样的食品加工厂、社区超市、洗衣店等小型企业。这些企业与我们的生活密不可分。

企业按照组织形式的不同划分为独资企业、合伙企业和公司制企业。独资企业是指一人投资经营的企业，投资者对企业债务承担无限责任。我们常见的小饭馆、理发店、洗衣店、维修店等一般属于独资企业。合伙企业是由两个或两个以上的自然人通过订立合伙协议，共同出资经营、共负盈亏、共担风险的企业组织形式，合伙人对企业债务承担无限连带责任。大多数的会计师事务所、律师事务所、餐馆等都以合伙企业的形式存在。公司制企业包括有限责任公司和股份有限公司。这类公司的所有者(投资人)以其出资额为限对公司承担责任，当公司破产清算时不会要求赔偿其个人合法财产。所有的上市公司都属于这一范畴，包括腾讯、中国农业银行、微软、中国移动、京东、拼多多等。

(资料来源：整理改编自陈国辉，等. 基础会计[M].4 版. 北京：清华大学出版社，2016.)

第三节　会计的职能与目标

一、会计的职能

职能可以理解为应有的作用和功能，会计的职能是会计固有的功能，是其本质体现。马克思在《资本论》中对于会计职能的理解是对再生产"过程的控制和观念的总结"，即核算(观念总结)和监督(过程控制)。除了这两大基本职能以外，会计还有分析、预测、决策等扩展职能。

(一)会计的核算(反映)职能

会计的核算职能，又称为反映职能，是指会计以货币为主要量度，通过确认、计量、记录、报告等环节，全面、连续、系统、准确地对一个会计主体所发生的经济业务活动进行反映，以达到提供信息的目的。简而言之，会计的核算职能可以理解为"记账、算账和报账"功能。记账就是把一个单位或组织发生的经济业务活动运用一定的记账方法在账簿上加以记录。算账是在记账的基础上，运用一定的专门方法分门别类地计算该会计主体各种会计要素的增减变动情况。报账是在记账和算账的基础上，通过编制财务报告等方式将该会计主体的财务状况、经营成果、现金流量等对所有的会计信息使用者提供。会计的核算职能具有以下几个重要特征。

(1) 会计以货币为主要计量单位，从价值量方面来记录和报告各单位的经济业务情况。比如，核算企业的原材料时，以提供价值量信息为主，便于各种原材料采购成本的汇总计算，但为了对不同种类的原材料进行分类管理，又在货币计量之余辅以实物计量。

(2) 会计反映的是确确实实已经发生的经济业务活动，而不是正在或者将来要发生的业务。因为未来的事情具有不确定性，而已经发生的业务可以取得书面的证明文件，即会计凭证，具有可验证性，据以登记账簿才能保证信息的真实可靠。

(3) 会计反映具有连续性、系统性和全面性。连续性是指会计的日常记录是不间断的，逐日逐笔无一遗漏地进行，否则就会信息不完整。系统性是指对纷繁复杂的会计对象要按科学有效的方法进行分类和信息的加工处理，保证能够客观地反映经济业务活动的规律。全面性是指对每个会计主体全方位发生的每一笔经济业务都应该进行计量、记录和报告，不能有任何主动或者被动的缺失。会计核算的全过程包括确认、计量、记录和报告，如图 1-3 所示。

(二)会计的监督(控制)职能

会计的监督职能也称为控制职能，是指在进行会计核算的同时，按照一定的目的和要求，对特定主体的经济活动的过程和结果进行合法性、合理性、合规性和有效性等审查。会计的这两大基本职能是相辅相成、互相成就、辩证统一的关系。会计核算是会计监督的基础，会计核算全过程提供的信息是会计监督的具体内容和对象，会计监督又是会计核算质量的保证，就像一把尚方宝剑，保证会计信息质量符合各种要求，两者形成密不可分的统一整体。会计监督职能具有以下特征。

(1) 会计监督是对经济业务的合法性、合理性、合规性进行监督。企业的所有经济业务活动必须遵守国家的法律法规、地方和部门规章、企业内部规章制度，还要合乎情理。《会计法》赋予会计机构和人员进行会计监督的权利，同时规定这也是他们的义务，具有强制性和严肃性，必须认真履行。

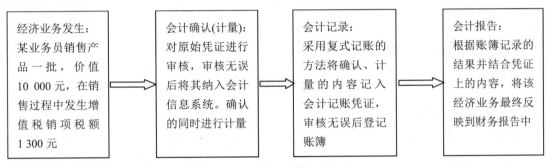

图 1-3　会计核算过程

(2) 会计监督具有完整性和连续性，是对单位经济活动的全过程进行完整全面的监督，包括事前监督、事中监督和事后监督。这就意味着在经济活动开始之前就要进行监督，审查其未来的经济业务活动是否符合所有的规范，防患于未然。整个社会再生产过程不间断，会计核算职能就永不停歇地进行，会计人员在记账、算账、报账的同时进行各种会计审查工作，即会计监督也具有连续性。

【知识链接】

会计法律法规体系

1. 会计法律

比如《中华人民共和国会计法》，此法为了规范会计行为，保证会计资料真实、完整，加强经济管理和财务管理，提高经济效益，维护社会主义市场经济秩序而制定。最新修订版本于 2017 年 11 月 5 日起施行。除此之外还有《中华人民共和国注册会计师法》等。

2. 会计行政法规

比如《企业财务会计报告条例》和《总会计师条例》等。《企业财务会计报告条例》为了规范企业财务报告，保证财务报告的真实、完整，根据《中华人民共和国会计法》制定，并于 2001 年 1 月 1 日起施行。企业(包括公司)编制和对外提供财务报告，应当遵守本条例。《总会计师条例》为了确定总会计师的职权和地位，发挥总会计师在加强经济管理、提高经济效益中的作用而制定，自 1990 年 12 月 31 日起施行，并于 2011 年 1 月 8 日修订。

3. 会计部门规章或会计规范性文件

比如《企业会计准则》《小企业会计准则》《政府会计准则制度》和《民间非营利组织会计制度》等。我国企业会计准则体系包括基本准则、具体准则、应用指南和解释等，适用于中国境内的所有企业和公司(执行《小企业会计准则》的除外)。这三层次的准则体系从 2006 年起陆续开始颁布，一直处于不断的修订和完善中。《小企业会计准则》适用于我国境内经济规模较小的企业，于 2011 年 10 月 18 日由财政部印发，自 2013 年 1 月 1

日起施行。《政府会计准则制度》包括《政府会计准则》和《政府会计制度》等内容,自 2019 年 1 月 1 日起在全国各级各类行政事业单位全面施行。其中《政府会计准则》包括基本准则和具体准则。《民间非营利组织会计制度》是财政部为了规范民间非营利组织的会计行为,提高其会计信息质量而制定发布的,自 2005 年 1 月 1 日起实施。

(资料来源:《中华人民共和国会计法》等相关法律法规.)

【思政课堂】

会计造假后果严重

1. 为保饭碗造假账,会计、老板同坐牢

因害怕被老板炒鱿鱼,身为公司财务经理的朱某竟帮助公司大肆偷税,偷税金额高达 240 余万元。法院以偷税罪分别判处两人三年有期徒刑,并处罚金 2 421 659.98 元,对公司尚欠的税款 3 107 045.21 元予以继续追缴。朱某这一错误的抉择,不仅断送了自己的职业生涯,还要面临牢狱之灾。

2. 法盲会计隐匿会计凭证和账簿被判刑

为了逃避公安机关的查处,河南省平顶山市一运输公司会计竟然把本公司会计资料藏匿,并拒不向侦查机关提供。最终,这名法盲会计因隐匿会计凭证和会计账簿被判处有期徒刑三年零六个月。

3. 业务不精,稀里糊涂为上级做两套账目

许某在某陶瓷公司担任会计期间,受该公司总经理黄某某(已判刑)和财务总监张某某(已判刑)指使,设立真假两套公司财务账,隐藏主营业务收入,共偷逃税款 569 150.96 元。被告人许某犯逃税罪,判处有期徒刑三年,缓刑三年,并处罚金人民币 100 000 元。

思考题:由以上例子可知,会计人员造假后果严重。那会计人员应具备哪些职业道德修养呢?

解答思路:根据《会计基础工作规范》(2019 年修订版),会计人员要遵守职业道德,树立良好的职业品质和严谨的工作作风,遵守工作纪律,努力提高工作效率和工作质量,具体包括以下内容。

(1) 爱岗敬业。会计人员应当热爱本职工作,努力钻研业务,使自己的知识和技能适应所从事工作的要求。

(2) 熟悉法规。会计人员应当熟悉财经法律、法规、规章和国家统一会计制度,并结合会计工作进行广泛宣传。

(3) 依法办事。会计人员应当按照会计法律、法规和国家统一会计制度规定的程序和要求进行会计工作,保证所提供的会计信息合法、真实、准确、及时、完整。

(4) 客观公正。会计人员在办理会计事务中,应当实事求是、客观公正。这是一种工作态度,也是会计人员追求的一种境界。

(5) 搞好服务。会计人员应当熟悉本单位的生产经营和业务管理情况,运用掌握的会计信息和会计方法,为改善单位内部管理、提高经济效益服务。

(6) 保守秘密。会计人员应当保守本单位的商业秘密。除法律规定和单位领导人同意外，不能私自向外界提供或者泄露单位的会计信息。

（资料来源：会计小课堂. 纵观那些做假账的案例，值得会计人和法人警醒！[EB/OL]. (2019-08-23) [2024-01-22]. https://www.sohu.com/a/335817282_120080784)

二、会计目标

　　会计目标是指在一定的社会经济环境下，会计工作所要达到的最终目的或最终结果。由于会计是经济管理的重要组成部分，会计目标自然从属于企业进行经济管理提高经济效益的总目标。具体而言，会计目标就是对会计自身所提供财务信息的具体内容、方式、时间及其质量标准等的具体要求，即向谁提供信息、为何提供信息和提供何种信息三大问题。会计目标会随着社会经济环境的变化而变化，关于会计目标的讨论和争议一直都有，此处介绍两种比较有代表性的观点——决策有用观和受托责任观。这两种观点并不矛盾，在《企业会计准则——基本准则》中对财务报告目标进行界定时，就将这两种观点结合在一起，即"向财务报告使用者提供与企业财务状况、经营成果和现金流量等有关的会计信息，反映企业管理层受托责任履行情况，有助于财务报告使用者作出经济决策"。

(一)决策有用观

　　决策有用就是有助于作出决策的意思。持这种观点的人认为，会计的目标是向所有信息使用者提供对其进行经济决策有用的信息。1953 年，斯多波斯(Staubus)率先提出了财务会计的目标是决策有用性的观点，后来美国注册会计师协会出资成立的特鲁彼拉特委员会在 1973 年明确提出财务报表的基本目标是"提供据以进行经济决策所需的信息"。决策有用观涉及两个问题：一是会计信息使用者包括哪些群体；二是通过何种方式向这些信息使用者提供什么样的信息。会计信息使用者的范畴会在本节的后半部分详细介绍。如何提供信息呢？一般是指通过定期提供财务报告的方式提供信息，这种财务报告是一套完整的、有规定格式的文件，包括会计报表、报表附注及其他应当披露的相关信息和资料，而不会根据不同的信息使用者分别提供定制化报表。决策有用观的具体内涵如图 1-4 所示。

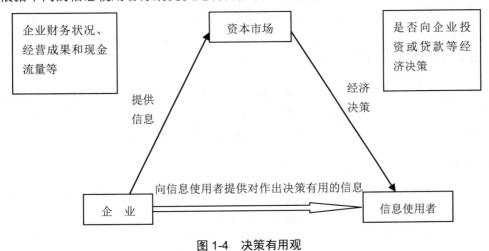

图 1-4　决策有用观

(二)受托责任观

受托责任是一种普遍的、动态的社会关系,涉及委托方和受托方或者代理人两方面。庄园会计中已经有受托责任观的雏形,其中资源的委托方是庄园主,受托方是管家等管理人员。管家日常管理庄园是好是坏,通过向庄园主提供复杂的文字报告来说明受托责任履行情况。受托责任观的发展与现代产权理论密切相关。公司制企业出现之后,企业的所有权和经营权相分离,资源的受托方(企业经营管理当局)接受委托,管理资源的委托方(企业所有者)提供并且交付的资源。双方的共同目标是资源的保值和增值。与决策有用观一样,受托责任观通过财务报告中提供的会计信息,可如实反映企业各项生产经营活动、投资活动和筹资活动实施状况,以及进展程度如何,只是此处提供信息主要是为投资者服务,向他们反映管理层受委托后履行责任的具体情况,为投资者评价管理当局的经营业绩、管理水平、发展潜力等提供直接依据,还可帮助他们为是否继续投资、是否需要更换管理人员提供资料的支撑。决策有用观更加强调会计信息的相关性,即要求信息具有一定的预测和反馈价值,同时满足及时性的要求。受托责任观的具体内涵如图 1-5 所示。

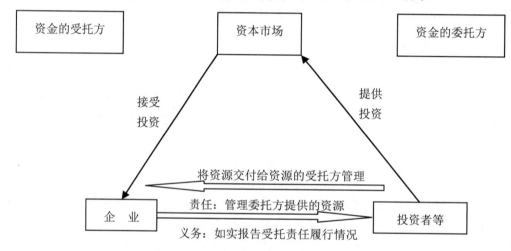

图 1-5 受托责任观

三、会计信息使用者

企业的会计信息使用者是与企业利益相关,并且对财务报告中提供的会计信息有一定需求的单位或者个人,主要包括投资者、债权人、经营管理者(职业经理人)、员工、政府主管部门、供应商和客户、审计机构和会计师事务所等,如图 1-6 所示。

(一)投资者

此处的投资者包括现有和潜在的投资者。在所有权和经营权相分离的背景下,现有的投资者已经将资金投入到企业中,他的利益和企业利益牢牢地捆绑在一起,要根据会计信息作出如下决策:继续持有还是转让目前的投资;是否需要对企业投入更多的资金;股东大会上的各种决议如何投票;等等。当企业财务状况稳定且安全,利润率不断提升且发展趋势良好时，投资者就可实现资金的保值增值。对潜在的投资者来说，要通过长期关注企业的会计信息，并结合外部经济环境、市场行情、竞争对手情况，作出是否购买股票进行投资的决策。

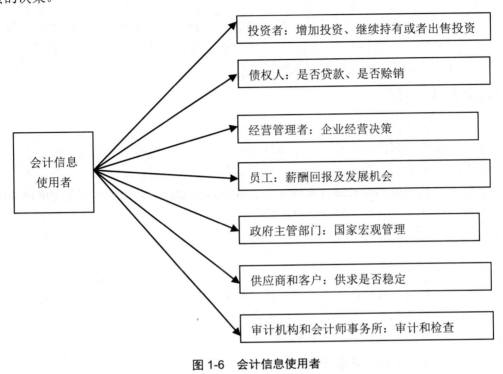

图 1-6　会计信息使用者

(二)债权人

一般意义上的债权人是指提供各类贷款给企业的单位或者个人(贷款债权人)，实际上还包括以赊账方式提供商品或者劳务给企业的人(商业债权人)。贷款债权人借钱给企业，要求按时还本付息。他们主要关注企业的偿债能力、盈利能力和现金流量，当存在不能按时还款的风险时，债权人可以果断地拒绝贷款。即便已经借出款项，也要时刻关注企业的经营状况是否恶化，随时作出收回贷款的决策。商业债权人关注企业能否按时支付商品或者劳务的应付款项。他们依据信用标准为企业提供赊销的商品或劳务，通过判断该企业的财务状况是否良好来作出是否继续赊销的决定。

(三)经营管理者

现代企业的经营管理者基本属于职业经理人，这一群体将经营管理工作作为长期职业，具备一定的职业道德、业务素质和职业能力，并掌握企业经营管理权，对企业日常生产经营活动进行计划、组织、协调、控制。经营管理者借助企业对外提供的财务报表和内部各种有用的信息，掌握企业的资金运用、成本控制、计划执行、效益完成等情况，分析、评价经营管理中的成绩、优势和不足之处，采取有力措施提高经济效益，实现企业经营目标。作为对价，企业根据管理者的工作业绩对其进行考核并支付相应的报酬。

(四)员工

员工向企业提供劳务并获得薪酬回报。当企业经营业绩好,有足够多的利润和现金流量时,就可以给员工更多的职工薪酬和福利;反之,企业有可能长期不涨工资甚至降低工资或者解聘员工。企业的职工主要关心如下问题:企业是否正常经营,为职工提供稳定持久的工作岗位;企业的盈利能力如何,能否支付更高的薪酬待遇;企业的未来发展前景怎样,能否给职工提供更多的职业培训和发展机会。

(五)政府主管部门

政府是国家权力的执行机关,是经济的宏观管理部门,包括财税部门和直属主管部门等,主要关注整个市场的资源配置、整体社会效益和税收。财税部门通过会计信息了解企业资金筹集和运用是否合理、是否按时足额缴纳各种税款、是否遵守法律法规。主管部门通过会计信息考核所属单位的经营业绩及经济政策执行情况,对相关单位进行横向和纵向对比,发现问题并采取措施、总结成绩并推广经验。

(六)供应商和客户

供应商处于企业供应链的上游,主要关注:企业是否持续稳定地经营,是否长期购买供应的商品;赊销发生时能否按期支付账款;对采购的商品需求是否经常发生变化等。企业的顾客同样与企业存在着密切的关系,主要关注:产品生产和供应是否稳定、价格是否合理;提供的产品能否满足市场需要等。

(七)审计机构和会计师事务所

此处的审计机构是指国家审计机关,通过检查账目及相关资料监督被审计单位,督促其遵守各种法律法规、执行国家经济政策,为财务审计和经济效益审计提供必要的资料。会计师事务所是指依法独立承担注册会计师业务的中介服务机构,接受当事人委托承办有关审计、咨询等方面的业务。上市公司年度财务报告需要经由会计师事务所审计后才能对外提供。

第四节 会计核算方法体系

一、会计方法概述

会计方法是用来核算和监督会计对象,完成会计任务、实现会计职能、达到会计目标的手段。会计方法主要包括会计核算方法、会计检查方法、会计分析方法和会计预测方法等。其中,会计核算方法是对各单位已经发生的经济活动进行全面、连续、系统、完整的反映和监督所采用的一系列专门方法。会计检查方法是相关部门在企业实施会计监督职能时,对会计资料的合法性、合理性、真实性和准确性进行审查和稽核所采用的方法。会计分析方法是根据会计核算提供的各项资料及生产经营相关数据,对企业的经营过程和成果、经营管理中存在的问题进行剖析和评价所采用的方法。会计预测方法是利用已取得的会计信息产生新会计信息所采用的方法，即通过对企业的销售、成本、利润以及资金需求量等指标的计算，对其未来发展趋势进行科学的预测。会计方法体系如图 1-7 所示。

上述会计方法紧密联系，相互依存，形成了一个完整的会计方法体系。其中，会计核算方法是最基本、最主要的方法，如果没有会计核算方法提供的会计基础性信息，其他会计方法将会成为无源之水无本之木。会计分析方法是会计核算方法的补充、完善和发展，会计预测方法是面向未来进行预测，会计检查方法是整个会计方法体系的保证。本节只介绍会计核算方法，它是会计初学者必须掌握的基础知识。

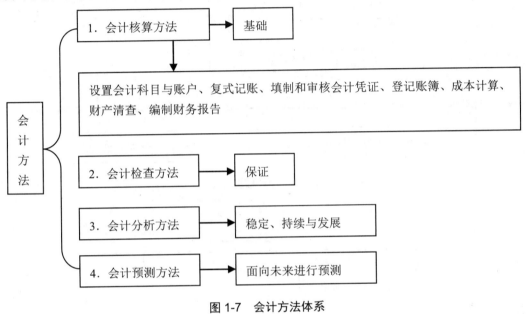

图 1-7　会计方法体系

二、会计核算方法

会计核算方法是会计核算工作中不可或缺的重要手段，是加工、处理和产出会计信息的必要步骤和工具，主要包括设置会计科目与账户、复式记账、填制和审核会计凭证、登记账簿、成本计算、财产清查、编制财务报告。这七种方法贯穿于会计人员日常工作的始终，将记账、算账、报账联系起来，并涉及会计的确认、计量、记录、报告等多个环节，相互连接构成一个有机的整体，如图 1-8 所示。

(一)设置会计科目与账户

分类是管理的基础，会计人员进行记账必须要有地方可以记录。设置会计科目与账户，是对会计对象的具体内容进行分类核算和监督的方法。我们知道，会计的对象多种多样、纷繁复杂、各有特点，进行会计核算时如果不能进行科学的分类，将无法提供高质量的会计信息。设置会计科目与账户就是根据会计对象的特点和经济管理的要求，科学地确定这些项目/类目的过程。会计对象可以用抽象化的语言"资金运动"来解释，资金在运动的各个阶段又划分为货币资金、储备资金、成品资金、固定资金等。将这些资金按照其特点进一步细分，赋予一个名字并进行运用就是会计科目与账户，如图 1-9 所示。比如，银行存款是企业存入各类银行的款项，业务往来十分频繁且非常重要，需设立"银行存款"科目，并开设"银行存款"账户进行登记，以便准确、及时地提供相关的会计资料。

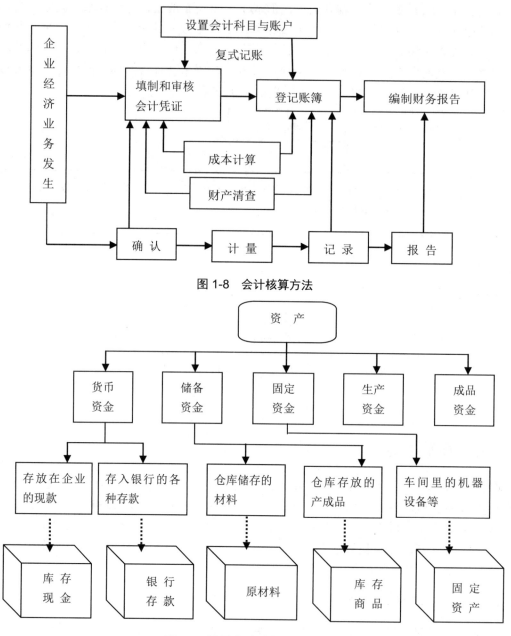

图 1-8　会计核算方法

图 1-9　设置会计科目与账户举例

(二)复式记账

复式记账是相对于单式记账而言的，比单式记账更复杂、高级和先进。复式记账是对每笔经济业务，都以相同的金额在两个或者两个以上的相互关联的账户中同时进行登记的一种方法。复式记账至少涉及两个账户，一个借方账户和一个贷方账户，也可以多个借方账户或者多个贷方账户，这些账户之间称为具有对应关系的对应账户，它们因经济业务的发生而建立起密切的联系。借方账户的金额合计数和贷方账户的金额合计数是相等的。通过账户的对应关系，可以了解经济业务的内容；通过账户的平行关系，可以检查账簿记录的正确性与完整性。因此，复式记账是一种内在优良、科学、合理的记账方法。例如，车间生产产品领用原材料 4 000 元。这笔经济业务的发生，一方面要在"原材料"账户中记减少 4 000 元，另一方面要在"生产成本"账户中记增加 4 000 元。这就以相等的金额 4 000 元同时登记到相互关联的"原材料"账户和"生产成本"账户中，如图 1-10 所示。显然，采用这种记账方法可以了解一笔经济业务活动的前因后果、来龙去脉，即经济业务的全貌。

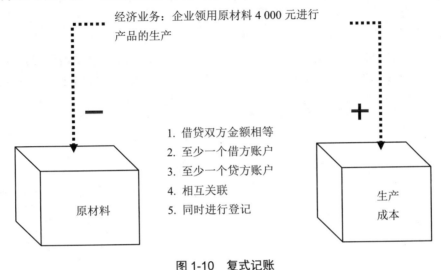

经济业务：企业领用原材料 4 000 元进行产品的生产

1. 借贷双方金额相等
2. 至少一个借方账户
3. 至少一个贷方账户
4. 相互关联
5. 同时进行登记

图 1-10 复式记账

(三)填制和审核会计凭证

经济业务活动发生后，会计人员如何知道其具体情况呢？不是通过口口相传，而是要有实实在在的证明文件。此处我们所说的证明文件是会计凭证中的原始凭证。通过填制和取得原始凭证，证明经济业务的发生和完成的具体情况，比如购买原材料的发票、领取原材料的领料单、缴纳税金的完税证明文件等。所有的原始凭证必须要经过内容和形式的审核，无误后才能编制会计分录(会计的一种专门记录，它可反映每笔业务活动影响的会计账户的名称、方向和金额)。会计分录是根据复式记账原理编制的，书写在记账凭证上。根据审核无误的记账凭证来登记账簿。如前例，车间生产产品领用原材料 4 000 元，相关人员自行填制原始凭证——领料单，经审核后记账人员填制记账凭证，即基于复式记账原理编制分录并将其书写在记账凭证上，再审核后将这笔业务活动的影响记录在相应的账户中，如图 1-11 所示。可见，经过填制和审核会计凭证的过程，能保证会计记录的完整性和准确性，提高会计信息的质量。

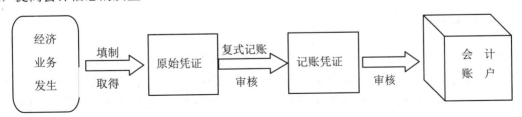

图 1-11 填制和审核会计凭证

(四)登记账簿

个人通过在银行开户，可以记录自身银行存款的增减变动及余额情况。而会计账簿记录得更全面，它是由具有一定格式、相互联结的账页组成，用来全面、连续、系统、完整地记录经济业务的簿籍。登记账簿就是根据记账凭证上载有的内容，把经济业务分门别类、全面连续地在有关账页中进行登记的方法，如图1-12所示。比如，原材料和生产成本都在会计账簿中设置专门的户头，有固定的页面来记录它们的内容，当领用原材料业务发生并记录在记账凭证上之后，就会根据其对会计账户的影响登记到账簿对应的账页中。会计凭证的数量是非常多而且复杂的，利用账簿可将分散的经济业务进行分类汇总，系统地提供每一类经济活动的完整资料，使人们了解一类或全部经济活动发展变化的全过程和结果。另外，账簿还需要定期计算和累计各账户的发生额和余额，核对账目并结账。账簿记录的各种数据资料，经过财产清查保证账实相符后，可作为编制财务报告的直接依据。

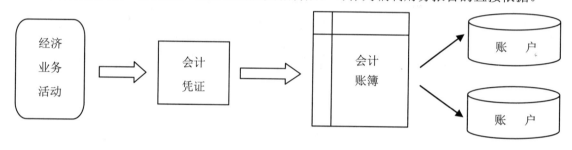

图 1-12 登记账簿

(五)成本计算

成本计算是按照一定对象归集和分配生产经营过程中发生的各种相关费用，以确定各对象总成本和单位成本的一种方法。狭义的成本计算，可理解为实际成本费用汇总和分配的过程。而广义的成本计算是现代意义上的成本管理系统，包括成本核算、计划、控制、考核等子系统。制造业企业要计算单位产品生产成本、单位产品销售成本等。在产品生产过程中，会发生各种各样的材料、人工、折旧等费用，将这些费用归集汇总到一起，分别与生产产品的品种、数量联系起来，计算产品生产的总成本和单位成本。根据这一重要指标，能够准确地进行成本分析和考核，制定产品价格并计算盈亏，有效地控制和降低成本，最终实现经济效益的提高。同样，企业还可以计算单位材料采购成本。比如，东方公司本月购入 A 类原材料 6 千克，买价 1 200 元，运杂费 300 元，货款以银行存款支付，原材料已经收到并验收入库，经计算其总成本为 1 500 元，单位成本为 250 元，如图1-13所示。

(六)财产清查

在会计的日常工作中，运用一系列专门的方法将各种财产物资的增减变动记录在账簿里，计算其结存数额，但有很多原因导致账实不一定相符，这就需要进行财产清查工作。财产清查是通过实地盘点、技术推算等方法来查明各项财产物资和资金的实际结存数，将其和账面结存数对比以确定账实是否相符的一种方法。财产清查可以定期或不定期的在一定范围内进行，包括对各项财产物资、货币资金和往来款项进行盘点和核对，对清查的结果进行后续处理等。在清查过程中，如果发现账实不符，应查明原因，编制调整会计分录并登记账簿，保证账实相符。通过财产清查，还可以检查各项财产物资的储备保管情况和各种应收应付款项的结算情况，防止物资的积压、往来款项的长期挂账拖欠不清，以便采取措施，挖掘物资潜力，同时加速资金流转。在图 1-14 中，以前文所述的 6 千克 A 类原材料为例，对账实相符和账实不符进行解释。

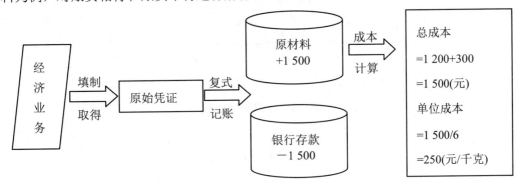

图 1-13　成本计算举例

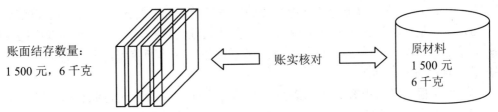

图 1-14　财产清查举例

(七)编制财务报告(报表)

　　财务报告是指以账簿记录为依据，采用表格和文字的形式，概括、综合、定期地反映各单位经济活动过程和结果的一种书面报告，其主要组成部分是会计报表及其附注。会计账簿的记录虽全面、连续、系统，但分散在各种不同的簿籍中，是零散的。通过编制财务报告，可以对日常核算工作进行总结和加工整理。财务报告提供的资料不仅是信息使用者进行经济决策的依据，还可以向资源的委托方报告受托责任履行情况，同时也是进行会计分析、会计检查、会计预测的数据来源。财务报告中的会计报表主要由资产负债表、利润表和现金流量表等组成，报表里的信息最初来源于各项经济业务活动，通过凭证到账簿，最后到报表，如图 1-15 所示。编制完成财务报告(会计报表)，就意味着这一阶段会计核算工作的结束。

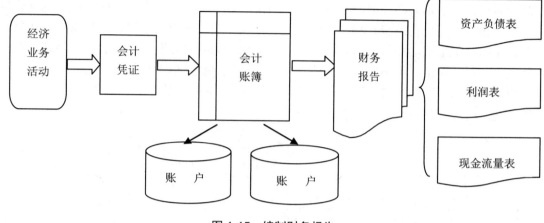

图 1-15　编制财务报告

本 章 小 结

(1) 会计起源于人类有目的的生产性劳动，是生产力发展到一定阶段的必然产物，对生产活动进行有效的管理是它产生的根本动因。会计从产生到现在经历了古代会计、近代会计、现代会计三个发展阶段。

(2) 关于会计概念和内涵的两种主流的观点是信息系统论和管理活动论。信息系统论把会计的本质理解为一个经济信息系统，包括信息的输入、信息的加工处理和信息的输出三部分。管理活动论认为会计是一种特定的管理活动，充分肯定了人的因素和能动性。

(3) 会计是以货币为主要计量单位，以会计凭证为依据，采用一系列专门的程序和方法，对会计主体发生的各种各样的经济业务活动进行核算和监督，并向有关方面提供财务信息的一种经济管理活动。

(4) 企业根据经营内容的不同划分为制造业企业、商品流通企业和服务业企业。企业按照组织形式的不同划分为独资企业、合伙企业和公司制企业。

(5) 会计的核算职能，又称为反映职能，是指会计以货币为主要量度，通过确认、计量、记录、报告等环节，全面、连续、系统、准确地对一个会计主体所发生的经济业务活动进行反映，以达到提供信息的目的。会计的监督职能也称为控制职能，是指在进行会计核算的同时，按照一定的目的和要求，对特定主体的经济活动的过程和结果进行合法性、合理性、合规性和有效性等审查。会计两大职能是相辅相成、互相成就、辩证统一的关系。

(6) 会计目标比较有代表性的观点包括决策有用观和受托责任观。决策有用观认为，会计的目标是向所有的会计信息使用者提供对其进行经济决策有用的信息。受托责任观认为，通过财务报告所提供的会计信息，可向资源的委托方即投资者反映管理层受托责任的履行情况。

(7) 企业的会计信息使用者是与企业利益相关，并且对财务报告中提供的会计信息有一定需求的单位或者个人，主要包括投资者、债权人、经营管理者、员工、政府主管部门、供应商和客户、审计机构和会计师事务所等。

(8) 会计核算方法是会计核算工作中不可或缺的重要手段，是加工、处理和产出会计信息的必要步骤和工具，主要包括设置会计科目与账户、复式记账、填制和审核会计凭证、登记账簿、成本计算、财产清查、编制财务报告。

复习与思考题

1. 如何理解会计的起源？会计经历了哪些发展阶段？

2. 如何理解会计的概念和内涵？它主要包括哪几种观点？分别介绍一下。

3. 根据经营内容的不同，企业该如何划分？根据组织形式的不同，企业该如何划分？试举例说明。

4. 如何理解会计的职能？它们之间有何关系？

5. 会计的目标有哪些代表性的观点？

6. 企业有哪些会计信息使用者？他们分别关注哪些方面的信息？

7. 会计的方法包括哪些内容？它们之间有何关系？

8. 会计核算方法的含义是什么？包括哪些内容？它们之间的关系如何？

9. 如何理解会计学科体系及其内容。

10. 如果你是一个股民，你想了解上市公司哪些方面的会计信息？

单项选择题

1. 会计经历的发展阶段不包括(   )。
   A. 近代会计   B. 现代会计   C. 古代会计   D. 当代会计

2. 会计的基本职能是(   )。
   A. 控制与决策   B. 核算与监督   C. 反映与预测   D. 控制与分析

3. 下列不属于会计核算专门方法的是(   )。
   A. 成本计算   　　　　　　B. 查找错账与更正
   C. 设置会计科目与账户   D. 登记账簿

4. 会计工作的最基本内容是(   )。
   A. 会计核算   B. 会计预测   C. 会计监督   D. 会计决策

5. 下列计量标准中，具有综合性的是(   )。
   A. 货币量度   B. 劳动量度   C. 实物量度   D. 成本量度

6. 会计目标的两种学术观点是(   )。
   A. 决策有用观与受托责任观   B. 决策有用观与信息系统观
   C. 信息系统观与受托责任观   D. 管理活动观与决策有用观

7. 根据审核无误的会计凭证在账簿中系统、连续地记录经济业务内容的方法是(   )。
   A. 财产清查   B. 成本计算   C. 登记账簿   D. 复式记账

8. 用来定期总括地反映企业的财务状况和经营成果的专门方法是(   )。
   A. 财产清查   B. 成本计算   C. 复式记账   D. 编制财务报告

9. 关于会计的概念和内涵，以下不正确的是( )。

A. 信息系统包括信息的输入、信息的加工处理和信息的输出

B. 管理活动论考虑到人的能动性

C. 会计以货币为主要计量单位

D. 会计信息使用者不包括内部管理人员

10. 以下不属于制造业企业的是( )。

A. 格力电器 B. 青岛啤酒 C. 沃尔玛 D. 海天味业

综 合 题

1. 中国历史上较为著名的徽商和晋商，前者大约兴盛于明末清初，而后者在 17—18 世纪达到巅峰。特别是晋商，大多经营的是与导致意大利复式簿记产生极为相似的金融业，一些大的晋商票号专营银两汇兑、资金存放，在全国各地设有上百个分号。请问：

(1) 这一时期中国实践中所用的簿记方法，是否出现了与复式簿记相似的内容？

(2) 中国当时已有"龙门账"和"四脚账"，能否说这些就是中国的复式簿记？

2. 王丽是某财经大学会计学专业的学生，她应聘担任李先生的财务顾问。李先生拥有东方航运公司 10 000 股股票，但他不太清楚这些股票对他的真正意义，为此，他向王丽提出如下问题：什么是股票？什么是股东？股东的权利和义务分别是什么？股票的价值如何计算？他持有的这些股票应该保留、卖掉还是购买更多的该公司股票？

3. 小赵是一名大学三年级的学生，在学校的这三年他发现每年夏天放假前，总有毕业生会将学习和生活用品进行变卖，如电脑、台灯等，而一些低年级学生也会因为价格便宜而购买这些二手商品。这激发了小赵的灵感：何不赚取中间的差价呢？心动不如行动，于是小赵开始了第一次经商。临近暑假，他自己只有 600 元，不得不向同学借了 2 000 元，约定开学后还本付息。这时候他一共有 2 600 元，用其中的 2 540 元购买了毕业生变卖的二手商品。在暑假的前两周，趁着学校里还有很多未离校的低年级学生，他将全部二手商品卖了出去，共卖了 4 500 元，但其中 180 元买家当时没有现钱，暂时欠着。开学后，那位买家一直没有联系上，只能记为损失，同时支付给同学 200 元利息并归还本金。试分析一下小赵的第一次经商，他的赚钱能力如何，取得了多少利润。

4. 小孙大学毕业了，他准备自主创业，生产动漫配套产品。按照相关规定，设立公司要先筹集资金，并到工商部门进行登记。公司成立后，需要聘请会计人员，购买会计账簿，进行日常的会计核算工作并定期编制财务报告。请问：

(1) 会计到底是干什么的？会计人员的日常工作主要涉及哪些方面？

(2) 有哪些人关注企业提供的会计信息？分别关注什么信息？

5. 小张原来在某国企工作，全年收入合计 120 000 元。2020 年年底小张辞职，投资 400 000 元(该款项为小张个人从银行借入的款项，年利率为 5.6%)开办了一家托管机构，从事小学生课后托管服务。该公司开业一年来，有关收支项目的发生情况如下。

(1) 托管费收入 820 000 元。

(2) 兼营各类文具和小食品等零售业务收入 22 000 元。

(3) 托管机构租用场地年租金 100 000 元。

(4) 各项餐饮食品的成本为 260 000 元。

(5) 支付的各项税费为 56 000 元。

(6) 支付的员工工资为 185 000 元。

(7) 购置设备支出 180 000 元，其中本年度应负担该批设备的折旧成本 20 000 元。

(8) 水、电、暖气费等日常开支 70 000 元。

(9) 银行借款的利息费用为 22 400 元。

要求：计算该公司这一年的经营业绩，运用你掌握的会计知识评价小张的辞职是否合适。

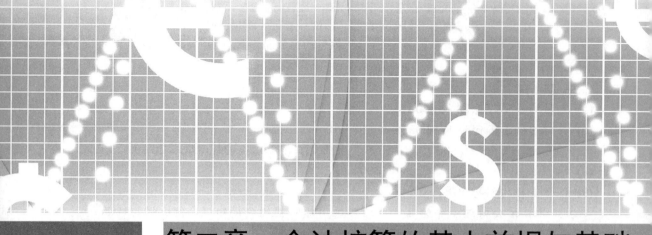

第二章 会计核算的基本前提与基础

【教学目的与要求】

通过本章的教学，要求学生理解会计信息的质量要求；掌握会计核算的基本前提并能够灵活运用；掌握权责发生制和收付实现制的概念及适用范围，并学会具体运用。

【关键词】

会计核算基本前提 会计主体 持续经营 会计分期 货币计量 会计记账基础 权责发生制 收付实现制 会计信息质量 可靠性 相关性 可比性 可理解性 实质重于形式 谨慎性 重要性 及时性

【引导案例】

会计师的困惑

张晨是东方公司的会计师，2021 年 4 月他收到公司 2020 年年报的副本，简单翻看之后感到十分担忧。原来在 20 天之前，他把准备好的年报及说明交给了财务经理、公司总裁和董事会，在说明中可以看出公司 2020 年度的财务状况和经营成果都正常，疫情影响之下净利润仅比上一年度降低了 3.5%。但是现在他看到在公司提供给股东的年度财务报告中，净利润的数据发生了变化，更改为比上一年同期增长了 5.7%。张晨仔细研读了这份报告，发现年报中把一笔高达 500 万元的预收款计为 2020 年的销售收入，而这笔预收款本应属于 2021 年第一季度的收入。张晨的上司告诉他，这是董事会的决定。董事会不希望股东失望和不安，而且 2021 年对公司来说是一个好年景，公司的净利润仍然会稳步提升，预期收入会补上这个差额，股东们不会失去任何东西，债权人等其他信息使用者更不会受到影响。

思考题：

1. 本例中哪些会计信息使用者会受到影响，会受到什么样的影响？

2. 如果你是张晨，你会怎么做？会计从业人员应该具备哪些职业道德？

3. 对企业而言，收入和费用的确认应遵循什么标准？

第一节　会计核算基本前提

　　会计核算的基本前提是指对会计核算的范围、时间、内容、程序和方法等作出的基础性规定。面对纷繁复杂、变幻莫测的外部经济环境，会计人员面临着一系列问题：会计人员在记账的时候是站在什么立场上进行处理的，为谁而核算；会计核算涉及的资金运动能否持续进行还是会面临终止；会计记账是定期报送还是等经营结束的时候才汇总计算，会计记账采用哪种计量手段等。这些问题解释清楚了，才能进行会计核算工作。会计核算的基本前提是合乎情理的逻辑判断，并非人们的主观想象，是有客观依据的、实践证明完全正确并长期奉行的，因此又称为会计假设。它主要包括会计主体、持续经营、会计分期和货币计量，如图 2-1 所示。

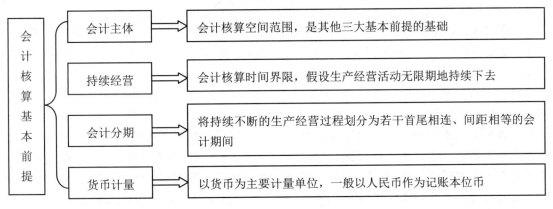

图 2-1　会计核算基本前提(会计假设)

一、会计主体

　　会计主体是指会计人员为之服务的特定单位或组织，是独立核算、自负盈亏、单独编制财务报告的任何经济单位，是会计确认、计量、记录、报告圈定的范围。会计主体假设是指会计核算应当以企事业单位发生的各项经济业务为对象，日常记账、算账、报账的时候只涉及本"会计主体"的账。会计主体之间通过各种经济往来产生千丝万缕的联系，但对于会计工作来说，其核算的范围并不包括其他企业的经济活动，也不包括会计主体所有者即投资人的经济活动。会计主体假设明确了会计工作的空间范围，一切会计工作都是站在特定会计主体的立场上进行的。通过会计主体假设可以将不同会计主体的经济业务区分开来，如图 2-2 所示。

　　会计主体与法人单位不是同一个概念。作为一个法人单位，其经济上必然是独立核算的，因而都是会计主体。但会计主体不一定就是独立的法人单位。会计主体可以是一个有法人资格的企业，也可以是若干法人单位组成的企业集团或者法人单位下属的二级核算部门。另外，独资企业、合伙制企业虽然不具备法人资格，但都是独立经营的会计主体，在会计核算时要将其经济业务和所有者个人的经济活动严格区分。如果会计主体不明确，资产和负债就难以界定，收入和费用更无法准确计量。会计主体假设是其他会计假设和全部会计原则的基础。

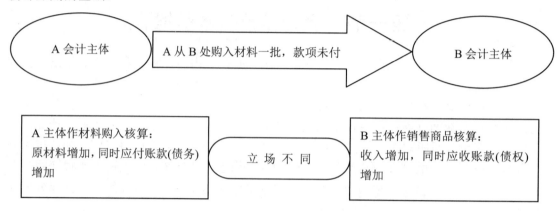

图 2-2 会计主体的理解

【例 2-1】赵佳和张楠两人共同出资成立天泰公司，赵佳投入了 20 万元银行存款和价值 10 万元的原材料，其中有 5 万元是朋友的借款。张楠投入价值 25 万元的设备和价值 5 万元的原材料，其中有 10 万元设备款暂欠。5 万元朋友借款和 10 万元设备款均属于赵佳和张楠的个人欠款。公司成立后，用银行存款 10 万元购买原材料，2 万元支付日常费用。试分析本例中的会计主体。

【解析】在本例中，天泰公司作为会计主体，其会计核算的范围仅限于与本企业直接相关的业务活动，具体包括：接受赵佳投资银行存款和原材料共计 30 万元，接受张楠投资固定资产和原材料共计 30 万元，银行存款 10 万元购入原材料，银行存款 2 万元支付费用。天泰公司投资者赵佳和张楠两人的个人业务不在此会计主体的核算范围之内。

二、持续经营

【引导案例】

持续经营与无法表示意见的审计报告

在编制财务报告时，企业应当对自身的持续经营能力进行评估。南丰公司主要经营小型汽车及其配件的生产和销售。由于经营环境恶化以及关联包袱沉重等原因，该公司持续出现亏损，其 2020 年的年度报告因为持续经营能力的不确定而被会计师事务所出具了无法表示意见的审计报告。其主要内容如下：

截至 2020 年 12 月 31 日，南丰公司应收其母公司往来款净额 2 200 万元(扣减已计提坏账准备 130 万元)。目前南丰公司的母公司正与境外合作者重组，上述款项的收回将依赖于重组能否成功实现。由于该重组的成功具有不确定性，所以无法取得充分的审计证据对上述应收款项的可收回程度作出判断。

截至 2020 年 12 月 31 日，南丰公司为其母公司的银行借款总计约 700 万元提供担保。上述借款中已逾期金额总计约 400 万元。南丰公司将其中一笔逾期担保借款 100 万元的或有损失计入本期损益。同时，南丰公司 2020 年度亏损约 690 万元，现金净流量为-388 万元。以上事实会对南丰公司的持续经营能力产生影响。

审计报告中提到，由于上述事项的不确定性和对南丰公司持续经营能力的疑问，而不能确定其对财务报告整体的影响程度，因此无法对上述报告是否符合《企业会计准则》和《企业会计制度》的规定，以及是否公允地反映公司的财务状况、经营成果和现金流量情况发表审计意见。

思考题：

1. 会计师事务所为什么对南丰公司出具了无法表示意见的审计报告？

2. 持续经营假设对企业的会计核算有什么影响？如果企业持续出现亏损，濒临破产，企业的固定资产和存货应该如何核算？

在明确认定会计主体之后，需要判断企业的持续经营状态。持续经营是指如果没有明显的反证证实会计主体将面临破产、清算、解散等不利情况，那其生产经营活动将会无限期地延续下去，而没有终止期限。在可以预见的未来，企业将会保持目前的规模和状态，不会停业，也不会大幅度缩减规模。持续经营假设明确了会计工作的时间范围。尽管现实生活中，企业会由于市场竞争的激烈而面临被淘汰的经营风险，但日常的会计记账并不以这种异常的经营趋势为基础。据统计，我国的中小企业平均寿命在 5 年以内，真正的百年企业少之又少。企业会计核算时并不能以企业马上面临破产清算为基础进行会计处理，而应当假定企业会正常地、持续地经营下去，保持会计处理原则和方法的一致性。但当有实质性的证据证明企业马上面临破产清算时，持续经营假设就必须加以改变。

提出持续经营这一假设，主要是为了解决资产估价、费用分配等问题。在持续经营前提下，会计核算所使用的一系列原则和方法才能够正常应用。例如，企业的所有资产和负债能够区分为流动的和长期的，资产能够按预定计划使用、计提折旧和清理报废，负债能够按照预定计划借入、使用和清偿。

【例 2-2】 东平公司创办于 2016 年 1 月 1 日，主营汽车运输等业务。公司最初购入一栋价值 2 000 万元的办公楼，预计使用寿命为 40 年。购入各种运输用汽车价值 100 万元，预计使用寿命为 15 年。该公司同时向银行借入 8 年期的银行借款 700 万元。2020 年年初，东平公司经营困难，面临破产清算。试根据公司状况分析其面临的经营假设。

【解析】 东平公司 2016 年创办后，在持续经营的前提下，资产按照预计的使用年限正常使用。对办公楼和汽车分别按照 40 年和 15 年计提折旧，对银行借款也要按照持续经营假设按时还本付息。2020 年年初，东平公司面临破产清算，此时公司的持续经营假设将发生变化，固定资产计提折旧的处理和长期借款的还款都会改变策略和方法。

三、会计分期

会计分期是把企业持续不断的生产经营过程划分为若干首尾相连、间距相等的时间段。这种为了会计核算需要而人为划分的相等时间单位，称为会计期间。会计期间主要包括会计年度和会计中期。世界各国所采用的会计年度一般都与本国的财政年度相同。我国以公历年度作为会计年度，即从每年的 1 月 1 日至 12 月 31 日为一个会计年度。会计年度确定后，一般按日历确定会计月度、季度和半年度，统称为会计中期。公历的月份是最短的会计期间，如图 2-3 所示。澳大利亚、瑞典等国以每年的 7 月 1 日至次年的 6 月 30 日为一个会计年度，英国、日本、加拿大等国以每年的 4 月 1 日至次年的 3 月 31 日为一个会计年度。

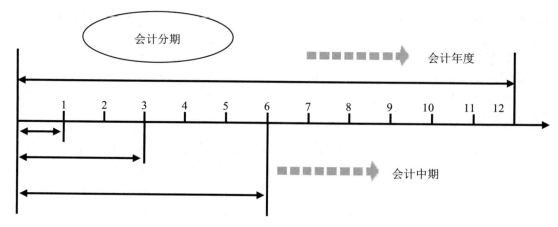

图 2-3　会计分期的理解

会计分期与持续经营紧密相关，因为假设企业的生产经营活动会持续地进行下去，那么会计信息使用者关注的各种信息难道只有等到企业清算时才能提供？这显然是不能满足需要的，不利于各种经济决策的进行。通过会计期间的科学划分，分期结算账目，按期编制财务报告，及时地向信息使用者提供反映财务状况和经营成果等的会计信息，满足经济管理的要求。比如公司的管理者，根据其每月利润及主要来源的数据，可以及时地调整自己的经营活动和投资领域，增加收入、降低成本，谋求更好的发展。

会计分期假设有着重要的意义，主要包括：①明确了会计分期，可以定时定期地结算账目编制财务报告，有条不紊地开展各项会计工作；②在会计分期的基础上产生了不同会计期间的区别，收入、费用等在不同期间确认，形成了收付实现制和权责发生制、划分收益性支出和资本性支出、收入和费用配比等原则；③会计分期是正确计算损益的前提，收入、费用、利润都是以期间为基础的；④会计分期使不同期间会计信息对比成为可能和必然。

四、货币计量

定期提供财务信息，要求会计记账时有统一的计量尺度或者标准。会计信息系统的所有记录都是以货币形式为主来提供的，因为货币是一般等价物，具有价值尺度、流通手段等特点，能够计量一切资产、负债和所有者权益，以及收入、费用和利润，也便于分类、汇总和综合计算。货币计量是指会计主体在会计核算过程中应采用货币作为计量单位，记录、反映会计主体的日常经济活动。货币计量是基本计量，而其他计量单位只能是辅助性质的。比如企业的固定资产和原材料，只有货币计量是不够的，不能分清楚其具体的数量和单价，不利于分类管理，需要辅以实物计量。劳动者的职工薪酬除了货币计量外，还需要辅以劳动工时等计量，但不占主要地位。

会计核算除了明确以货币为主要计量单位外，还需要具体确定一种货币作为记账本位币，即按何种统一的货币来记录日常的每一笔经济业务并编制报表。我国企业的日常收支以本国货币即人民币为主，通常选择人民币作为记账本位币。若企业的经济业务涉及多种人民币以外的货币，根据具体情况可选用其中一种作为记账本位币，但编制的财务报告应当折算为人民币。

【知识链接】

货币计量假设有局限性吗

局限性1：有些重要信息，如产品质量、企业竞争力、企业声誉等，不能用货币计量。但此类信息与决策极其相关。还有人本身的价值无法用货币衡量，但人的劳动可以用货币衡量。所以企业的人力资源本身难以纳入财务报告。

局限性2：货币计量还隐含有币值稳定假设。如果物价整体变动不剧烈，但各种原因引起小范围的物价波动，比如某类原材料在短期内价格上涨幅度较大，均会使相同的货币量在不同时期有差异较大的购买力，对会计信息的可比性带来影响。物价持续变动，尤其是恶性通货膨胀时期，用名义货币提供的会计信息，可比性、相关性较差。这时候，就需要采用特殊的会计原则(如物价变动会计原则)来处理有关的经济业务。

会计核算的四项基本前提缺一不可，它们既有联系又有区别。会计主体明确了会计核算的空间范围，持续经营界定了会计核算的时间界限，会计分期将持续不断的生产经营过程划分为不同的期间，货币计量为会计核算提供必要的手段。这些前提共同为会计核算奠定了基础，也是会计记账基础和会计核算原则的前提条件。实际上，人们对会计核算基本前提的认识并非一成不变的，而是随着外部环境的变化而不断演进的。

【思政课堂】

培训班的账目

A、B两位朋友于2018年1月1日开设了一个艺考培训班，A、B两人均没有太多的专业知识，只对培训班的部分经济业务进行了记录。三年多以后，培训班面临解散，两人委托精通会计的小C来检查账目，提出了如下疑问。

(1) A把家庭用汽车记到该培训班名下，并私下支取公司的2 000元用于个人消费。

(2) B在报销时将个人的旅游费用计入培训班费用下。

(3) 培训班聘请的声乐教师是英国人，要求以英镑支付工资，在账上将该笔业务按英镑记账。

(4) 因为高考的艺术类专业考试一般在12月至次年1月举行，培训班的业务基本都集中在下半年的7—12月份，上半年没有业务因此不记账。

(5) 该培训班的业务非常简单，没有编制正规的财务报告。

(6) A、B两人在2019年年初私自分配了培训班上一年度的经营利润，每人分得3 000元，记为发放给两人的劳务费。

(7) 2021年，受疫情影响，该培训班连续两年经营惨淡，两人拟停办培训班。但尚有一部分学生没有结课，两人就把培训班剩下的钱转到个人账户上。

思考题：请用会计知识指出该培训班的日常会计记录有何问题？应如何改正呢？

第二节　会计记账基础

会计记账基础又称为会计核算基础，是会计确认收入和费用的标准，能够解释收入和费用何时确认和以多少金额确认的问题。为了准确计算企业的利润，就要明确收入和费用的归属期间，是在与该项经济业务有关的现金收支的期间记录，还是在该项经济业务实际产生影响的期间记录。由此形成了权责发生制和收付实现制，两者有不同的适用范围和记账标准。

一、权责发生制

权责发生制又称为应收应付制或应计制，是指会计核算时按获取收入的权利和发生费用的义务是否归属于本期来确认收入和费用。凡是在本期内实际已经发生，"权利"和"责任"属于本期，在权责发生制下不论款项是否实际收到或付出，都应作为本期的收入和费用入账，即按照应收应付而不是实际收付作为确认标准。凡是不属于本期的收入和费用，即使款项在本期实际收到或付出，也不作为本期的收入和费用处理。采用权责发生制进行会计核算比较复杂，但反映当期的收入和费用较为合理、真实、准确，所以权责发生制适用于以获取利润为目的的企业。我国《企业会计准则——基本准则》规定：企业应当以权责发生制为基础进行会计确认、计量和报告。

【例 2-3】南海公司 2021 年 3—6 月发生如图 2-4 所示的四笔经济业务。请分析权责发生制下应确认的收入和费用。

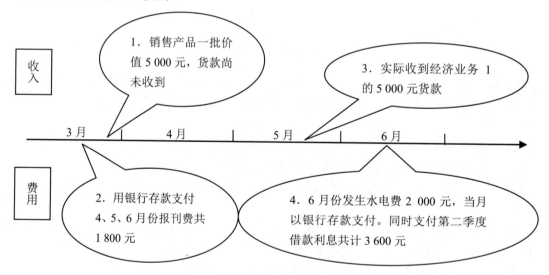

图 2-4　南海公司经济业务实例

【解析】根据权责发生制，经济业务 1 虽然没有实际收到 5 000 元货款，但是销售业务已经发生，对方承诺付款，南海公司已经获得了获取收入的权利，应确认为 3 月份的收入；在经济业务 2 中，报刊费的实际归属期限是 4、5、6 月份，3 月份支付属于提前支付，因此应该分别确认为 4、5、6 月份的费用各 600 元；经济业务 3 收到的是经济业务 1 应收的货款，不应归属于 5 月份，当月不确认为收入；在经济业务 4 中，当月发生的水电费归属于 6 月份，确认为 6 月份的费用 2 000 元，第二季度借款利息即 4—6 月份的利息每月 1 200 元，应该在每月确认为利息费用。

二、收付实现制

收付实现制是与权责发生制相对应的一种确认基础。收付实现制又称为现收现付制，是指会计核算时应当以款项是否实际收到或付出作为标准来确定本期收入和费用。凡是当期实际已经收到的款项或者付出的费用，不论其权责是否归属于本期，不论其产生的原因属于哪个时期，都作为本期的收入和费用入账。同理，凡本期没有实际收到或者付出的款项，一概不认定为本期的收入和费用。目前，我国机关单位会计采用收付实现制，事业单位会计除了个别的经营业务可以采用权责发生制外，其他业务也采用收付实现制作为会计核算基础。

【例 2-4】南海公司 2021 年 3—6 月发生如图 2-4 所示的四笔经济业务。试分析收付实现制下应确认的收入和费用。

【解析】根据收付实现制，经济业务 1，当月没有实际收到任何款项，不确认收入；经济业务 2，3 月份实际支出 1 800 元，确认为当月的费用；经济业务 3，5 月份实际收到款项 5 000 元，确认为当月的收入；经济业务 4，6 月份以银行存款支付水电费 2 000 元，确认为当月的费用，支付第二季度借款利息 3 600 元，确认为当月的费用。

三、权责发生制和收付实现制的比较

实际上，权责发生制强调应计的收入和为了取得收入发生的费用相匹配，收付实现制强调实际的现金流量的收付。采用权责发生制可以更准确地计算出当期损益，因而权责发生制被应用于企业；而机关事业单位无须准确计算是否获取利润，它们以收付实现制为基础进行会计核算。下面用表 2-1 来进一步说明权责发生制和收付实现制的区别。

表 2-1　权责发生制与收付实现制的比较

举　例	权责发生制	收付实现制
出租本企业的设备一台，3 月份收到第二季度的租金 6 000 元	3 月份不确认任何租金收入；4—6 月每月确认租金收入 2 000 元	全部作为 3 月份的收入
6 月份支付下半年的报刊费 9 000 元	6 月份不确认任何费用；7—12 月每月确认 1 500 元费用	全部作为 6 月份的费用
销售产品一批，分别在 4、5、6 月份发货，货款于 6 月月底全部收到	按照发货数量对应的应计收入，分别确认为 4、5、6 月份的收入	全部作为 6 月份的收入
5 月份购入办公用品一批，但款项在 7 月份支付	确认为 5 月份的费用	确认为 7 月份的费用
7 月份收到购货单位一笔货款，但按照合同规定 8 月份交付商品	确认为 8 月份的收入	确认为 7 月份的收入

需要说明的是，企业销售商品确认收入的时候，需要根据《企业会计准则——收入》中的规定来严格执行，其中的条款比较复杂和具体，此处我们按照简易的判断标准，即根据销货合同商品已经生产出来并发货为准。

【例 2-5】2021 年 7 月份，南海公司发生如下经济业务，请按权责发生制和收付实现制来计算南海公司本月(7 月份)的收入和费用。

(1) 销售产品 6 000 元，商品已经发出，货款收到并存入银行。

(2) 销售产品 20 000 元，已发货但货款当月没有收到。

(3) 支付第三季度的订报刊费 12 000 元。

(4) 收到上月应收的销货款 5 000 元。

(5) 收到购货单位预付货款 8 000 元，下月交货。

(6) 本月应付借款利息 1 600 元，下月一并支付。

【解析】根据权责发生制和收付实现制，南海公司 2021 年 7 月份的收入和费用如表 2-2 所示。

表 2-2 南海公司 2021 年 7 月份的收入和费用

单位：元

序　号	权责发生制		收付实现制	
	收　入	费　用	收　入	费　用
(1)	6 000	0	6 000	0
(2)	20 000	0	0	0
(3)	0	4 000	0	12 000
(4)	0	0	5 000	0
(5)	0	0	8 000	0
(6)	0	1 600	0	0

【例 2-6】2021 年 7 月份，东安公司发生如下经济业务，请在权责发生制和收付实现制下分别计算利润。

(1) 销售产品一批，商品已经发出，货款 16 400 元收到并存入银行。

(2) 销售产品一批，货款 12 000 当月没有收到。

(3) 预付下半年保险费 12 000 元。

(4) 支付当月应该承担的利息费用 2 000 元。

(5) 当月形成的水电费 600 元，下月支付。

(6) 支付上月的水电费 800 元。

(7) 收到 3 月份应收的销货款 20 000 元。

(8) 支付本月应该承担的办公费 3 000 元。

【解析】根据权责发生制和收付实现制，东安公司 2021 年 7 月份的收入、费用和利润如表 2-3 所示。

表2-3 东安公司2021年7月份的收入、费用和利润

单位：元

序 号	权责发生制		收付实现制	
	收 入	费 用	收 入	费 用
(1)	16 400	0	16 400	0
(2)	12 000	0	0	0
(3)	0	2 000	0	12 000
(4)	0	2 000	0	2 000
(5)	0	600	0	0
(6)	0	0	0	800
(7)	0	0	20 000	0
(8)	0	3 000	0	3 000
合计	28 400	7 600	36 400	17 800
当期利润	28 400-7 600=20 800		36 400-17 800=18 600	

第三节 会计信息质量要求

所有的产品都有相应的质量标准，达不到就无法在市面上正常销售和流通。而会计信息作为会计人员辛勤工作生产出来的"产品"，也应该符合一定的质量要求。会计信息质量要求是对企业财务报告中所提供的会计信息质量的基本要求，是会计信息对投资者、债权人等信息使用者决策有用应具备的基本特征，主要包括可靠性、相关性、可比性、可理解性、实质重于形式、谨慎性、重要性和及时性等。

一、可靠性

可靠性，也称为客观性、真实性，是指会计核算提供的信息应当以实际发生的交易或事项的合法凭证为依据，如实地反映企业的财务状况、经营成果和现金流量，做到内容真实、数字准确、资料可靠。可靠性是提供高质量会计信息的最基本要求、重要基础和关键所在。一项信息是否可靠取决于真实性、可验证性和中立性三个方面。在会计核算的各个阶段，即会计确认、计量、记录和报告的各个环节中，都必须符合真实可靠的要求。如果企业以虚假的交易或者事项为依据进行会计的确认、计量和报告，属于严重的违法行为，会导致失真的会计信息，进而误导信息使用者，干扰资本市场，甚至造成财经秩序混乱。

在会计实务中，有些数据必须根据会计人员的经验判断或对未来的估计予以计算。例如，固定资产的预计使用年限和净残值率、各种坏账造成的损失等，都会受到个人主观意志的影响。但为了保证会计核算提供的信息真实可靠，应保证在统一标准下进行会计处理，而不是随意改变。

【例2-7】南海公司2021年年末发现公司销售不畅，采取各种促销手段都难以增加销售收入，无法实现年初预计的主营业务收入的增长目标。这时公司发现仓库中有一些闲置

不用的原材料，在没有实际销售的前提下，按目前的市价在记账时将其确认为主营业务收入。试分析这样记账是否正确。

【解析】销售原材料取得的收入应该是其他业务收入，而非主营业务收入。该笔经济业务的处理不是以真实的交易或者事项为依据的，而是虚假的经济业务，违背了会计信息质量要求的可靠性原则。

二、相关性

相关性，是指企业提供的会计信息应当与信息使用者进行经济决策的需要高度相关，有助于他们对企业的过去、现在和未来的情况作出评价和预测。这就要求信息具有反馈价值和预测价值。反馈价值是指相关的会计信息能够有助于使用者评价企业过去的决策，证实或者修正执行中的决策方案。预测价值是指有助于使用者根据财务报告所提供的会计信息来预测企业未来的财务状况、经营成果和现金流量。比如，区分流动和长期的资产与负债，可以提高信息预测未来的能力，因而更具有相关性。

会计提供的信息必须是有用的，能够有助于进行决策的，要想充分发挥其作用，会计信息需要满足使用者的要求。而信息使用者从各自的利益出发，对信息需要的侧重点有所不同。比如投资者更关注盈利能力，债权人更关心偿债能力，这就要求会计信息在加工处理的过程中，最大限度地满足信息使用者进行经济决策的全方位需要。

可靠性是相关性的基础，保证可靠的信息才有意义。可靠性要求会计信息基于已经发生的经济业务，但完全建立在历史事件基础上的信息，其相关性会受到一定的影响，直接导致可靠性和相关性两者不能兼得的矛盾。会计人员需要在两者之间进行权衡，通过自己公正的职业判断实现可靠性和相关性的完美统一。

三、可比性

可比性，是指会计核算应当按照规定的会计处理方法进行，会计指标之间口径一致、相互可比。这主要包括两层含义(如图 2-5 所示)：一是纵向可比，是指同一企业不同时期的会计信息相互可比。即同一企业在不同的会计期间发生相同或者类似的经济业务，应当采用一致的会计政策，不得随意变更。但如果根据有关规定确实需要变更的，要在报表附注中予以说明。二是横向可比，是指同一时期不同企业的会计信息相互可比。即不同企业在同一会计期间发生相同或者类似的经济业务时，应采用一致的会计政策，确保会计信息的相互可比，以便在不同企业之间进行对比和判断。

举例来说，同一企业在选定固定资产计提折旧的方法和不同类别固定资产折旧年限时，应当前后保持一致，在连续若干期的会计期间内使用；不同企业在财务报告中提供关于财务状况和经营成果的信息，包括资产的来源及其内部构成、负债和所有者权益的总额和构成情况、利润形成的原因和主要来源时，需要采用同样的方法和计算标准。

值得注意的是，满足会计信息的可比性要求，并非表示企业的会计政策应该一成不变，永远保持一致。当会计政策变更后提供的会计信息更可靠和相关，对信息使用者的决策更有用的时候，会计政策变更就成为一种必然。一切都以保证高质量的会计信息为最终目标。

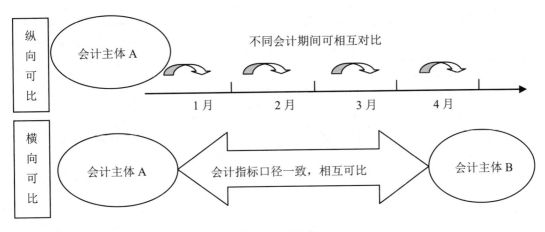

图 2-5 可比性

四、可理解性

可理解性，也称为明晰性，是指会计信息应该清晰明了，便于财务报告使用者理解和使用。提供会计信息的目的在于使用，要使用必须明白会计信息的内涵，无法提供清晰明了的信息就难以保证使用者真正理解信息的内容，更谈不上有助于作出经济决策。

会计信息是一种专业性较强的信息，但报表中大部分项目是通俗易懂的，比如货币资金、应收账款、存货、固定资产、营业收入、营业成本、税金及附加等，报表编制的格式、报表附注的内容等，也尽量满足非专业人士的需要。具体来说，信息是否被使用者所理解，取决于两个方面：一是信息使用者的理解能力；二是信息本身容易被理解的程度。会计上通常假定，信息使用者具备一定的理解能力，有正确的认真研读报表的态度，还有相关的财务基础知识。在此基础上，阅读并理解财务报告是没有问题的。

五、实质重于形式

实质重于形式，是指会计主体应当按照经济业务的实质进行会计核算，而不仅仅根据它们的法律形式，如图 2-6 所示。在大多数情况下，经济实质和法律形式是完全统一的，这时候正常进行会计的确认和计量就可以。但有时候，经济实质和法律形式并不一致，最典型的是融资租入固定资产。从法律形式上看，该项固定资产的所有权在出租方，企业只拥有控制权和使用权，该项固定资产在法律上并不是企业购入的固定资产。但是，由于融资租入固定资产的租赁期限一般超过了该资产预计使用寿命的 3/4 甚至 4/5，而且到期企业可以以合理的价格将其购买下来。即便所有权没有转移，但是相应的风险和收益都由承租方承担，为了正确地反映企业的资产和负债状况，承租方应将融资租入的固定资产确认为自有固定资产，纳入资产负债表。

再如售后回购，法律形式上是销售商品，所有权也已经转移，但经济实质上相当于出售方短期内资金紧张，把东西抵押在购买方这里，过一段时间出售方再把东西给赎回来。所以通常情况下，售后回购是不确认收入的。另外，有强制付息义务的优先股或者永续债根据经济实质确认为负债，而非所有者权益。

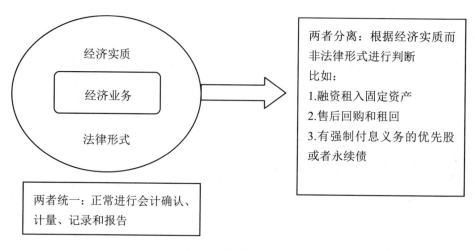

图 2-6　实质重于形式

六、谨慎性

谨慎性，又称稳健性，是指在处理经济业务时应保持应有的谨慎，不应高估资产或者收益，低估负债或者费用。企业的生产经营活动充满着风险和不确定性，如果会计人员进行会计核算的态度是激进的，对未来的各种判断都选择有利于企业的方面，那这样编制出来的会计报表就会偏离正常的轨道，像人被过分美化一样，会计报表也被过于粉饰了。为了避免这种情况的发生，要求在谨慎/稳健的态度下进行各项会计业务的处理。会计人员在不影响合理选择的前提下，保持应有的谦虚谨慎的态度，充分估计到各种可能的风险和损失，考虑到各种不利情况，尽可能选择不虚增利润和夸大资产的会计处理方法和程序。

谨慎性的要求贯穿于会计核算的全过程。比如，对应收账款计提坏账准备，考虑到应收账款有收不回来的可能性，按照一定的比例先行提取一部分作为损失，计入当期损益，以后确实无法收回时冲销坏账准备；固定资产的使用在前期存在较大的使用损耗，需采用加速折旧法，即使用前期提取较多的折旧计入费用；自行开发的无形资产的开发成本直接计入当期费用，而无形资产的摊销期限应选择合同期限、法律期限、经营期限和 10 年中最短者等。谨慎性原则的目的是尽可能地减少经营风险，有利于企业作出正确的、不过于乐观的经营决策，从而提高企业在市场上的竞争能力。但是，凡事过犹不及，不能从一个极端走向另一个极端，过于谨慎不代表企业可以任意计提各种秘密准备。

七、重要性

重要性，是指企业提供的会计信息应当反映与企业财务状况、经营成果和现金流量有关的所有重要的经济业务，无一遗漏。具体来说，对于特别重要的经济业务，应单独核算、分项反映，力求精确且具体清晰，并在财务报告中作重点说明；对不那么重要的经济业务，可适当地简化会计处理流程或合并反映，以便集中精力抓好关键，防止捡了芝麻丢了西瓜。

在会计实务中，还需要判断信息的重要性程度，如果某项会计信息的缺失或者省略会直接影响信息使用者的经济决策，该项信息就十分重要。会计人员需要借助自己的职业判断同时考虑企业所处的环境，从会计事项的性质和金额两个方面加以判断。重要性原则实现了有限的资源用在最重要的信息上，从而节省人力、物力和财力，提高信息提供的效率，符合成本效益原则的要求。比如说，企业发生的某项支出业务涉及金额特别小，虽然支出的受益年份超过一年，理论上需要在未来若干会计年度进行分摊，但根据重要性原则的要求，可一次性计入当期损益。

八、及时性

及时性，顾名思义，是指企业对于已经发生的经济业务，应当在短时期内进行会计确认、计量、记录和报告，及时地提供会计信息，不得提前或者延后。它具体包括三重含义：及时收集会计信息、及时处理会计信息和及时报送会计信息。企业提供会计信息的目的是让使用者进行经济决策，具有时效性，如果这种信息十分滞后，那其效用就会大大降低，会错过决策的最佳时期。在社会主义市场经济体制下，市场环境变幻莫测，市场竞争日趋激烈，企业内外各有关方面对会计信息的及时性要求越来越高。

【知识链接】

我国上市公司财务报告公布时间

财务报告(简称财报)是隶属于投资分析中基本面分析的一个重要组成部分，分为季报、半年报和年报，那么，如此重要的季报、半年报和年报什么时候公布呢？

1. 季报

季报又分为四季，每三个月为一个季度，一季报为每年4月1日—4月30日披露；二季报随半年报披露；三季报为每年10月1日—10月31日披露；四季报随年报披露。

2. 半年报

半年报披露时间为每年7月1日—8月31日。

3. 年报

年报披露时间为每年1月1日—4月30日。

以上为上市公司公布财务报告的时间段，上市公司无须定期披露月度财务报告。通常来讲，上市公司会在规定时间内披露其财务报告，因为按照相关规定，未在相应的时间段内披露财务报告，上市公司将面临交易所对公司的处罚，即公司股票会面临停牌的风险，同时，也将对公司及相关人员予以公开谴责。

在上述八项会计信息质量要求中，可靠性、相关性、可理解性、可比性是首要的基础性质量要求，谨慎性、实质重于形式、重要性、及时性是次要的辅助性质量要求，对首要的基础性质量要求起到补充和完善的作用。会计人员在进行信息的加工处理时，应综合判断权衡，以便提供高质量的会计信息。

本 章 小 结

(1) 会计核算的基本前提是对会计核算的范围、时间、内容、程序和方法等作出的基础性规定，主要包括会计主体、持续经营、会计分期和货币计量。

(2) 会计主体假设明确了会计工作的空间范围；持续经营假设明确了会计工作的时间界限；会计分期是把企业持续不断的生产经营过程划分为若干首尾相连、间距相等的时间段；货币计量是指会计主体在会计核算过程中应采用货币作为计量单位，记录、反映会计主体的日常经济活动。

(3) 会计记账基础又称为会计核算基础，是会计确认收入和费用的标准，能够解释收入和费用何时确认和以多少金额确认的问题。

(4) 权责发生制又称为应收应付制或应计制，是指会计核算时按获取收入的权利和发生费用的义务是否归属于本期来确认收入和费用。收付实现制又称为现收现付制，是指会计核算时应当以款项是否实际收到或付出作为标准来确定本期收入和费用。

(5) 会计信息质量要求是对企业财务报告中所提供的会计信息质量的基本要求，是会计信息对投资者、债权人等信息使用者决策有用应具备的基本特征，主要包括可靠性、相关性、可比性、可理解性、实质重于形式、谨慎性、重要性和及时性等。

复习与思考题

1. 什么是会计核算的基本前提？它主要包括哪几个基本前提？
2. 会计主体解决了什么问题？会计主体和法律主体之间有何区别与联系？
3. 如何理解持续经营？假定企业经营遇到了困难，还可以采用持续经营基本前提吗？
4. 会计分期有何作用？会计期间是如何划分的？
5. 货币计量有哪些局限性？
6. 企业在确认收入和费用时应该遵循什么基本标准？
7. 权责发生制和收付实现制的区别是什么？
8. 会计信息质量有哪些具体的要求？
9. 怎样理解会计信息质量的可靠性和相关性要求？
10. 怎样理解会计信息质量的谨慎性要求？试举例说明。
11. 我国要求上市公司对外提供季度财务报告时，可采用简化披露附注信息，这体现了会计信息质量哪方面的要求？

单项选择题

1. 下列各项中不属于会计核算基本前提的是(　　)。
   A. 会计主体　　　　　　B. 持续经营　　　　　　C. 会计计量
   D. 会计分期　　　　　　E. 货币计量

2. 会计主体基本前提明确了会计核算的(　　)。

　　A. 空间范围　　　B. 时间范围　　　C. 核算程序　　　D. 计量方法

3. 货币计量基本前提的隐含条件是(　　)。

　　A. 币值稳定　　　　　　　　　　B. 会计信息可比

　　C. 以人民币计量　　　　　　　　D. 企业长期持续经营

4. 不应该高估资产或者收益，低估负债或者费用，所遵循的会计信息质量要求是(　　)。

　　A. 谨慎性　　　　　　　B. 实质重于形式　　　　　C. 重要性

　　D. 可比性　　　　　　　E. 权责发生制

5. 关于权责发生制和收付实现制，以下说法中不正确的是(　　)。

　　A. 权责发生制适用于以获取利润为目的的各类企业

　　B. 收付实现制是以款项的实际收付为标准确认收入和费用的

　　C. 收付实现制期末不需要进行账项调整，核算简单

　　D. 根据收付实现制，需要按月计提短期借款利息

6. 企业销售本月产品当月未收到货款，但仍计入本月收入的做法遵循的是(　　)。

　　A. 实质重于形式　　　　　　　　B. 谨慎性

　　C. 收付实现制　　　　　　　　　D. 权责发生制

7. 企业的会计期间是(　　)。

　　A. 自然形成的　　　　　　　　　B. 人为划分的

　　C. 一个周转过程　　　　　　　　D. 企业规定的任意时间段

8. 目前我国行政单位采用的会计记账基础是(　　)。

　　A. 权责发生制　　　B. 收付实现制　　　C. 实际收付制　　　D. 统收统付制

9. 在权责发生制下，应作为本期收入的是(　　)。

　　A. 收到上月销货款　　　　　　　B. 预收下月销货款

　　C. 收到退回的购料款　　　　　　D. 本月销售商品一批，对方暂欠货款

10. 某企业对融资租入的固定资产视同自有固定资产进行管理并按月计提折旧，所遵循的会计信息质量要求是(　　)。

　　A. 可靠性　　　　　　　　　　　B. 相关性

　　C. 实质重于形式　　　　　　　　D. 可理解性

11. 下列关于可比性的表述中，不正确的是(　　)。

　　A. 可比性要求企业提供的会计信息应当相互可比

　　B. 可比性包括两层含义，即同一企业不同时期可比、不同企业相同时期可比

　　C. 可比性要求同一企业不同时期发生的相同或相似的交易或事项，应采用一致的
　　　　会计政策，不得有任何变更

　　D. 可比性要求不同企业同一会计期间发生的相同或相似的交易或事项，应采用统
　　　　一规定的会计政策，保证会计信息口径一致，相互可比

综　合　题

1. 南海公司 5 月份发生下列经济业务：本月收到预收销售收入 4 500 元；本月预付下半年租金 24 000 元；本月销售商品 32 000 元，实际收到 15 000 元；本月购买原材料 6 000 元，次月支付；本月支付上月水电费 650 元；本月实际形成水电费 860 元，尚未支付。分别采用权责发生制和收付实现制确认本月的收入和费用。

2. 12 月 10 日，华天公司销售商品取得价款 100 万元，为实现此项销售共发生 65 万元的成本费用。假设此项销售符合收入确认的条件，但款项于次年 2 月 10 日收回。那么，该项收入应作为本年的收入确认，还是作为次年的收入确认？并解释理由。

3. 东方律师事务所是由小马和小刘合伙创建的，最近发生了如下经济业务，并由会计做了相应的处理。

(1) 8 月 6 日，小马从事务所出纳处拿了 820 元现金给自己家购买日常用品，会计将其记为事务所 8 月份的费用。

(2) 8 月 10 日，会计将 8 月 1—10 日的收入、费用汇总后计算出 10 天的利润，并编制了财务报表。

(3) 8 月 18 日，事务所收到某外资企业支付的业务咨询费 50 000 日元，会计将其直接记到日元账户中，已知事务所的记账本位币是人民币。

(4) 8 月 25 日，事务所购买了一套办公桌椅，买价 8 400 元，运费 100 元，会计记管理费用增加 8 500 元。

(5) 8 月 27 日，事务所收到当年第二季度水电费的通知单，随即用银行存款支付水电费 6 700 元，会计将其作为 8 月份的费用处理。

(6) 8 月 29 日，预付下季度保险费 3 000 元，会计将其作为 8 月份的费用处理。

(7) 8 月 30 日，收到通知，事务所某笔应收取的款项因对方公司濒临破产而难以收回，会计人员未做任何处理。

(8) 8 月 31 日，一次性支付到期的半年期借款利息 4 800 元，会计将其全部作为 8 月份的财务费用。

(9) 8 月 31 日，改变事务所计提固定资产折旧的方法，原来为直线法，现更改为加速折旧的方法(年数总和法)。

要求：东方律师事务所的会计人员在处理这些经济业务时是否完全正确？如有错误，主要是违背了哪项会计核算基本前提或基础，或者会计信息质量要求？

4. 蓝天公司一贯采用权责发生制原则确认收入与费用。2021 年 9 月份发生如下经济业务。

(1) 9 月 3 日，收到 6 月份的应收账款 25 000 元，收到 8 月份的应收账款 12 000 元。

(2) 9 月 5 日，支付 8 月份水电费等 4 500 元。

(3) 9 月 11 日，销售商品一批价值 18 000 元，款项收到存入银行。

(4) 9 月 14 日，支付本月应负担的管理费用 7 400 元。

(5) 9 月 18 日，销售商品一批价值 20 000 元，款项尚未收到。

(6) 9 月 20 日，支付第四季度订报刊费 7 200 元。

(7) 9 月 26 日，预收客户货款 16 000 元，下月发货。

(8) 9 月 30 日，承担 6 月份已经预付的保险费 5 000 元(当时一次性支付第三季度的保险费共 15 000 元)。

要求：根据权责发生制和收付实现制，列表计算蓝天公司 2021 年 9 月的收入、费用和利润。将结果填入表 2-4。

表 2-4 蓝天公司 2021 年 9 月份收入、费用和利润

单位：元

序 号	权责发生制		收付实现制	
	收 入	费 用	收 入	费 用
(1)				
(2)				
(3)				
(4)				
(5)				
(6)				
(7)				
(8)				
合计				
当期利润				

5. 东海公司是一家以生产农用三轮车为主的地方企业。小王为该公司的会计人员，他对东海公司的经济业务进行了如下处理。

(1) 将某机器设备原预计使用年限 16 年更改为 20 年，这样会少记折旧费用，增加利润。

(2) 东海公司大股东私自将公司生产的五台农用三轮车拉走，给自己亲戚使用。

(3) 采用融资租赁的方式租入一台生产用设备，不做任何会计处理。

(4) 用银行存款支付本月广告费用 12 000 元，分摊计入本年 12 个月。

(5) 收到半年前销售商品的货款 6 000 元，确认为当月的收入。

(6) 销售商品一批，按合同规定分三个月发货，全部计入当期的收入。

(7) 购入设备一台，原价 5 000 元，经协商八折购入即 4 000 元，运杂费、保险费等合计 600 元，以 5 600 元记入固定资产。

(8) 预付下一季度保险费 6 000 元，全部计入当月的费用。

(9) 小王工作比较拖拉，一个月之前发生的经济业务尚未记账。

(10) 收到一笔销售收入，对方以欧元支付，小王直接将其记入欧元账户，本企业记账本位币是人民币。

(11) 结转两个月之前销售商品的成本，该商品的销售收入已于两个月之前确认。

(12) 东海公司某下属分公司已经濒临破产，东海公司在编制合并财务报表时没有做任何区别对待。

要求：东海公司的会计人员在处理这些经济业务时是否完全正确？如有错误，主要是违背了哪项会计核算基本前提或基础，或者会计信息质量要求？

6. 2021 年 10 月安达公司发生如下事项。

(1) 通过校招招入 36 名大学生，安排他们进行入职培训。

(2) 采购各种饮水设备 20 台共 10 000 元。

(3) 公司在系统内评比中获得年度进步奖。

(4) 公司某员工获得省级劳动模范称号，并获得政府部门发放的奖金 10 000 元。

(5) 公司开发的两项新产品获得专利权。

(6) 公司进行暖气设备改造，花费 100 000 元。

(7) 销售产品一批共 20 000 元，当月没有收到款项。

(8) 支付第二季度水电费共计 13 800 元；当月发生水电费 5 700 元。

(9) 公司开发的新产品上市即受到追捧，市场占有率突破 10%。

(10) 归还半年期银行借款 5 000 元，并一次性支付利息 200 元。

要求：上述事项哪些属于企业的会计核算范围？应如何进行会计记账？

7. 天安公司是投资者 A、B、C 三人于 2010 年 1 月 1 日创建的。近期公司经营中遇到了如下问题。

(1) A、B、C 三人在创办公司之前就是好朋友，都一直从事技术工作但不懂会计。他们认为公司和三个人是一体的，不用分开记账，公司缺少现金时便从家里拿，家里用钱、用物也直接从公司取。

(2) 2010—2019 年公司经营正常，每年都获得了不错的利润。但 2020 年公司的经营十分困难，效益下滑严重，当年仅仅取得 8 万元的利润，而 2021 年经营状况进一步恶化，预估亏损 80 万元。公司会计在犹豫是否应改变目前的会计记账基础。

(3) 公司的日常业务往来，除了人民币之外还经常收到美元，公司会计分开设置了人民币账户和美元账户，记账时并行使用。

(4) 一直以来，公司产品的售后服务质量较好，赢得了广大客户的信赖。公司拟将上述信息反映在报表中，要求会计人员增加上述事项。

(5) 为扭亏为盈，公司拟不再计提应收账款坏账准备，同时在计提折旧时延长固定资产预计使用年限。

请回答：天安公司涉及的上述问题，与哪些会计核算基本前提、会计记账基础及会计信息质量特征有关？应该如何处理？

第三章　会计要素与会计等式

【教学目的与要求】

通过本章的教学，要求学生了解会计的一般对象和具体对象；了解历史成本原则、配比原则、划分资本性支出与收益性支出原则；理解会计对象的含义；理解会计确认、计量的概念；理解会计的计量属性；掌握六大会计要素的概念及内涵；掌握三个会计等式及其恒等性；掌握经济业务活动对会计等式的影响。

【关键词】

会计对象　资金运动　会计要素　资产　负债　所有者权益　收入　费用　利润　静态会计等式　动态会计等式　综合会计等式　会计确认　会计计量　计量属性　历史成本　重置成本　可变现净值　现值　公允价值　资本性支出　收益性支出　配比原则

【引导案例】

企业是如何运转的

张丽考上了财经大学，父母一次性给了她一个学期的学费和生活费。寒假回家后，张丽和父母讨论起大学生活的花费，她的资金来源包括父母给的、亲戚朋友送的和自己兼职的收入，支出主要在学费、住宿费、电话费、日常的消费等方面，经过一个学期的生活，张丽还存了 800 元。张丽忽然想到，一家企业要生存和发展，资金从何而来又用到哪里去了呢？经过与父母和亲戚们的讨论，张丽认为：企业能正常经营的基本条件是需要有人、财和物三方面。人是人力资源，财是现金和银行存款等，物是企业经营需要的房屋建筑物、办公用品、机器设备、运输工具、原材料、产成品或商品等。企业一开始创办的时候要先筹集资金，然后用这些资金购置设备和原材料，雇用员工生产产品，最后将产品卖出去收回资金。

思考题：

1. 企业要筹集资金，一般有哪几种来源？有何区别？

2. 顺着张丽的思路思考，制造业企业的资金是如何运动(流转)的？商品流通企业的资金又是如何流转的？

3. 资金在循环和周转的过程中会发生哪些变化？

第一节 会 计 对 象

会计对象是会计核算和监督的具体内容或者说客体，又分为一般对象和具体对象。会计的一般对象是社会再生产过程中的资金运动。马克思主义政治经济学把纷繁复杂的社会经济活动概括为社会再生产过程，也就是生产过程的不断重复和更新。社会再生产过程是由生产、分配、交换和消费四个要素组成的有机整体。

资金运动可以理解为资金不同存在形式的相互转换，各类企事业单位经济活动的具体内容不同，资金运动的方式也不尽相同。任何单位或者组织要想从事生产经营活动，必须拥有一定的基础。比如东方公司是以加工运动服为主营业务的企业，它要想生产产品，必须有资金，利用这些资金来购买厂房、机器设备、各种主要材料和辅助材料、办公设备等，同时聘用各类符合要求的员工。劳动者利用劳动资料对劳动对象进行加工处理，才能生产出产品。所有的这些物资都属于商品，可以用货币来衡量其价值，称为资金，即财产物资的货币表现及货币本身。

企业在创办的时候，首先要筹集资金，资金的主要来源包括投资者投入的资金和从债权人那借入的资金，分别形成企业的所有者权益和负债。资金一旦进入企业就开始其不断的循环和周转的过程。比如，制造业企业进行生产经营活动，首先要用货币资金去购买固定资产和原材料及辅助材料，为生产产品作准备；到生产产品时，先要到仓库领取材料物资，经过复杂的过程和环节，生产出产品后验收入库，等待对外销售；成功售出后还应收回已售产品的货款。这样，制造业企业的资金就陆续经过供应过程、生产过程和销售过程，在时间上依次继起，在空间上同时并存。资金的存在形态也在发生变化，用货币购买固定资产时，货币资金转化为固定资金(固定资产占用的资金)；同时为加工产品购买材料物资，货币资金转化为储备资金(各类材料物资等占用的资金)；车间生产产品领用材料物资后，储备资金又转化为生产资金(生产过程中各种在产品所占用的资金)；将加工完毕的产成品验收入库后，生产资金又转化为成品资金(待售产成品等占用的资金)；将产成品出售出去又会收回货币资金，成品资金又转化为货币资金。在固定资产使用的过程中，其价值逐渐转移到新生产出来的产品中去，因此应该计提折旧。在产品的生产过程中，还会用货币资金支付工资和其他费用。同时，投入企业的资金还会有一部分退出企业，比如归还借款的本金和利息、向投资者分配利润、缴纳各种税金等。整个过程如图 3-1 所示。可以看出，企业的生产经营过程涉及资金的筹集(投入)、资金的循环和周转、资金的退出(流出)，在这个过程中，资金的存在形态不断地发生变化，这就是资金运动。

商品流通企业是指从事商品批发、商品零售或者批发零售兼营的企业，其日常经营过程主要是购入商品并将其加价售出而获取利润。与制造业企业一致，商品流通企业最初的经营也要筹集资金，资金为了满足一定的需要也会流出企业。但其资金循环和周转过程主要包括采购过程和销售过程。通过采购商品，货币资金转换为商品资金，具体的存在形态就是大量的商品；通过销售商品，商品资金又转换为货币资金。因此，商品流通企业的资金是按照货币资金——商品资金——货币资金的方式运动的，如图 3-2 所示。如果企业经营状况良好，最初投入的资金不断地获取利润并留在企业中参与下一轮循环和周转，其资金总量就会像滚雪球一样逐渐增加。

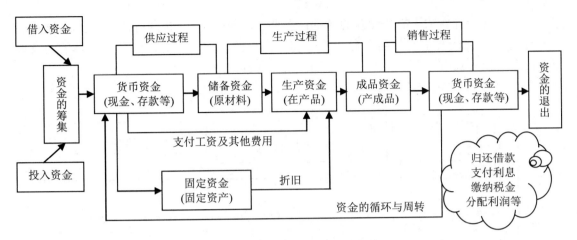

图 3-1 制造业企业资金运动(周转)图

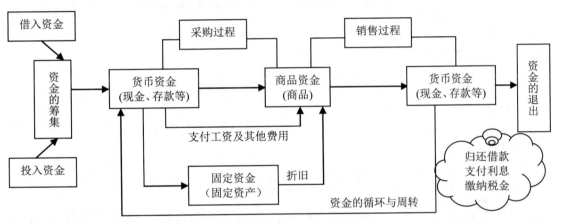

图 3-2 商品流通企业资金运动(周转)图

不论是制造业企业还是商品流通企业，抑或其他类型的单位或者组织，其资金运动的各个阶段是相互支撑、相互制约的统一整体，都是资金不同存在形态相互转换的运动过程，都是能够以货币表现的经济活动，正因为如此，我们将会计的一般对象概括为社会再生产过程中的资金运动。

第二节 会 计 要 素

如前所述，会计的一般对象是社会再生产过程中的资金运动，但这四个字较为抽象，必须将其进一步细分。科学的分类才能进行更好的管理，会计要素是根据经济业务活动的特征所确定的会计对象的基本分类，是会计对象的具体化。会计要素是设置会计科目和账户的依据，也是构成报表的主要内容，因此又被称为财务报表要素。在企业中，资金的具体存在形态表现为实物形态、货币形态等，根据这种存在形态及来源渠道的不同可形成不同的会计要素。我国的《企业会计准则》等相关文件规定，会计要素包括资产、负债、所有者权益、收入、费用和利润六大类。其中，资产、负债和所有者权益称为静态会计要素，是静态会计等式和资产负债表的基础，主要反映会计主体的财务状况；收入、费用和利润称为动态会计要素，是动态会计等式和利润表的基础，主要反映会计主体的经营成果。两个会计等式结合在一起构成了综合(扩展)的会计等式，如图 3-3 所示。

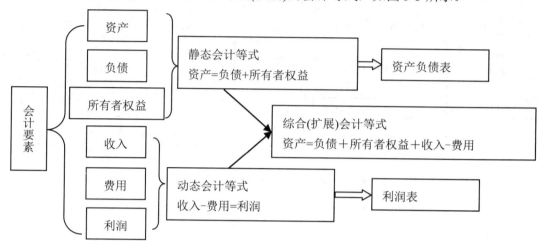

图 3-3 会计要素与会计等式

一、资产

【引导案例】

是否能确认为资产？

1. 由于国民经济的高速发展，相应的各种休闲娱乐或交际型活动也大量出现，如高尔夫俱乐部。许多企业为其高级管理人员的消遣及与客户应酬的需要，或者为了投资及经营目的，购买了高尔夫俱乐部会员资格证。该会员资格证价格较为昂贵，每次消费时大多需要另行支付费用，一般低于未购买会员资格的人员支付的费用。

2. 某企业是机械制造企业，购买了 4 棵名贵树木，共计 80 万元。企业将该 4 棵树木列为固定资产，按 10 年计提折旧。

思考题：

1. 企业为了一定目的支付的高尔夫俱乐部会员资格证支出应计入资产还是费用？为什么？

2. 名贵树木能列为固定资产并计提折旧吗？为什么？

(资料来源：邹子霖. 有关资产确认·计量的案例分析[J]. 会计之友(上旬刊)，2008(28):37-39.)

资产是指由过去的交易或者事项形成的，由企业拥有或者控制的，预期会给企业带来经济利益的资源。按照这一定义，资产必须具备如下特征。

(1) 资产必须是由过去的交易或事项形成的。这一特征强调"过去已经发生"导致的现实的资产，而不是预期的资产。如果企业拟于下个月购买机器设备一台，对于目前而言不应该确认为资产，因为未来具有一定的不确定性。如果次月合同正式履行，符合资产确认条件，那就可以计入企业的资产，如果发生了意外，就无法确认为企业的资产。尽管衍生金融工具等的出现对"过去发生"提出了挑战，但目前为止这一特征仍然是会计界普遍认同的。

(2) 资产是企业拥有或者控制的经济资源。拥有和控制是两个不同的概念。企业享有某项资源的所有权即为拥有，具有排他性，可以按照自己的意愿使用或者处置。比如，当企业购置了某项资产并完成了产权转移的手续，企业便拥有了它。而控制是指企业目前对某项资源不具有所有权，但该资源未来的风险和收益已经转移给了企业，企业可以自由支配、控制这些资源。比如，企业融资租入的固定资产等。

(3) 在使用的过程中，资产能为企业带来未来的经济利益，具体包括直接或者间接流入企业的现金或者现金等价物。即某项资源本身或与企业的其他要素结合起来，能够在未来带来经济利益的流入，这是资产的本质所在。例如，企业购置的机器设备和采购的原材料，可以结合起来生产出产成品，销售出去给企业带来直接的经济利益。企业前期确认的资产，如果已经无法给企业带来任何经济利益，就不应继续确认为资产。按照这一特征，只有那些潜在有未来经济利益的项目才能确认为资产。

企业的资产按其流动性或者变现能力的强弱可以划分为流动资产和非流动资产。划分标准是一年或者一年以上的一个营业周期。

(1) 流动资产是指预计在一年或者一年以上的一个营业周期内变现或者耗用的资产。营业周期是指从外购材料等承担付款义务，到收回因销售商品或提供劳务而产生的应收账款的这段时间，具体计算时，营业周期=存货周转天数+应收账款周转天数。因营业周期的计算比较复杂，在会计实务中一般以一年(包括)为限。流动资产主要包括库存现金、银行存款、交易性金融资产、应收及预付款项、存货等。

① 库存现金是指存放于企业财会部门、由出纳人员保管的货币，包括人民币现金和外币现金。库存现金属于货币资金，是企业流动性最强的资产。

② 银行存款是企业存放在银行或其他金融机构的各种存款，是货币资金的重要组成部分。根据我国现金收支管理的规定，企业的货币资金除在规定限额内可保留少量现金外，都必须存入银行。

③ 交易性金融资产是指企业为了在短期内出售而持有的金融资产。比如企业持有的随时准备卖出的股票、债券、基金等，如果行情较好，企业低买高卖赚取中间差价，获取投资收益，当然也可能发生损失。交易性金融资产的流动性仅次于货币资金。

④ 应收及预付款项是指企业在日常生产经营过程中发生的各项债权，包括应收票据、应收账款、其他应收款、应收股利、应收利息和预付账款等。

⑤ 存货是指企业在日常活动中持有以备出售的产成品或商品，或者仍然处在生产过程中的在产品或自制半成品，或者在生产或提供劳务的过程中将要耗用的各种材料或物资等，包括商品、产成品、半成品、在产品、燃料、包装物、低值易耗品、委托加工物资等。

(2) 非流动资产是指不能在一年或者超过一年的一个营业周期内变现或者耗用的资产。非流动资产是企业准备长期持有的资产，主要包括长期股权投资、固定资产、无形资产等。

① 长期股权投资是指持有时间超过一年并且不准备随时变现的各种股权和其他性质

的投资。企业对其他单位的股权投资，通常是为了降低经营风险而长期持有，以达到控制或者影响被投资单位的目的。

② 固定资产是指企业为生产商品、提供劳务、出租或经营管理而持有的，使用年限超过一年的房屋、建筑物、机器设备、运输工具等。

③ 无形资产是指没有实物形态的可辨认非货币性资产。无形资产主要包括专利权、非专利技术、商标权、著作权、土地使用权、特许使用权等。自创的商誉因为无法与企业自身分离，难以单独辨认，一般不属于无形资产。

资产及其内部构成如图 3-4 所示。

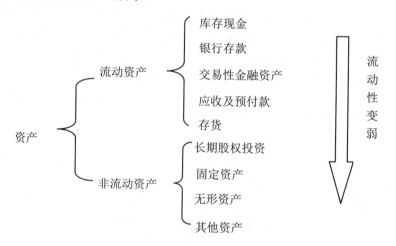

图 3-4　资产及其内部构成

二、负债

负债是指企业过去的交易或者事项形成的现时义务，履行该义务预期会导致经济利益流出企业。根据这一定义，负债必须具备如下特征。

(1) 负债是由过去的交易或事项形成的现时义务，是企业现在实实在在已经承担的，没有任何不确定性。与资产相同，负债也要求"过去已经发生"，是过去发生导致的一种可验证的确定后果。预期未来可能形成的债务不属于负债，比如企业一个月后成立的贷款计划、赊购合同等不属于负债。

(2) 负债的清偿会导致经济利益流出企业，这是负债的实质所在。清偿负债可以通过转让资产或者提供劳务等方式来履行，具体包括货币资金或者实物资产清偿，或者劳务清偿。即便借新债还旧债，也只是推迟了负债的偿付时间，最终企业仍需要以债权人所能接受的经济资源和偿还方式来清偿债务。

负债按照流动性强弱可以分为流动负债和长期负债。这里的流动性指的是负债的偿还期限，偿还期限越长流动性越差。负债及其内部构成如图 3-5 所示。

流动负债是指预计在一年或者一年以上的一个营业周期内偿还的债务。在会计实务操作过程中，一般以一年(包括)为限的。通过流动负债和流动资产的比较可以大致判断企业的短期偿债能力。按照形成的原因，流动负债可以分为通过借贷形成的短期借款、在结算过程中形成的应付账款和预收账款、在生产经营过程中形成的应付职工薪酬、在完税环节形成的应交税费、在利润分配过程中形成的应付股利等。

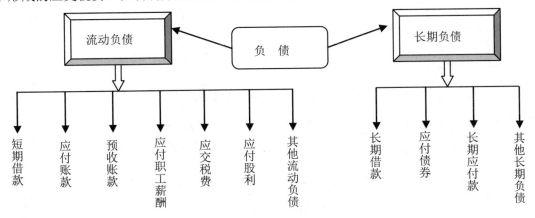

图 3-5　负债及其内部构成

长期负债是指偿还期在一年或者超过一年的一个营业周期以上的债务，包括长期借款、应付债券、长期应付款等。其中，长期借款是向银行或者其他金融机构借入的期限超过一年的借款；应付债券是企业为筹集资金而对外发行的期限在一年以上的，约定在一定期限还本付息的一种书面承诺；长期应付款包括应付补偿贸易引进设备款、应付融资租入固定资产租赁费等。

三、所有者权益

所有者权益又称为股东权益，是指企业资产扣除负债后由所有者享有的剩余权益。所有者权益的来源包括投资者投入的资本、直接计入所有者权益的利得和损失、留存收益等。这种权益是投资人对企业净资产的要求权，所有者可以按其投资比例参与经营管理和分配企业的税后净利润。当企业破产清算时，在清偿完所有的负债后，剩余部分才能按比例返还给投资者。所有者权益主要包括实收资本(股本)、资本公积、盈余公积和未分配利润。所有者权益及其内部构成如图 3-6 所示。

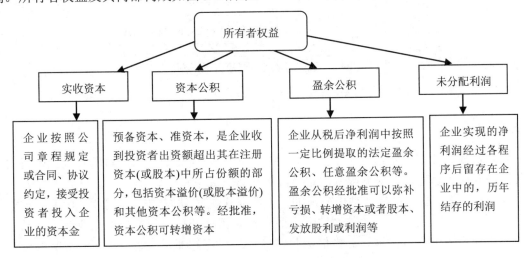

图 3-6　所有者权益及其内部构成

如果企业收到投资者按规定投入的资本金，计入注册资本金的部分按照约定是 100 万元，而企业实际收到 120 万元，其中的差额 20 万元就是企业收到的投资者投入的超过注册资本金的部分，应计入资本公积。

【知识链接】

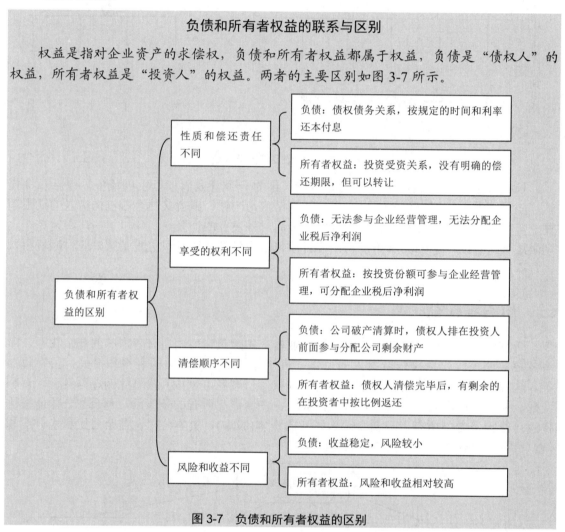

图 3-7　负债和所有者权益的区别

四、收入

收入是指企业在日常活动中形成的，会导致所有者权益增加的，与所有者投入资本无关的经济利益的总流入。根据收入的定义，收入具有如下特征。

(1) 收入是企业在日常活动中形成的，而不是来源于偶发的交易或事项。不同类型的企业其日常活动有所不同，比如制造业企业生产并销售产品，商品流通企业销售商品，律师事务所提供咨询服务，银行提供借贷业务等，这些业务都属于企业为了完成其经营目标而经常发生的日常业务活动。

(2) 收入会导致所有者权益的增加。比如，销售商品直接收到银行存款或者形成应收账款，提供劳务来抵偿原来欠对方的债务等，这些业务活动带来的经济利益的流入直接影响是资产的增加、负债的减少，或者两者同时存在，最终会导致所有者权益的增加。

(3) 收入带来的经济利益的流入与所有者投入资本无关。比如企业接受投资者追加投入的资本金，不属于收入，而属于所有者权益。

(4) 收入只包括本企业经济利益的流入，而不包括为第三方或其他客户代收的款项。比如，东方公司开办运动服装直营店，同时代售其他相关企业的运动鞋，这时候销售运动鞋的款项不属于企业的收入，而因代售带来的每双鞋的销售提成收益才属于企业的收入。

根据我国《企业会计准则》的相关规定，上述收入要素定义仅仅指狭义的收入。按照收入的性质分类，收入可以分为销售商品收入、提供劳务收入和让渡资产使用权收入；按照收入来源分类，收入主要包括营业活动的主营业务收入、其他业务收入和投资活动的投资收益。广义的收入还包括营业外收入等，如图 3-8 所示。需要说明的是，此处的主营业务和其他业务是针对制造业企业而言的，其他类型企业的营业活动有所不同，主营业务收入和其他业务收入的来源也相应的不同。

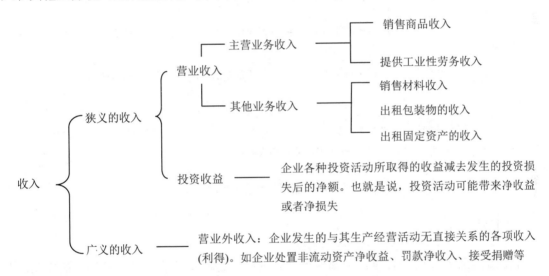

图 3-8 收入及其内部构成

五、费用

费用是指企业在日常活动中发生的，会导致所有者权益减少的，与向所有者分配利润无关的经济利益的总流出。根据费用的定义，费用具有如下特征。

(1) 费用是企业在日常活动中发生的经济利益的流出，并不来源于偶发的交易或者事项。比如，企业因为生产产品发生的材料和人工费用属于费用，而企业因意外事故等发生的支出不属于费用。

(2) 费用会导致所有者权益的减少。比如，用银行存款支付各种销售费用，当月的水电费和借款利息未支付形成应付的款项等，这些业务活动带来的经济利益的流出直接影响是负债的增加、资产的减少，或者两者同时发生，最终会导致所有者权益的减少。

(3) 费用带来的经济利益的流出与向所有者分配利润无关。比如企业税后净利润向投资者进行分配，是所有者权益的直接抵减项目，不应确认为费用。

根据我国《企业会计准则》的相关规定，上述费用要素定义仅仅指狭义的费用。以制造业企业为例，其费用主要包括生产费用、期间费用、其他业务成本、资产减值损失、税金及附加等。广义的费用还包括计入当期损益的"损失"，即营业外支出，如图 3-9 所示。

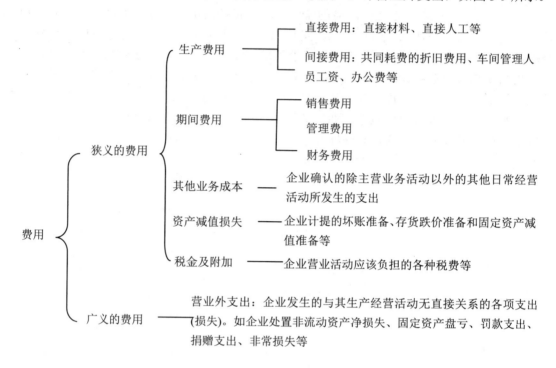

图 3-9 费用及其内部构成

六、利润

利润是企业在一定会计期间内最终的经营成果，是广义的收入减去费用后的净额。此处的广义收入包括直接计入当期损益的利得，广义费用包括直接计入当期损益的损失。当收入大于费用时实现净利润，当费用大于收入时是净亏损，两者相等时是不盈不亏。通常情况下，企业实现的利润会导致所有者权益的增加，而亏损会带来所有者权益的减少。企业的利润主要包括营业利润、利润总额和税后净利润等项目。

营业利润是企业在其日常生产经营过程中形成的经营成果，即营业收入减去营业成本、税金及附加、期间费用、资产减值损失等并考虑投资收益(损失)后的净额。在营业利润基础上加减营业外净收支可计算出利润总额。企业如果取得了利润，需要按照《税法》规定缴纳一定数额的所得税。利润总额减去所得税费用后的差额，即税后净利润。

会计要素的划分在会计核算中具有十分重要的地位，六大要素是对会计对象的科学且具体的划分，是进一步设置会计科目和账户的依据，还是构建三大会计等式和编制会计报表的基础。

第三节　会 计 等 式

会计等式也称为会计恒等式或者会计平衡公式，是一种表示各会计要素之间数量恒等关系的数学表达式。会计要素是资金运动的具体组成部分，它们之间既各自独立，也有相互关联的密切关系。会计要素之间的这种内在联系，可以通过数学恒等式的形式直观地表现出来，从而形成了非常具有实用价值的三大会计等式。

一、静态会计等式

静态会计等式是指由静态会计三要素组合而成的反映企业一定时间点财务状况的平衡关系式。该等式也是最基本的会计等式，是编制资产负债表的理论基础，其来源和演变过程如下所述。

企业要从事生产经营活动，必须拥有或者控制一定数量的经济资源，即资产。这些资产以不同的存在形态分布于企业生产经营活动的各个阶段，成为企业资金循环和周转的基础。这些资源不是凭空产生的，都有其直接来源，要么是投资者投入的，要么是从债权人那里借入的。可以将资产理解为资源的具体存在形式，而对于资产的要求权就是权益，这实际上是资金/价值运动的两个方面，必然存在着数量上的恒等关系。没有无资产的权益，也没有无权益的资产，两者是相互对应、金额相等的。权益包括两部分内容，从债权人那里借入的是债权人的要求权即负债，投资者投入的是投资者的要求权即所有者权益。所以资产就与负债和所有者权益之和是相等的，如图 3-10 所示。

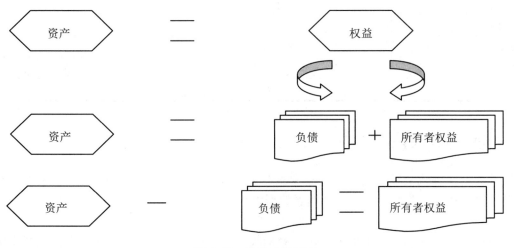

图 3-10　静态会计等式

可以看出，静态会计等式最初来源于：

$$资产=权益$$

因为权益=负债+所有者权益，可以推导出：

$$资产=负债+所有者权益$$

这种表达方式是静态会计等式最常用的形式，它反映了静态三要素即资产、负债、所有者权益之间的数量关系。此处静态的意思是某一特定的时间点，比如期初或者期末。不同的时间点静态三要素的金额是会发生变动的，只有在同一时间点它们才存在这种数量上的恒等关系。

当企业经过一段时间的生产经营后，最初筹集到的资金大部分已经转换了存在形态，某一项具体的资产难以辨认属于债权人还是投资者。因负债的数额在会计核算的过程中是实时准确地记录的，而所有者权益包括最初的投入和后期资金增值的部分，这时要计算所有者权益的数额，可通过如下公式：

$$资产-负债=所有者权益$$

【例 3-1】2021 年 10 月，张成投资了 15 万元现金和一个价值 35 万元的商铺，拟开办一家小杂货店，开业当天发生了如下经济业务：购买各类小商品价值 12 万元，其中 6 万元付现金，其余 6 万元暂欠；购买货柜柜台、办公桌、收银设备等共花费 11 万元，付现金 7 万元，暂欠 4 万元；余 2 万元现金，以备日常使用。请你帮助张成计算一下该杂货店现在共拥有多少资产、负债和所有者权益。

【解析】可以看出，杂货店的资产包括剩余的现金 2 万元，各类小商品即存货 12 万元，固定资产共 46 万元，包括商铺 35 万元和货柜柜台、办公桌、收银设备等 11 万元。资产总计 60 万元。负债包括欠小商品供应商的 6 万元和欠柜台等供应商的 4 万元，共 10 万元应付账款。所有者权益等于资产减去负债，即 60-10=50(万元)。小杂货店简化资产负债表如表 3-1 所示。

表 3-1 小杂货店简化资产负债表

单位：万元

资产：		负债：	
库存现金	2	应付账款	10
存货	12	所有者权益：	
固定资产	46	实收资本	50
资产合计	60	负债及所有者权益合计	60

二、动态会计等式

动态会计等式是指由动态会计三要素组合而成的反映企业一段时间(会计期间)经营成果的平衡关系式。该等式是编制利润表的理论基础。其基本公式为

$$收入-费用=利润$$

根据上一节利润要素中的介绍，此处的收入和费用是广义的收入和费用，包括直接计入当期损益的利得和损失。企业在经营过程中，通过生产并销售商品或者提供劳务等来获取收入，为了取得这些收入会发生各种各样的费用支出，比如员工的工资、产品的材料费、日常的管理费用、借款的利息、设备计提的折旧等，这些都是为了取得收入必须付出的代价。因为收入和费用在一瞬间无法取得，是一段时间资金运动的结果，所以都对应着一定的会计期间，这就是"动态"两字的由来。

三、综合(扩展)会计等式

综合(扩展)会计等式可以理解为静态和动态会计等式的结合。根据收入、费用要素的概念及动态会计等式可知，收入的增加会带来利润的增加，费用的增加会带来利润的减少，最终会影响所有者权益。因企业形成的利润是投入资金增值的部分，所以在所有权上不属于债权人，而应该属于投资者。也就是说，收入扣除费用后形成的利润，属于所有者权益的范畴。静态会计等式就演变为

$$资产=负债+所有者权益+(收入-费用)$$

$$资产=负债+所有者权益+利润$$

$$资产+费用=负债+所有者权益+收入$$

我们将上述等式称为综合(扩展)的会计等式。此处的所有者权益是期初尚未来得及变动的所有者权益，当期任意一段时间形成的利润在所有权上归属于投资者，但并不会实时地计入所有者权益，而是期末计算后一并计入。

每月月初，企业并没有形成任何收入和费用，此时会计要素的关系表现为静态会计等式，即资产=负债+所有者权益。

每月月中，随着生产经营活动的进行，企业不断发生与收入、费用有关的经营业务，这时候会对综合会计等式产生影响，如图 3-11 所示。

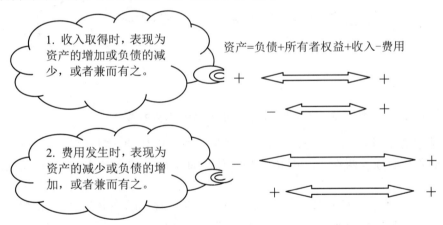

图 3-11　收入、费用的发生对综合会计等式的影响

可以看出，不论企业取得收入还是发生费用，综合会计等式仍然保持平衡关系。在会计期末，将本期收入扣除费用后计算出当期的利润。利润留存的部分转化为企业的所有者权益，等式仍然保持平衡。这时候，又转换为静态会计等式，即资产=负债+所有者权益。这一期的期末就是下一期的期初，循环往复，而会计等式始终保持平衡关系。

综合会计等式反映了在收入、费用发生后，会计六要素之间的平衡关系，它综合地反映了企业在期初、期末某一时点上的财务状况和企业在某一特定期间内的经营成果，是静态会计等式和动态会计等式的结合。这一等式始终成立，任何经济业务的发生都不会破坏会计等式的平衡关系。

四、经济业务的发生对静态会计等式的影响

企业在生产经营过程中，不断地发生各种各样的经济业务活动。这些种类繁多的经济业务的发生并不会破坏会计等式的恒等关系。以静态会计等式为例，将经济业务对会计等式的影响归纳为如图 3-12 所示的四大类九小类情况。

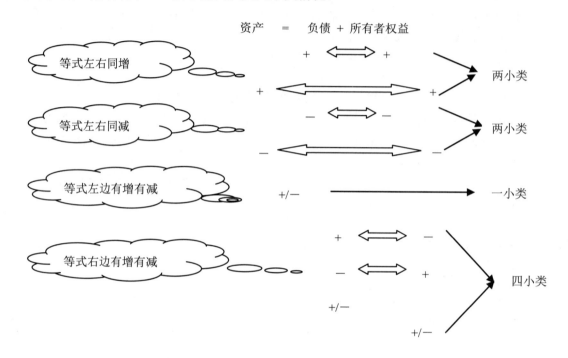

图 3-12 经济业务的发生对静态会计等式的影响

(1) 经济业务的发生，导致等式左右两侧同时增加。增加的金额相等，等式恒成立。这一大类情况又可细分为两小类，即资产和负债同时增加，或者资产和所有者权益同时增加。

(2) 经济业务的发生，导致等式左右两侧同时减少。减少的金额相等，等式恒成立。这一大类情况又可细分为两小类，即资产和负债同时减少，或者资产和所有者权益同时减少。

(3) 经济业务的发生，导致等式左边有增有减，增减金额相同，左边总额保持不变，等式恒成立。这一大类情况只可细分为一小类，即资产内部有增有减。

(4) 经济业务的发生，导致等式右边有增有减，增减金额相同，右边总额保持不变，等式恒成立。这一大类情况又可细分为四小类，即负债增加所有者权益减少，负债减少所有者权益增加，负债内部有增有减，所有者权益内部有增有减。

【例 3-2】南海公司 2021 年 10 月 1 日的静态会计等式如下所示(单位：万元)。

资产	=	负债	+	所有者权益
230	=	70	+	160

2021 年 10 月发生如下经济业务。

(1) 出纳人员从银行提取现金 0.5 万元，以备日常开支使用。

(2) 用银行存款 6 万元购买一台机器设备，简单调试后投入使用。

(3) 从银行借得 6 个月期的短期借款 2 万元，立即存入银行。

(4) 经过双方协商，将欠供应商的购料款 5 万元转作对企业的投资。

(5) 经批准，将 20 万元资本公积转增资本。

(6) 以应付票据抵付到期的应付账款 3 万元。

【解析】根据上述经济业务，简单分析它们的发生对静态会计等式的影响。

(1) 这项经济业务的发生，使企业的一项资产(库存现金)增加了 0.5 万元，同时另一项资产(银行存款)减少了 0.5 万元。

资产	=	负债	+	所有者权益
230+0.5-0.5	=	70	+	160
230	=	70	+	160

(2) 这项经济业务的发生，使企业的一项资产(固定资产)增加了 6 万元，同时另一项资产(银行存款)减少了 6 万元。

资产	=	负债	+	所有者权益
230+6-6	=	70	+	160
230	=	70	+	160

(3) 这项经济业务的发生，使企业的资产(银行存款)增加了 2 万元，同时使企业的负债(短期借款)增加了 2 万元。

资产	=	负债	+	所有者权益
230+2	=	70+2	+	160
232	=	72	+	160

(4) 这项经济业务的发生，使企业的负债(应付账款)减少了 5 万元，同时使所有者权益(实收资本)增加了 5 万元。

资产	=	负债	+	所有者权益
232	=	72-5	+	160+5
232	=	67	+	165

(5) 这项经济业务的发生，使企业的一项所有者权益(资本公积)减少了 20 万元，同时另一项所有者权益(实收资本)增加了 20 万元。

资产	=	负债	+	所有者权益
232	=	67	+	165-20+20
232	=	67	+	165

(6) 这项经济业务的发生，使企业的一项负债(应付账款)减少了 3 万元，同时使另一项负债(应付票据)增加了 3 万元。

资产	=	负债	+	所有者权益
232	=	67-3+3	+	165
232	=	67	+	165

【例 3-3】东方公司 2021 年 9 月 30 日的资产负债表显示资产总计 72.8 万元，负债总计 24.2 万元，该公司 2021 年 10 月发生如下经济业务。

(1) 收到投资者追加投入的资本金 10 万元，款项存入银行。

(2) 开出支票 0.2 万元归还前欠货款。

(3) 购买了价值 3 万元的设备，并承诺 3 个月之内付款。

(4) 以银行存款归还欠银行的短期借款 3 万元。

(5) 购入材料一批价值 2 万元，已验收入库，以银行存款支付。

(6) 经批准，企业已发行的债券(可转换债券)6 万元转为实收资本。

要求：

(1) 根据 10 月份发生的经济业务，说明其对会计要素及具体项目的影响。

(2) 计算 10 月末东方公司的资产总额、负债总额和所有者权益总额。

【解析】上述经济业务对会计要素的影响如表 3-2 所示(单位：万元)。

表 3-2　例 3-3 的答案

单位：万元

序　号	静态会计等式中会计要素及具体项目的变动		
期初余额	资产 72.8	负债 24.2	所有者权益 48.6
(1)	银行存款+10		实收资本+10
(2)	银行存款-0.2	应付账款-0.2	
(3)	固定资产+3	应付账款+3	
(4)	银行存款-3	短期借款-3	
(5)	原材料+2 银行存款-2		
(6)		应付债券-6	实收资本+6
期末余额	资产 82.6	负债 18	所有者权益 64.6

五、经济业务的发生对综合(扩展)会计等式的影响

【例 3-4】南天公司 2021 年 7 月发生如下经济业务。

(1) 销售商品一批价值 12 万元，全部用于抵付应付的材料款。

(2) 当月发生的销售费用 0.5 万元，以银行存款支付。

(3) 计算本月管理人员的工资等共计 15 万元，当月并未支付。

(4) 以银行存款 0.8 万元支付应付的借款利息。

【解析】上述经济业务对综合会计等式中会计要素的影响如表 3-3 所示(单位：万元)。

可以看出，经济业务活动的发生不仅影响三个静态的会计要素，还可能直接影响收入和费用要素，如图 3-13 所示。将左边的资产和费用看成一个整体，右边的负债、所有者权益和收入看成一个整体，左边是资金的具体去向，右边是资金的来源，两者是相等的。经济业务对综合会计等式的影响也分为四类：左右同增、左右同减、左边有增有减和右边有增有减。无论何种情况，等式左右保持平衡。把握会计等式的平衡关系是我们正确理解复式记账的重要前提。

表3-3　例3-4的答案

单位：万元

序　号	综合会计等式中会计要素及具体项目的变动	
	资产+费用	负债+所有者权益+收入
(1)		应付账款-12，主营业务收入+12
(2)	销售费用+0.5，银行存款-0.5	
(3)	管理费用+15	应付职工薪酬+15
(4)	银行存款-0.8	应付利息-0.8

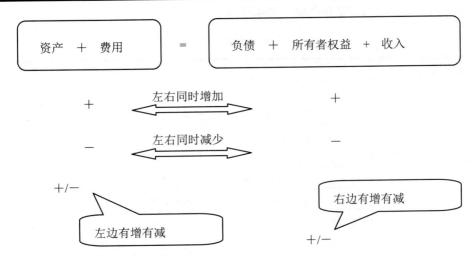

图3-13　经济业务的发生对综合会计等式的影响

第四节　会计要素的确认与计量

　　企业通过编制财务报告对外提供各种会计信息，而财务报告是由会计要素的具体内容组成的。需要通过规定的程序和方法对会计要素进行确认和计量，才能将其输入到会计信息系统并最终在财务报告中得以体现。会计信息处理过程实际上是一个信息变换、加工传输的过程，会计确认和计量是其中的关键环节。

一、会计要素的确认

　　企业在日常的生产经营过程中，会发生各种各样的经济业务活动，但并非所有的这些业务活动都要确认并输入到会计信息系统中，比如企业职工的构成、节日举办的各种活动、企业园区的绿化情况等，很多项目无法按照特定的会计核算方法进行处理。这时候就涉及会计要素的确认问题：是否能够将某个项目进行确认？应该确认为何种会计要素？何时确认为这种会计要素？具体来说，会计确认是指将经济业务活动中涉及的某一项目作为某种会计要素加以记录和列入财务报告的全过程。

会计确认包括两个步骤：初次确认和再次确认。初次确认是对输入会计信息系统的原始经济信息进行的确认，即是否将原始凭证中传递过来的信息认定为某种会计要素，以一定的金额记入某一会计账户的过程。再次确认是对会计信息的进一步提炼加工，解决已经在会计信息系统中的信息是否应在最终的报表中进行列示的问题。并不是所有的会计信息都要列示在会计报表中，只有那些符合重要性的要求、与信息使用者决策相关的信息才会予以披露，以提高会计信息的质量。

我国《企业会计准则——基本准则》中规定了会计要素确认需具备的条件：①符合某种会计要素的定义。②与该项目有关的未来的经济利益很可能流入或者流出企业。这里的很可能指的是有 50%以上的可能性。③该项目有关的经济利益或者价值能够可靠地计量。具体到六大会计要素，其确认条件如表 3-4 所示。

表 3-4　会计要素的确认条件

会计要素	会计要素的确认条件
资产	符合资产的定义
	与该资源有关的经济利益很可能流入企业
	该资源的成本或价值能够可靠计量
负债	符合负债的定义
	与该义务有关的经济利益很可能流出企业
	未来流出的经济利益的金额能够可靠计量
收入	符合收入的定义
	与收入有关的经济利益很可能流入企业
	经济利益流入企业会导致资产增加或者负债减少
	经济利益的流入金额能够可靠计量
费用	符合费用的定义
	与费用有关的经济利益很可能流出企业
	经济利益流出企业会导致资产减少或者负债增加
	经济利益的流出金额能够可靠计量
所有者权益	依赖于资产和负债的确认，特别是资产的确认
利润	依赖于广义的收入和费用(包括利得、损失)的确认

【思政课堂】

地产公司虚列费用

2021 年 6 月，某市国税局稽查组按照专项检查安排对华天地产置业有限公司 2019 年 1 月 1 日至 2020 年 12 月 31 日期间的纳税情况进行了税务检查。

在审核成本项目发生额时，发现企业许多暂估项目，其中暂估利息费用较多。对应查找公司总账，发现这些暂估利息费用都归集在暂估财务费用中列支进入成本项目。在事实面前，该企业只得承认这 2 000 多万元的暂估财务费用是虚列的，最终同意全额从成本项目中剔除。在进一步深入检查的过程中，企业的业务招待费超支、工会经费 67 743.72 元未取得"工会经费拨缴款专用收据"、无偿赠送支出计入销售费用、资产减值损失已计提坏账准备却又税前扣除、投资收益未并入收入等问题都陆续被查了出来，办案成效逐渐扩大。

思考题：收入、费用要素有哪些确认条件？本案中，华天地产公司违反了哪些相关规定？应如何改正？

二、会计要素的计量

会计计量是企业在将符合确认条件的会计要素登记入账并列示于财务报表时，按照一定的计量单位和计量属性确定其金额的全过程。会计确认和计量一般是同步进行的。会计确认离不开计量，只有经过计量，输入的数据才能被正式地记录，输出的数据才能最终列入财务报表，会计确认和计量是不可分割紧密联系在一起的。比如，企业以银行存款 2 万元购买机器设备一台，该设备简单调试后投入使用。这笔经济业务的发生，一方面使企业的固定资产增加，购买的机器设备显然符合资产的定义，未来的经济利益会流入企业，同时成本可以可靠计量；另一方面使银行存款减少，也符合资产确认要求。根据业务的具体情况，在确认固定资产和银行存款的同时，对计入相关账户的金额记录 2 万元，这就是会计计量。这一过程涉及计量单位和计量属性的选择。

进行会计要素的计量时，应该以货币即企业的记账本位币作为计量单位，一般就是人民币。计量属性是指会计要素的数量特征或外在表现形式，反映了会计要素金额的确定基础，主要包括历史成本、重置成本、可变现净值、现值和公允价值等，如表 3-5 所示。其中的可变现净值仅针对资产而言，其他计量属性同时可适用于资产和负债。企业应当按照规定的计量属性进行计量，确定其金额。

表 3-5 会计要素的计量属性

计量属性	计量属性的理解
历史成本	资产：购置时支付的现金或者现金等价物的金额，或者购置资产时所付出对价的公允价值
	负债：因承担现时义务而实际收到的款项或者资产的金额，或合同金额，或预期支付现金或者现金等价物的金额
重置成本	资产：现行成本或者现时投入成本，即按照当前的市场条件，重新取得一模一样的资产所需支付的现金或者现金等价物的金额
	负债：现在偿付该项债务所需支付的现金或者现金等价物的金额
可变现净值	资产：预计售价减去进一步加工成本和预计销售费用以及相关税费后的金额
现值	资产：现值又称未来现金流入量的现值，是指资产预计所能产生的未来现金流入量按恰当的折现率进行折现后的金额
	负债：预计未来需要偿还的现金流出量按恰当的折现率进行折现后的金额
公允价值	资产和负债：在公平的有序交易中，熟悉市场情况的买卖双方自愿进行资产交换或者债务清偿的金额

【例 3-5】东方公司 2016 年 11 月 1 日购买了一台设备，该设备预计可以使用 20 年。

截至 2021 年 11 月 1 日，该设备的相关计量属性该如何计算？

【解析】因该台设备购置时实际支付的金额是 8 万元，所以其历史成本是 8 万元；如果 2021 年 11 月 1 日重新购置一台已经使用 5 年的同型号的设备，需支付 6.5 万元，则其重置成本是 6.5 万元；如果 2021 年 11 月 1 日将其出售可获得 6.6 万元，出售过程中发生的各项费用共计 0.3 万元，则其可变现净值为 6.3 万元；该设备可以继续使用大约 15 年，每年带来的现金流量是 0.7 万元，将未来的现金流入量按 5%的折现率折算，2021 年 11 月 1 日的现值为 7.27 万元，即其现值是 7.27 万元；该设备在二手交易市场上，买卖双方公认的价格是 6.8 万元，则其公允价值是 6.8 万元。

三、会计要素确认、计量的原则

(一)配比原则

会计要素在进行确认、计量的时候要遵循配比原则。会计主体的经济活动带来一定的收入，必然会发生相应的费用。配比原则的依据是受益原则，建立在权利义务对等的基础之上，即谁受益，费用由谁来负担。配比原则是将收入和与其相关的成本、费用配合起来进行比较，以便计算损益。配比方式有两种：按时间关系配比和按因果关系配比。配比原则的实例如图 3-14 所示。

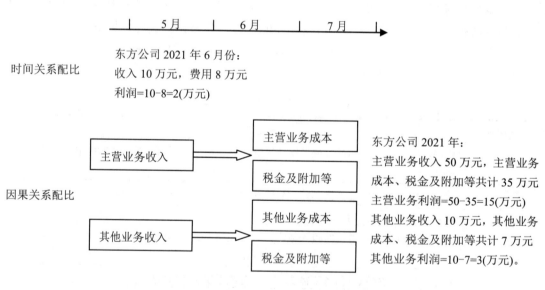

图 3-14　配比原则的具体实例

(二)历史成本原则

历史成本是会计计量的属性之一，按照《企业会计准则——基本准则》的相关规定，企业在对会计要素进行计量时，一般应采用历史成本来进行。如果要采用其他的计量属性，必须保证会计要素的金额能够取得并可靠计量。历史成本，又称为实际成本或者原始成本，主要指企业的各项资产，在取得时应当按照其实际成本计价，也就是达到可使用状态之前的一切合理、必要的支出；企业的各项负债，取得和偿还都按取得负债的实际支出进行计量和记录。物价发生变动时，除法律、行政法规和国家统一的会计制度另有规定者外，企业一律不得自行调整其账面价值。历史成本具有可控性、客观性和可验证性，使得所有经济业务的记录和计量都建立在实际交易的基础上，不容易随意更改账面价值来进行利润的操纵。

(三)划分资本性支出与收益性支出原则

对一个家庭而言，日常的生活开支与一次性购买一辆汽车的支出，重要性程度是有很大差异的。对企业也是一样，同样要区分资本性支出与收益性支出。具体来说，凡支出的收益仅涉及本年度，应当作为收益性支出，确认为费用，计入当期损益，并在利润表中反映；凡支出的收益涉及几个会计年度，应当作为资本性支出，确认为资产，列入资产负债表中。实例如图 3-15 所示。

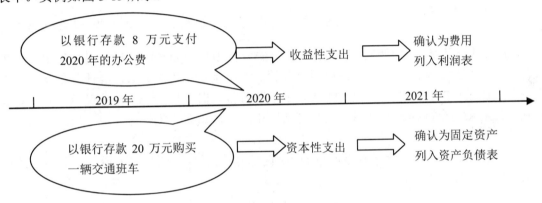

图 3-15　划分资本性支出与收益性支出原则

划分资本性支出和收益性支出的目的在于准确地计算当期损益。收益性支出包括已售出产品的成本、日常发生的各种期间费用、当期承担的各种税费等，都是与本期取得的收入相关联的，应该按照配比原则对比后计算当期的利润或者亏损。而资本性支出主要是为了形成企业的生产经营能力，为长期的产品生产作准备。比如购置各种设备、建筑物、运输工具和专利权等的支出。注意：将资本性支出误计入收益性支出，就会多计费用而少计资产价值，会低估资产和当期损益；将收益性支出误计入资本性支出，就会少计费用而多计资产价值，会高估资产和当期损益。

本 章 小 结

(1) 会计对象是会计核算和监督的具体内容或者说客体，又分为一般对象和具体对象。会计的一般对象是社会再生产过程中的资金运动，会计的具体对象是会计要素。

(2) 会计要素是根据经济业务活动的特征所确定的会计对象的基本分类，是会计对象的具体化。会计要素是设置会计科目和账户的依据，也是构成报表的主要内容，因此又被称为财务报表要素。会计要素包括资产、负债、所有者权益、收入、费用和利润六大类。

(3) 资产是指由过去的交易或者事项形成的，由企业拥有或者控制的，预期会给企业带来经济利益的资源。负债是指企业过去的交易或者事项形成的现时义务，履行该义务预期会导致经济利益流出该企业。所有者权益是指企业资产扣除负债后由所有者享有的剩余权益。

(4) 收入是指企业在日常活动中形成的，会导致所有者权益增加的，与所有者投入资本无关的经济利益的总流入。费用是指企业在日常活动中发生的，会导致所有者权益减少的，与向所有者分配利润无关的经济利益的总流出。利润是企业在一定会计期间内最终的经营成果，是广义的收入减去费用后的净额。

(5) 会计等式也称为会计恒等式或者会计平衡公式，是一种表示各会计要素之间数量恒等关系的数学表达式。静态会计等式是由静态会计三要素组合而成的反映企业一定时间点财务状况的平衡关系式。静态会计等式的最常见表达方式是资产=负债+所有者权益。动态会计等式是由动态会计三要素组合而成的反映企业一段时间(会计期间)经营成果的平衡关系式。其基本公式为收入-费用=利润。综合(扩展)会计等式是静态和动态会计等式的结合，具体表达式为资产+费用=负债+所有者权益+收入。经济业务活动的发生不会影响会计等式的恒等关系。

(6) 会计确认是指将经济业务活动中涉及的某一项目作为某种会计要素加以记录和列入财务报告的全过程。会计确认包括两个步骤：初次确认和再次确认。会计计量是企业在将符合确认条件的会计要素登记入账并列示于财务报表时，按照一定的计量单位和计量属性确定其金额的全过程。计量属性主要包括历史成本、重置成本、可变现净值、现值和公允价值等。

(7) 会计要素确认、计量应该遵循的原则包括配比原则、历史成本原则、划分资本性支出与收益性支出原则。

复习与思考题

1. 什么是资金运动？制造业企业的资金运动是怎样的？商品流通企业的资金运动又是怎样的？

2. 如何理解会计要素？会计要素包括哪些类别？

3. 资产按照流动性的强弱如何划分？主要包括哪些具体内容？

4. 负债按照偿还期限的长短如何划分？主要包括哪些具体内容？

5. 如何理解静态会计等式？静态会计等式有哪几种表达方式？

6. 负债和所有者权益的联系与区别有哪些？

7. 收入主要包括哪些内容？

8. 费用主要包括哪些内容？

9. 利润一般是如何计算的？

10. 静态会计等式与哪几项会计要素有关？如何理解？

11. 动态会计等式与哪几项会计要素有关？如何理解？

12. 综合会计等式和静态会计等式、动态会计等式的关系是怎样的？是否有矛盾？

13. 如何理解会计等式的恒等性？经济业务的发生会不会影响会计等式的恒等关系？这种影响分为哪几种类型？

14. 会计要素的初次确认和再次确认分别如何进行？会计要素的确认需要遵循哪些基

本条件?

15. 什么是会计要素的计量属性?分别包括哪些不同的计量属性?

16. 如何理解配比原则?配比原则有哪两种主要的方式?

17. 什么是历史成本原则?

18. 资本性支出和收益性支出的主要区别在哪方面?

单项选择题

1. 用货币资金购买设备,货币资金形态就会转化为( ),用货币资金购买原材料,货币资金形态就会转化为( )。

A. 储备资金形态　　　　　　　　B. 固定资金形态

C. 生产资金形态　　　　　　　　D. 成品资金形态

2. 一个企业的资产总额与所有者权益总额( )。

A. 必然相等　　　　　　　　　　B. 有时可能相等

C. 不会相等　　　　　　　　　　D. 只有在期末时相等

3. 某企业刚刚创立时权益总额为 120 万元,现发生一笔以银行存款 10 万元归还短期借款的业务,此时资产总额为( )。

A. 80 万元　　　B. 90 万元　　　C. 100 万元　　　D. 110 万元

4. 以下引起资产和权益同时增加的业务是( )。

A. 资本公积转增资本

B. 以应付票据直接抵付应付账款

C. 购买设备一台款项暂未支付

D. 以银行存款支付当月借款利息

5. 以下经济业务中,不会引起综合会计等式左右两边会计要素变动的是( )。

A. 当月的水电费没有支付,形成应付的款项

B. 从银行借入短期借款,收到钱存入银行

C. 购买材料一批,货款暂欠

D. 销售商品直接抵付前欠账款

6. 收益性支出的效益仅涉及( )。

A. 本月份　　　B. 本季度　　　C. 本半年度　　　D. 本年度

7. 配比原则是指( )。

A. 收入与支出相互配比　　　　　　B. 收入与营业费用相配比

C. 收入与产品生产成本相配比　　　D. 收入与其相关的成本费用相配比

8. 企业通常会采用( )对会计要素进行计量。

A. 可变现净值　　B. 现值　　　　C. 历史成本　　　D. 公允价值

9. 下列支出中,属于资本性支出的是( )。

A. 支付应交的税费　　　　　　　　B. 支付当月广告费用

C. 支付本年度订报刊费　　　　　　D. 支付固定资产买价

10. 下列各项目中,属于所有者权益的是( )。

A. 长期股权投资　B. 资本公积　　　C. 长期应付款　　D. 累计折旧

11. 下列各项目中，不属于资产的是(　　)。

　　A. 应收账款　　　B. 预付账款　　　C. 预收账款　　　D. 其他应收款

12. 下列关于会计确认和计量的说法，不正确的是(　　)。

　　A. 会计确认包括初次确认和再次确认

　　B. 会计计量涉及计量单位和计量属性的选择

　　C. 重置成本是正常对外销售所能收到的售价减去销售费用及相关税费后的金额

　　D. 计量属性主要包括历史成本、重置成本、可变现净值、现值和公允价值等

13. 以下关于会计要素的说法，不正确的是(　　)。

　　A. 会计要素包括资产、负债、权益、收入、费用、利润

　　B. 静态三要素组成静态会计等式

　　C. 动态三要素组成动态会计等式

　　D. 会计要素是会计对象的基本分类

14. 以下关于会计等式的说法，不正确的是(　　)。

　　A. 静态会计等式是编制资产负债表的基础

　　B. 动态会计等式是编制利润表的基础

　　C. 综合会计等式是编制现金流量表的基础

　　D. 经济业务活动的发生不会影响会计等式的恒等性

综 合 题

1. 资料：天顺公司 20××年8月月末各项目余额如下。

(1) 出纳员处存放的现金 3 000 元。

(2) 存放在银行的款项 251 000 元。

(3) 准备短期持有的股票 30 000 元。

(4) 库存的各种原材料 47 000 元。

(5) 因赊销业务应收的款项 10 000 元。

(6) 库存的自制半成品和产成品 59 000 元。

(7) 房屋建筑物 400 000 元。

(8) 机器设备 200 000 元。

(9) 交通运输工具 120 000 元。

(10) 专利权 80 000 元。

(11) 向银行借入三年期的借款 40 000 元。

(12) 拖欠供应商的款项 30 000 元。

(13) 发行的公司债券 60 000 元。

(14) 投资者投入的资本金 800 000 元。

(15) 资本公积金 150 000 元。

(16) 盈余公积金 50 000 元。

(17) 累计未分配的利润 70 000 元。

要求:

(1) 根据每一项目的具体情况分析其属于资产、负债还是所有者权益,并将各项目金额填入表3-6中。

(2) 计算资产、负债、所有者权益各要素金额合计数,并判断其是否遵循静态会计等式的恒等关系。

表3-6 会计要素具体金额及合计数

单位:元

序 号	资 产	负 债	所有者权益
例:(1)	3 000		
(2)			
(3)			
(4)			
(5)			
(6)			
(7)			
(8)			
(9)			
(10)			
(11)			
(12)			
(13)			
(14)			
(15)			
(16)			
(17)			
合计			

2. 东方公司20××年10月1日拥有资产55万元,负债14万元,所有者权益41万元,期初收入和费用都为0。10月份发生如下经济业务活动。

(1) 从银行借入6个月的短期借款5万元,款项已经收到。

(2) 投资者追加投入设备一台,价值3万元,已办理相关手续。

(3) 销售商品一批,价值6万元,对方承诺三个月之内付款。

(4) 以银行存款支付当月的水电费0.8万元。

(5) 当月承担的借款利息0.5万元,当月没有支付。

(6) 经过批准,资本公积5万元转增资本。

(7) 结转当月已售出产品的生产成本3.5万元。

(8) 期末将所有的损益类账户转入本年利润账户。

要求:根据所给的资料,分析每一笔经济业务对会计要素影响的具体项目及方向,将其列示于表3-7中，并分析会计等式的恒等性。

表3-7 经济业务对会计要素具体项目的影响

单位：元

期初余额	资产(55)	费用(0)	负债(14)	所有者权益(41)	收入(0)
例：(1)	银行存款+5		短期借款+5		
(2)					
(3)					
(4)					
(5)					
(6)					
(7)					
(8)					
期末余额					

3. 张楠大学毕业后，创办了一家小型加工厂。他最初的资金来源是亲戚朋友投入 20 万元，银行借款 10 万元。公司创立后，购买机器设备价值 12 万元，各类原材料、辅助材料等 6 万元，购买办公用品等 1 万元，杂项支出 2 万元。一个月之后，张楠汇总了一下经营情况，发现已经取得销售收入 15 万元，材料、人工、房租、水电等费用 12 万元，各种税费支出 1 万元，销售收入和各项支出均通过银行存款结算。

要求：请简单分析一下在这一个月中，资金是如何运动的？涉及哪几项会计要素和哪些会计等式？这些业务活动的发生对会计等式的影响是怎样的？

4. 张天和李文于 20××年 7 月月初共同创办了一家小型维修铺，主营电子产品的维修和配件售卖。两人共同投入了 60 000 元存入银行，没有任何借款。当月主要发生了以下经济业务活动。

(1) 租用了一个门面，支付了 3 个月的租金共 6 000 元，购买办公设备等花费 15 000 元。

(2) 购置维修设备和工具 9 000 元；同时购买电子产品配件 8 000 元。

(3) 在当地的报纸上做广告花费 3 000 元，准备每个月都做一次同等规模的广告。

(4) 当月的水电费等合计 1 000 元，暂欠。

(5) 维修铺当月几乎每天都有维修业务的接单，共收入 20 000 元，同时耗用配件 3 000 元。

(6) 当月售出一些电子产品配件，共收入 2 000 元，对应配件的进价是 1 500 元。

(7) 支付张天和李文的工资各 5 000 元。

(8) 经简单估算，办公设备、维修设备等当月应计提的折旧为 1 000 元。

要求：假定所有收入都存入银行，所有支出都以银行存款支付。请计算该维修铺当月的收入、费用和利润各是多少。

5. 东方公司 20××年 12 月 31 日的简化资产负债表如表3-8所示。因资产负债表的编制基础是静态会计等式，请根据等式的恒等关系填列表格。

表 3-8 东方公司简化资产负债表

单位：元

资　产	年初数	年末数	负债及所有者权益	年初数	年末数
库存现金	5 000	4 000	短期借款	14 000	12 000
银行存款	120 000	112 000	应付账款	C	30 000
交易性金融资产	35 000	36 000	应付职工薪酬	25 000	F
应收账款	2 000	D	应交税费	3 000	1 000
原材料	A	24 000	长期借款	40 000	36 000
长期股权投资	60 000	62 000	实收资本	250 000	250 000
固定资产	180 000	184 000	资本公积	70 000	70 000
无形资产	30 000	30 000	未分配利润	20 000	25 000
合计	452 000	E	合计	B	466 000

要求：

(1) 填写表格中 A~F 的空格位置。

(2) 试计算东方公司当年年初和年末的资产、负债、所有者权益各是多少。

(3) 试分析东方公司年初和年末的流动资产、非流动资产、流动负债各是多少。

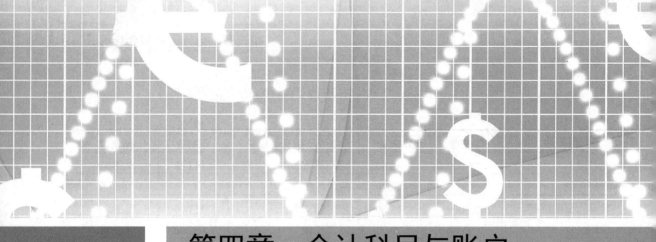

第四章　会计科目与账户

【教学目的与要求】

通过本章的教学，要求学生了解设置会计科目、会计账户的原则；了解会计科目的编号；了解成本与费用的区别；理解会计科目、会计账户的分类；掌握会计科目、会计账户的含义；掌握会计账户的基本结构和登记规则；掌握会计科目和会计账户的联系与区别。

【关键词】

会计科目　资产类　负债类　所有者权益类　成本类　损益类　总分类科目/账户　明细分类科目/账户　会计科目表　会计科目编号　会计账户　"T"字形账户　期初余额　本期借方发生额　本期贷方发生额　期末余额　盘存类　资本类　结算类　跨期摊配类　待处理类　备抵调整类　备抵附加调整类　集合分配类　成本计算类　对比类　收入计算类　费用计算类　财务成果计算类

【引导案例】

新建会计账簿如何设置会计科目与账户

1. 新成立的企业都面临着建立新账的问题。2021 年 5 月，李萍应聘到一家刚刚成立的公司工作，总经理要求她新建会计账。李萍分析了公司的基本情况，设置如下会计账簿：①现金日记账，只需设一本；②银行存款日记账，每个银行账号单独设立，根据公司情况需要设置两本；③总分类账，公司规模较小，只需设一本；④明细分类账，根据公司规模合并设置两本。随后，李萍清点核对了公司现有的各种资产，发现公司资产如下：现金 1.85 万元，建设银行存款 20 万元，农业银行存款 38 万元，A 类原材料 4.2 万元，B 类原材料 5.1 万元，C 类原材料 3 万元，办公桌、文件柜、打印机等及相关办公用品共 8 万元，各类机器设备 5 台共 34 万元，厂房一栋价值 78 万元。这家公司主要的经营领域是生产加工地方品牌的运动服。目前公司共招聘了包括李萍在内的 8 名员工。

2. 刘先生于 2021 年 11 月创办了华海物流公司，注册资本为 60 万元。注册当年因主要业务尚未开展，为了节省开支，刘先生决定根据自己的需要设置会计账户并自行记账。首先，他买了几本账簿，先把公司拥有的 100 万元记录到"银行存款"账户。后来，根据当年经济业务的发展情况，将支付各项费用 8 万元、购买设备 30 万元、支付一年租金 15 万元、发放工资 5 万元、取得收入 50 万元，分别记录到"日常费用""机器设备""房屋租金""工资费用""业务收入"等账户。经过简单计算,刘先生认为公司当年是亏损的,所以无须交纳所得税。2022年2月,税务部门检查后认定华海公司会计账目混乱,并涉嫌偷税漏税。

思考题:

1. 根据公司的经营领域,李萍应设置哪些会计科目与账户?会计账户是否包括明细分类账户?该如何设置?总分类账和明细分类账之间是什么关系?该如何进行登记?

2. 设置会计科目和账户需要遵循哪些规则?华海公司的行为有何违反法律法规的地方,应如何改正?

第一节 会计科目

一、会计科目的含义

企业会计人员每天面对纷繁复杂的会计凭证,比如购买原材料的发票,员工出差拿回来报销的火车票、出租车票、住宿费发票、餐饮发票等,怎样才能将这些经济业务涉及的项目记录在会计信息系统中呢?首先要对其进行科学的分类。上一章讲到,会计对象的基本分类是会计要素,但会计要素只有六种,这种划分过于粗糙,不能满足会计核算的需要。每一项会计要素都包括很多不同性质的内容,比如资产就有很多种类不一、性质差异很大的项目,如存放在银行的款项、材料物资、应收的款项、机器设备等;负债包括向银行的借款、应付的款项、应交的各种税费等。无法只通过资产或者负债这种分类进行记录,应根据会计对象的特点对会计要素作进一步的划分,即会计科目。

会计科目是根据经济业务的内容和经济管理的要求,对会计对象划分为会计要素后进一步科学分类核算的项目。会计科目是设置会计账户的依据,也是会计报表项目的主要构成内容。设置会计科目,并根据会计科目在会计账簿中开设账户,是会计核算的专门方法之一,并且是常用的会计核算方法。具体来说,每一项会计要素都需要根据实际情况设置不同的会计科目。

二、会计科目的分类

设置会计科目是对经济业务进行处理的基础,企业在最初创办的时候就应该购买会计账簿,在上面根据会计科目来开设户头,也就是确定企业应该设置哪些会计科目,而不是会计人员记账过程中需要什么会计科目才临时起意进行设置。会计科目有以下两种不同的分类方式。

(一)会计科目按经济内容分类

因为会计科目是在会计要素的基础上进一步的划分,所以会计科目的分类和会计要素的分类有相似的地方,会计要素有六大类,会计科目将其整合成五大类六小类。可以用图 4-1 直观地展示这种差异。资产、负债要素相关的会计科目分别为资产类和负债类。但所有者权益和利润要素相关的会计科目都属于所有者权益类，因为企业每期形成的利润在所有权上归投资人所有，与债权人无关，利润是投入资金增值的部分，利润在分配之后留在企业中记入所有者权益的相关科目。为了计算企业每期的经营成果，设置损益类的会计科目，与收入和费用要素有关，根据动态会计等式收入减去费用就是当期的利润或者亏损，将其涉及的会计科目纳入到损益类。损益类科目又细分为损益类收入和损益类费用。另外，成本是对象化了的费用，是费用的一部分，为了专门计算企业产品的生产成本或者劳务的提供成本，需单独设置成本类会计科目。

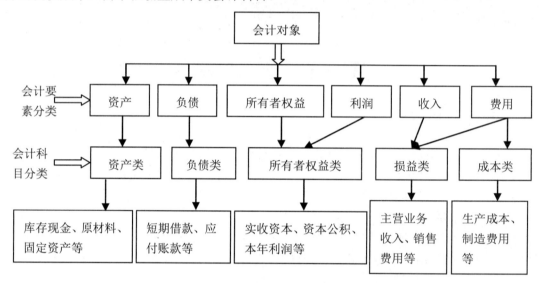

图 4-1　会计科目按经济内容分类

1. 资产类会计科目

资产类会计科目是与资产要素有关的会计科目，具体来说包括反映流动资产和非流动资产的会计科目。制造业企业常用的资产类会计科目包括库存现金、银行存款、应收账款、预付账款、交易性金融资产、在途物资、原材料、库存商品、长期股权投资、固定资产、累计折旧、无形资产、在建工程、工程物资、待处理财产损益等。

2. 负债类会计科目

负债类会计科目是与负债要素有关的会计科目，具体来说包括反映流动负债和长期负债的会计科目。制造业企业常用的负债类会计科目包括短期借款、应付票据、应付账款、预收账款、应付职工薪酬、应交税费、应付股利、应付利息、其他应付款、长期借款、应付债券、长期应付款等。

3. 所有者权益类会计科目

所有者权益类会计科目是与所有者权益要素和利润要素有关的会计科目。制造业企业常用的所有者权益类会计科目包括实收资本、资本公积、盈余公积、本年利润、利润分配等。

4. 成本类会计科目

成本计算是会计核算的专门方法之一，也是会计人员的本职工作。成本类会计科目是为了计算产品生产成本和劳务提供成本而专门设置的会计科目，具体来说包括生产成本、制造费用、劳务成本等。

5. 损益类会计科目

损益类会计科目又细分为损益类收入和损益类费用两小类。制造业企业常用的损益类会计科目包括主营业务收入、其他业务收入、公允价值变动损益、投资收益、营业外收入、主营业务成本、税金及附加、其他业务成本、销售费用、管理费用、财务费用、资产减值损失、营业外支出、所得税费用、以前年度损益调整等。

【知识链接】

成本和费用的联系与区别

成本是企业为了生产产品或者提供劳务而发生的各种耗费，是按一定的产品或劳务对象所归集的费用。费用是企业在日常的销售商品、提供劳务等活动中所发生的经济利益的流出。对制造业企业而言，生产成本可以理解为生产产品所付出的代价，包括材料、人工、折旧等。显而易见，企业所发生的费用不一定都是成本，成本是对象化了的费用，是费用的一部分。

成本和费用的联系：成本和费用都是企业支出的构成部分，支出的范围比费用更广，包括偿债性支出、分配性支出、资产购置支出等，而费用是为取得营业收入而发生的支出，费用是要和收入相互配比的；成本和费用都是企业经济资源的耗费；期末的时候，应将当期已销售出去产品的生产成本结转到当期的费用中。

成本和费用的区别如下。

(1) 内容不同。费用包括期间费用、生产费用等；而产品成本只包括完工产品的生产费用，不包括未完工产品的生产费用和其他费用。

(2) 计算期不同。费用的计算一般与会计期间有关；产品成本的计算主要与产品生产周期有关。

(3) 对象不同。费用的计算对象是日常发生的各种各样的耗费，有与产品生产有关的，也有与产品生产无直接关联的；产品成本的计算对象是已经完工的产品。

(4) 计算依据不同。费用的计算是与收入相配比来确定的，比如主营业务收入对应主营业务成本，其他业务收入对应其他业务成本等，当期的所有收入对应所有的费用；产品成本是按照一定的产品归集生产费用并计算。

(5) 会计账户和原始凭证不同。费用的计算和登记依据是生产经营过程中取得的各种原始凭证，账户是各种损益类费用账户；产品成本的计算主要依据成本计算单或成本汇总表等，账户是成本类账户和库存商品账户。

(6) 总额不同。费用的总金额一般大于成本的总金额，因为两者涵盖的内容不同；产品成本是费用总额的一部分。

(7) 作用不同。计算各类费用并分析其比重，一是为了计算当期的利润及内部构成，二是了解费用结构的变化，加强费用的管理。计算产品的生产成本，可以实现成本的管理与控制、根据生产成本确定产品的定价、进行量本利分析等。

(资料来源：尤敏.谈支出、费用和成本的区别与联系[J]. 太原城市职业技术学院学报，2013(10)：99-100.)

我国《企业会计准则——应用指南》中规定的会计科目表(部分)如表 4-1 所示。需要说明的是，其中的共同类会计科目是既有资产性质又有负债性质的科目，多适用于金融、保险、投资、基金等公司，与制造业企业关系不大，其他五类会计科目与按照经济内容分成的五类是一致的。

表 4-1　会计科目表

序　号	编　号	会计科目名称	序　号	编　号	会计科目名称
一、资产类			48	2211	应付职工薪酬
1	1001	库存现金	49	2221	应交税费
2	1002	银行存款	50	2231	应付利息
3	1012	其他货币资金	51	2232	应付股利
4	1101	交易性金融资产	52	2241	其他应付款
5	1121	应收票据	53	2314	代理业务负债
6	1122	应收账款	54	2401	递延收益
7	1123	预付账款	55	2501	长期借款
8	1131	应收股利	56	2502	应付债券
9	1132	应收利息	57	2701	长期应付款
10	1221	其他应收款	58	2702	未确认融资费用
11	1231	坏账准备	59	2711	专项应付款
12	1321	代理业务资产	60	2801	预计负债
13	1401	材料采购	61	2901	递延所得税负债
14	1403	原材料	三、共同类		
15	1404	材料成本差异	62	3101	衍生工具
16	1405	库存商品	63	3201	套期工具
17	1406	发出商品	64	3202	被套期项目
18	1407	商品进销差价	四、所有者权益类		
19	1408	委托加工物资	65	4001	实收资本(或股本)
20	1411	周转材料	66	4002	资本公积
21	1471	存货跌价准备	67	4101	盈余公积
22	1501	持有至到期投资	68	4103	本年利润
23	1502	持有至到期投资减值准备	69	4104	利润分配
24	1503	可供出售金融资产	70	4201	库存股

续表

序 号	编 号	会计科目名称	序 号	编 号	会计科目名称
25	1511	长期股权投资	五、成本类		
26	1512	长期股权投资减值准备	71	5001	生产成本
27	1521	投资性房地产	72	5101	制造费用
28	1531	长期应收款	73	5201	劳务成本
29	1532	未实现融资收益	74	5301	研发支出
30	1601	固定资产	75	5401	工程施工
31	1602	累计折旧	六、损益类		
32	1603	固定资产减值准备	76	6001	主营业务收入
33	1604	在建工程	77	6051	其他业务收入
34	1605	工程物资	78	6101	公允价值变动损益
35	1606	固定资产清理	79	6111	投资收益
36	1701	无形资产	80	6301	营业外收入
37	1702	累计摊销	81	6401	主营业务成本
38	1703	无形资产减值准备	82	6402	其他业务成本
39	1711	商誉	83	6403	税金及附加
40	1801	长期待摊费用	84	6601	销售费用
41	1811	递延所得税资产	85	6602	管理费用
42	1901	待处理财产损益	86	6603	财务费用
二、负债类			87	6604	勘探费用
43	2001	短期借款	88	6701	资产减值损失
44	2101	交易性金融负债	89	6711	营业外支出
45	2201	应付票据	90	6801	所得税费用
46	2202	应付账款	91	6901	以前年度损益调整
47	2203	预收账款			

(二)会计科目按提供信息的详细程度分类

会计科目按其提供信息的详细程度，可分为如图 4-2 所示的两类。

1. 总分类会计科目

总分类会计科目也称为总账科目或者一级科目。它是对会计要素的具体内容进行总括分类，提供总括性、统驭控制会计信息的科目。如"原材料""库存商品""长期借款"等科目。我国的总分类会计科目由国家财政部统一规定，表 4-1 中的会计科目均为总分类会计科目。

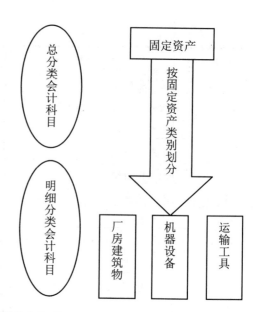

图 4-2　会计科目按提供信息的详细程度分类

2. 明细分类会计科目

明细分类会计科目又称为明细科目，是对总分类科目的具体细分和详细说明，它与总分类科目共同组成一个整体，为会计信息使用者提供全面的信息。例如，在"固定资产"总分类科目下按固定资产的具体类别分设明细科目。除有明确规定的外，我国的明细分类会计科目可由各单位根据实际情况自行设置。在企业规模较大、会计对象涉及内容多、经济业务复杂的前提下，企业可在总分类科目下分设二级科目(子目)和三级科目(细目)。表 4-2 为某电器生产厂家设置的两组明细会计科目。

表 4-2　某电器生产厂家设置的明细会计科目

总分类科目 (一级科目)	明细分类科目	
	二级科目(子目)	三级科目(细目)
库存商品	厨房电器	煤气灶 油烟机
	生活电器	洗衣机 电视机
	办公电器	打印机 传真机
应收账款	东方公司	销售部 服务部
	海华公司	嘉华分公司 丰华分公司
	悦达公司	信达分公司 启达分公司

三、设置会计科目的原则

没有规矩，不成方圆。企业在设置会计科目时，需要遵循一定的规则和标准，不能随意设置会计科目。

(一)结合会计主体生产经营活动的特点

会计科目是对会计要素核算内容的具体细分，能够分门别类地核算和监督企业发生的经济业务活动，并提供经济管理需要的会计核算指标。但是，各类单位或者组织的业务范围是多种多样的，它们分别有自己的经营领域，需要结合会计主体生产经营活动的特点来设置会计科目。比如，制造业企业需要设置与产品生产有关的"生产成本""制造费用"等科目，商品流通企业需要设置与商品流转有关的"商品进销差价"科目，金融投资公司可以设置与投资活动有关的"衍生工具""套期工具"等科目。另外，会计科目的设置还与企业的经营规模有关，业务简单、规模较小的企业，其会计科目可以设置得简单一些；业务繁杂、规模巨大的企业，则需要设置更全面和细致的会计科目。

(二)满足内外会计信息使用者的需要

会计核算所提供的信息是相关使用者进行各种经济决策的依据。企业本身可以根据会计信息进行经营预测、决策和分析，投资者关注企业的获利能力，债权人要了解企业的偿债能力，每一个会计信息使用者都有自己关注的方面。在设置会计科目时，需要充分考虑各相关利益集团，兼顾对外报告和企业内部经营管理的需要，比如设置"实收资本""主营业务收入""长期借款""固定资产"等会计科目，但这些会计科目都属于总分类科目，在企业经营管理时无法满足需要，在此基础上应设置明细分类会计科目，比如固定资产的细分类别、原材料的不同种类，为内部信息使用者提供更详细、更具体的信息。

(三)稳定性与灵活性相结合

为了保证会计信息的可比性，我国的总分类会计科目是由财政部统一制定和颁布的。任何会计主体设置会计科目都必须在会计科目表的范围内加以选择。但财政部制定的会计科目表并非一成不变的，会随着经济环境的变化、会计准则和制度的修改而不断地发生改变，那企业设置的会计科目表也会随之发生变动。但是，在国家会计科目表一定时间段内保持不变的前提下，企业的会计科目设置也要基本稳定，以便在一定范围内综合汇总和在不同时期对比分析其所提供的会计信息。稳定的同时还要相对灵活，会计主体可根据本单位实际情况和经济管理要求，对统一规定的会计科目作出必要的调整，包括自行增设、减少或者合并某些会计科目。例如，在预收账款不多的企业，可以将预收账款合并计入"应收账款"科目，这样既满足了需要，又不会设置太多烦琐的会计科目。

(四)会计科目简单明了、通俗易懂

每一个会计科目都有特定的核算范围，为了能让会计信息使用者可以"望文生义"，直观地理解其核算内容，在对会计科目进行命名的时候应做到简单明了、通俗易懂、界限分明。比如"库存现金""银行存款""持有至到期投资"等，都能做到含义明确、字义相符，一看这个名字就能理解其核算的具体内容。某些没有对应实物存在的会计科目，比如"待处理财产损益""以前年度损益调整"，也与其核算的内容高度对应，一经解释便可明白其核算的具体范围和界限。

四、会计科目的编号

就像每个人都有身份证号，每个学生都有学号一样，会计科目也有对应的编号。会计科目编号是按会计科目表中科目分类排列顺序编列的，表 4-1 中的第二列和第五列就是会计科目的编号。可以看出，表格中总分类科目的编号是四位的，其中的第一位是大类编号。比如，"1"为资产类，"2"为负债类，"3"为共同类，"4"为所有者权益类，"5"为成本类，"6"为损益类。第二位是每大类会计科目下较为详细的类别，如"1601"中的"6"代表固定资产类。第三位和第四位代表具体的会计科目顺序，编号之间一般预留有间隔，以备将来增添科目时使用。明细分类科目在相应总分类科目四位编号的基础上再增加两位和四位，比如在建工程的编号是"1604"，企业根据需要设置建筑工程和安装工程二级明细科目，分别编号为"160401"和"160402"，如果需要设置三级会计科目建筑工程——A 建筑工程，那编号就为"16040101"，依次类推。

第二节 会 计 账 户

【引导案例】

设置会计账户

小张和小李是大学同学，毕业五年后两人计划一起创办一家公司，以经营小饰品为主。首先，为了解决资金问题，小张出资 25 万元，小李出资 15 万元，他们又以公司名义从好友处借款 10 万元，并承诺五年后一次还本付息，所有款项收到后直接存入银行。资金到位后，先花费 30 万元购买了一处门面，又购进各种办公设备等合计 3 万元，购买各类小饰品等合计 8 万元，购买一辆小型货车价值 5 万元，上述款项均以银行存款支付。在正式开业之前，还从银行提取出 5000 元现金以备日常开支使用。

思考题： 本例中涉及哪些资产、负债、所有者权益类账户？请分别开设 T 字形账户。

一、会计账户的含义

会计科目是会计要素不同类别的分类名称，就像人的名字一样，但人必须根据身份证号在银行开立户头才可以记录其存款的增减变动。会计科目本身也无法直接记录会计对象的变化，需要有专门的结构来登记其核算内容的变动，这就是设置会计账户。会计账户可以科学地记录由于经济业务发生所引起的会计要素的变动，以便对其具体类别进行分类核算。所谓会计账户，简称账户，是指具有一定格式和结构，用来分类、连续、系统、全面地记录经济业务，反映会计要素增减变动及其结果的一种工具。在实际工作中，会计账户不是独立开设的，需要借助一定的载体，即会计账簿(账本)，这个账本类似于银行存折，其中不同的账页可登记不同会计账户的内容。

二、会计账户的基本结构

会计账户用来记录会计要素内容的变动，比如原材料的变动、银行存款的变动，这种变动包括增加和减少两种类型。因此，必须确定账户的结构中，哪个位置来登记增加，哪个位置来登记减少，增减变动后的结果登记在哪里。在实务中，会计账户的格式如图 4-3 所示。

银 行 存 款 日 记 账

年		凭证号数	结算方式		摘　要	借方	√	贷方	√	余额
月	日		类	号码		亿千百十万千百十元角分		亿千百十万千百十元角分		亿千百十万千百十元角分

图 4-3　会计账户的格式

可以看出，会计账户的基本结构包括如下内容。

(1) 账户的名称，即会计科目。银行存款账户的名称就是银行存款科目。

(2) 日期，即登记账户的时间，包括年、月、日。

(3) 凭证号数，即会计账户是根据哪一张会计凭证来进行登记的，相应的凭证编号为多少。

(4) 摘要，即经济业务简明扼要的说明，类似于文章的摘要。

(5) 登记增加、减少和余额的位置，即金额栏。这是会计账户最关键的内容，是将实际发生的经济业务转换为会计语言的标志。账户金额栏记录的内容包括期初余额、借方发生额、贷方发生额和期末余额。本期的期初余额就是上一期的期末余额，来自会计账户一直以来的记录。其中增加和减少发生额通过左方(借方)和右方(贷方)来记录。借方和贷方将每一个会计账户划分为相互对立的两个方向，一方登记增加，另一方就登记减少，如果借方登记增加数，贷方就登记减少数，反之亦然。但到底哪方记增加、哪方记减少，与账户的性质、记账的方法等都有关系，这会在后续的学习中讲解。在期初余额的基础上，加上本期增加发生额减去本期减少发生额，就可求得期末余额。具体公式如下所示。

期末余额=期初余额+本期增加发生额-本期减少发生额

在教学过程中，为了方便起见，我们用一个简化的"T"字形账户来说明账户的基本结构，如图 4-4 所示。需要说明的是，根据账户的不同，其期初(期末)余额可能在借方，也可能在贷方。

在连续登记账户的情况下，账户的本期期初余额为上一期期末余额，本期期末余额为下一期期初余额。周而复始，连续地记录下去，只要企业持续经营，就没有终点。例如，某企业某一期间"银行存款"账户的记录如图 4-5 所示。银行存款账户的期初余额为 100 000 元，本期借方发生额为 45 000 元，本期贷方发生额为 78 000 元，根据银行存款账户的性质，借方表示其增加，贷方表示减少，所以期末余额=100 000+45 000−78 000=67 000(元)。

借方	会计科目名称	贷方
期初余额		
本期借方发生额	本期贷方发生额	
期末余额		

图 4-4　账户的基本结构

借方	银行存款		贷方
期初余额	100 000		
本期借方发生额	45 000	本期贷方发生额	78 000
期末余额	67 000		

图 4-5　"银行存款"账户记录

三、会计账户的分类

所有的会计账户都是根据会计科目在账簿中开设的户头，也就是说，会计科目和会计账户有一一对应的关系。会计账户的基本分类和会计科目的分类是一致的，即按经济内容和提供信息的详细程序分类。除了这两种分类方式，会计账户还可以按照用途和结构来分类。

(一)会计账户按经济内容和提供信息的详细程度分类

会计账户按经济内容和提供信息的详细程度，可分为如图 4-6 所示的几类。

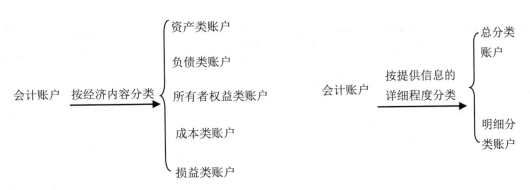

图 4-6　会计账户按经济内容和提供信息的详细程度分类

(二)会计账户按用途和结构分类

账户的用途,是指设置和运用账户的目的是什么,也就是通过账户能够提供什么样的核算指标。比如,我们设置"固定资产"账户等对应实物存在账户的目的是核算相应的实物资产。账户的结构,是指在账户的借方、贷方如何记录和提供核算指标。会计账户按用途和结构分类是按经济内容分类的必要补充,如表 4-3 所示。

表 4-3　会计账户按用途和结构分类

大　类	小　类	核算和监督的内容	账户举例
基本账户	盘存类	核算和监督财产物资和货币资金增减变动及结存情况的账户	库存现金、银行存款、原材料、库存商品、固定资产等
	资本类	核算和监督外部取得或内部形成资本金增减变动及结存情况的账户	实收资本、资本公积、盈余公积等
	结算类	核算和监督企业与其他单位个人之间债权债务往来结算关系的账户	应收账款、预付账款、应付职工薪酬、其他应付款等
	跨期摊配类	核算和监督应由若干个会计期间共同负担的费用,并将这些费用在各个期间进行分摊的账户	待摊费用、长期待摊费用、预提费用
	待处理类	核算和监督财产清查过程中查明的各种财产盘盈、盘亏和损毁价值的账户	待处理财产损益
调整账户	备抵调整类	用抵减的方式对被调整账户的金额进行调整,以求得被调整账户实际余额的账户	累计折旧、存货跌价准备、固定资产减值准备、坏账准备、利润分配等
	备抵附加调整类	既用来抵减又用来增加被调整账户的余额,以求得被调整账户实际余额的账户	材料成本差异、产品成本差异等
成本账户	集合分配类	用来归集和分配经营过程中某个方面所发生的各项费用的账户	制造费用
	成本计算类	核算和监督经营过程某一阶段所发生的全部费用,确定各个成本计算对象实际成本的账户	生产成本、在建工程、材料采购

续表

大　类	小　类	核算和监督的内容	账户举例
成本账户	对比类	对某些经济业务按不同的计价进行对比，借以确定其业务成果的账户	固定资产清理
损益计算账户	收入计算类	核算和监督企业在一定会计期间取得的各项收入的账户	主营业务收入、其他业务收入、营业外收入
	费用计算类	核算和监督企业在一定会计期间发生的应计入当期损益的各项费用的账户	主营业务成本、税金及附加、其他业务成本、管理费用、销售费用、财务费用等
	财务成果计算类	核算和监督企业在一定会计期间全部经营活动最终成果的账户	本年利润

四、会计科目和账户的联系与区别

会计科目与会计账户的联系：都是对会计对象具体内容的进一步细分，两者口径一致、性质相同，即它们反映的经济内容是一致的。会计科目是会计账户的名称，是开设会计账户的依据，对每一个会计科目都应该设置一个相同名称的会计账户，包括二级、三级明细分类科目和账户之间也是完全对应的关系。

会计科目与会计账户的区别：会计科目只表示会计对象具体内容的细分，没有专门的结构；而会计账户不仅核算相同的内容，还具有一定的结构和格式，可以对会计对象进行全面、系统的记录，以反映某项经济内容的增减变化及其结果，即会计账户是会计科目的具体运用。

在实务中，由于会计账户是根据会计科目开设的，所以有什么样的会计科目就会有什么样的账户。比如，有"原材料"科目就有"原材料"账户，两者的名称完全一致，因此，当我们提到原材料的时候，通常将二者相互通用，不严格地加以区分。

【例 4-1】A 类原材料是什么类型的账户？

【解析】在本例中，A 类原材料按经济内容分是资产类会计账户；按提供信息的详细程度分是明细分类会计账户；按用途和结构分是盘存类账户。

【例 4-2】银行存款、实收资本、材料采购、原材料、制造费用、应付账款、应收账款、生产成本、库存商品、主营业务收入、主营业务成本、短期借款、固定资产、累计折旧、库存现金、财务费用、销售费用、劳务成本、利润分配、资本公积、管理费用、税金及附加、应交税费、本年利润、盈余公积、在建工程、其他应付款、其他业务收入。要求：上述总分类会计账户按照经济内容划分，分别属于哪一类？按用途和结构划分，分别属于哪一类？

【解析】答案如表 4-4 所示。

表4-4 例4-2 的答案

标准	类别	会计账户
按经济内容分	资产类	银行存款、材料采购、原材料、应收账款、库存商品、固定资产、累计折旧、库存现金、在建工程
	负债类	应付账款、短期借款、应交税费、其他应付款
	所有者权益类	实收资本、利润分配、资本公积、本年利润、盈余公积
	成本类	制造费用、生产成本、劳务成本
	损益类	主营业务收入、主营业务成本、财务费用、销售费用、管理费用、税金及附加、其他业务收入
按用途和结构分	盘存类	银行存款、原材料、库存商品、固定资产、库存现金
	资本类	实收资本、资本公积、盈余公积
	成本计算类	材料采购、生产成本、劳务成本、在建工程
	集合分配类	制造费用
	结算类	应付账款、应收账款、短期借款、应交税费、其他应付款
	收入计算类	主营业务收入、其他业务收入
	费用计算类	主营业务成本、财务费用、销售费用、管理费用、税金及附加
	备抵调整类	累计折旧、利润分配
	财务成果计算类	本年利润

本 章 小 结

(1) 会计科目是根据经济业务的内容和经济管理的要求，对会计对象划分为会计要素后进一步科学分类核算的项目。会计科目是设置会计账户的依据，也是会计报表项目的主要构成内容。

(2) 会计科目按经济内容的不同，分为资产类、负债类、所有者权益类、成本类、损益类；会计科目按提供信息的详细程度不同，分为总分类会计科目和明细分类会计科目。企业在设置会计科目时应该遵循一定的原则。

(3) 成本是企业为了生产产品或者提供劳务而发生的各种耗费，是按一定的产品或劳务对象所归集的费用。费用是企业在日常的销售商品、提供劳务等活动中所发生的经济利益的流出。企业所发生的费用不一定都是成本，成本是对象化了的费用，是费用的一部分。

(4) 会计账户，是指具有一定格式和结构，用来分类、连续、系统、全面地记录经济业务，反映会计要素增减变动及其结果的一种工具。会计账户的基本结构包括如下内容：账户的名称；登记账户的日期；凭证号数；摘要；登记增加、减少和余额的金额栏。

(5) 借方和贷方将每一个会计账户划分为相互对立的两个方向，一方登记增加，另一方登记减少，如果借方登记增加数，贷方就登记减少数，反之亦然。但到底哪方记增加、哪方记减少，与账户的性质、记账的方法等都有关系。在期初余额的基础上，加上本期增加发生额减去本期减少发生额，就可求得期末余额。

(6) 会计账户的基本分类和会计科目的分类是一致的，即按经济内容和提供信息的详细程度分类。会计账户还可以按照用途和结构分为四大类 13 小类，四大类为基本账户、调整账户、成本账户、损益计算账户，13 小类为盘存类、资本类、结算类、跨期摊配类、待处理类、备抵调整类、备抵附加调整类、集合分配类、成本计算类、对比类、收入计算类、费用计算类、财务成果计算类。

(7) 会计科目和会计账户既有联系又有区别。联系：都是对会计对象具体内容的进一步细分，两者口径一致、性质相同，会计科目是会计账户的名称，是开设会计账户的依据。区别：会计科目只表示会计对象具体内容的细分，没有专门的结构；而会计账户不仅核算相同的内容，还具有一定的结构和格式，可以对会计对象进行全面、系统的记录。

复习与思考题

1. 什么是会计科目？请举例说明。
2. 会计科目按经济内容的不同可划分为哪几类？与会计要素的划分有何区别？
3. 会计科目按提供信息的详细程度不同分为哪几类？请举例说明。
4. 什么是会计账户？会计账户的基本结构是怎样的？
5. 成本和费用有哪些主要区别？
6. 会计账户为什么要按照用途和结构来分类？分为哪些不同的类别？
7. 总结说明会计科目和会计账户的联系与区别。
8. 总分类会计账户和明细分类会计账户之间的关系如何？
9. 什么是 T 字形账户？T 字形账户的基本结构如何？T 字形账户有哪些主要的作用？

单项选择题

1. 会计科目是对( )。
   A. 资金运动分类所形成的项目 　　B. 会计要素分类所形成的项目
   C. 会计方法分类所形成的项目 　　D. 会计账户分类所形成的项目
2. 会计账户按提供信息的详细程度分为总分类账户和明细分类账户，以下各项中，总分类账户和明细分类账户搭配的是( )。
   A. 原材料和在途物资 　　B. 固定资产和累计折旧
   C. 实收资本和资本公积 　　D. 固定资产和专用设备
3. 在账簿中，账户的基本内容不包括( )。
   A. 账户的名称 　　B. 摘要 　　C. 账户的类别
   D. 账户登记的时间 　　E. 登记增加、减少和余额的金额栏
4. 开设明细分类账户的依据是( )。
   A. 总分类科目 　　B. 明细分类科目
   C. 试算平衡表 　　D. 会计要素内容
5. 账户一般不能够提供的金额指标有( )。

A. 期初余额   B. 本期增加发生额   C. 期中余额

D. 本期减少发生额   E. 期末余额

6. 以下关于会计科目和会计账户的关系,正确的是( )。

A. 两者完全一样   B. 两者都只表示结构

C. 会计科目是会计账户的名称,会计账户是会计科目的具体运用

D. 没有必然联系   E. 会计科目核算的范围比会计账户小

7. 会计科目按经济内容分类不包括( )。

A. 资产类   B. 负债类   C. 所有者权益类

D. 成本类   E. 利润类   F. 损益类

8. 以下关于会计账户按照用途和结构分类的说法,正确的是( )。

A. 制造费用属于损益类账户   B. 实收资本属于资本类账户

C. 累计折旧属于备抵附加调整类账户   D. 利润分配属于财务成果计算类账户

9. 下列不属于资产类科目的是( )。

A. 银行存款   B. 预付账款   C. 累计折旧   D. 预收账款

综 合 题

1. 资料:天海公司 20×1 年 11 月 1 日部分资金内容及金额如下。

(1) 存放在企业的现款   3 000 元。   (2) 存放在银行的款项   300 000 元。

(3) 库存的各种材料合计   69 000 元。   (4) 房屋建筑物价值   600 000 元。

(5) 机器设备价值   300 000 元。   (6) 投资者投入资本金   1 455 000 元。

(7) 客户拖欠的款项   80 000 元。   (8) 从银行借入 3 个月期借款 120 000 元。

(9) 库存的完工产品   50 000 元。   (10) 拖欠供应商货款   150 000 元。

(11) 企业留存的盈余公积金 75 000 元。   (12) 固定资产已提折旧   50 000 元。

要求:根据资料说明资金内容应属于哪类会计要素和会计科目,并尝试写出会计科目的具体名称,根据会计科目分别开设 T 字形会计账户。

2. 根据表 4-5 中第一列东方公司的有关项目,分析应设置哪些会计账户。分别按经济内容、按用途和结构对这些会计账户进行分类,并填列于表格中。

表 4-5 东方公司相关资料

具体项目	会计账户	按经济内容分	按用途和结构分
仓库里储存的原材料			
完工验收入库的产品			
存放在银行的款项			
各类机器设备和工具			
出纳处存放的现金			
欠供应商的款项			
从银行借入两年期借款			

续表

具体项目	会计账户	按经济内容分	按用途和结构分
当月销售产品的收入			
投资者投入的资本金			
当月管理部门的水电费			
当月承担的借款利息			
累计提取的盈余公积金			

3. 佳轩公司 20×1 年 8 月底部分账户资料如表 4-6 所示(单位：元)。

要求：请根据资料将正确的数字填入括号内。此处按照简单的判断方法来计算，即账户的期初期末余额的方向与其增加的方向一致。比如库存商品期初余额在借方，那借方表示其增加，贷方表示其减少，依次类推。

表 4-6 佳轩公司各账户相关资料

账户名称	期初余额		本期发生额		期末余额	
	借 方	贷 方	借 方	贷 方	借 方	贷 方
库存商品	10 000		( )	7 000	4 000	
原材料	50 000		4 000	13 000	( )	
应收账款	8 000		3 000	( )	6 000	
固定资产	60 000		10 000	3 000	( )	
应付账款		21 000	( )	30 000		13 000
短期借款		60 000	( )	50 000		40 000
长期应付款	( )		60 000	46 000		50 000
实收资本		200 000	0	60 000		( )
银行存款	10 000		30 000	( )	33 000	
无形资产	80 000		30 000	0	( )	

4. 蓝天公司 20×2 年 5 月底各账户资料如表 4-7 所示(单位：元)。

表 4-7 蓝天公司各账户相关资料

账户名称	期初余额		本期发生额		期末余额	
	借 方	贷 方	借 方	贷 方	借 方	贷 方
库存现金	4 000		3 000	4 000	( )	
银行存款	150 000		43 000	( )	135 000	
应收账款	86 000		—	18 000	( )	
原材料	69 000		—	( )	47 000	
库存商品	21 000		20 000	—	( )	
固定资产	600 000		—		( )	
应付账款		60 000	( )	20 000		34 000

续表

账户名称	期初余额		本期发生额		期末余额	
	借 方	贷 方	借 方	贷 方	借 方	贷 方
长期借款		（ ）	20 000	10 000		（ ）
实收资本		660 000	—	—		（ ）
资本公积		120 000	—	—		（ ）
合计	（ ）	（ ）	（ ）	（ ）	（ ）	（ ）

　　要求：假设企业就设置了这些资产、负债和所有者权益类账户，其中的横线表示当期无发生额。请根据资料将正确的数字填入括号内。

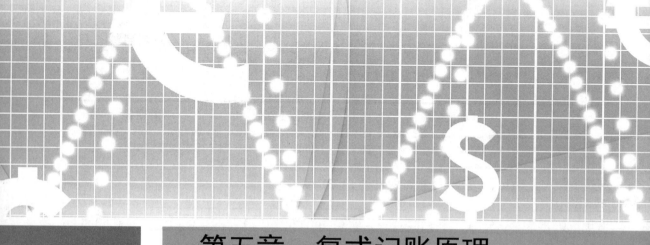

第五章　复式记账原理

【教学目的与要求】

通过本章的教学，要求学生了解记账方法的种类；了解账户的对应关系；理解单式记账和复式记账的联系与区别；理解总分类账和明细分类账的设置及平行登记；全面掌握借贷复式记账原理，包括记账符号、账户结构、记账规则、试算平衡；掌握会计分录的概念及编制格式。

【关键词】

记账方法　单式记账法　复式记账法　借贷复式记账法　记账符号　账户结构　记账规则　试算平衡　发生额及余额试算平衡表　账户的对应关系　对应账户　会计分录　总分类账户和明细分类账户的平行登记

【引导案例】

日常会计记录及审核

李某在出纳岗位上工作了三年后，接手了会计稽核工作。2021 年年底，她在对公司的凭证进行审核时，发现了以下会计记录。

(1) 管理部门新购入一台电脑、一台打印机，总价 10 000 元，增值税 1 300 元，以银行存款支付。编制的会计分录如下。

借：管理费用　　　　　　　　　　　　　10 000
　　贷：银行存款　　　　　　　　　　　　　10 000

(2) 供应科刘某预借差旅费 4 000 元，企业以银行存款支付。编制的会计分录如下。

借：应收账款　　　　　　　　　　　　　4 000
　　贷：银行存款　　　　　　　　　　　　　4 000

(3) 销售材料一批，售价 5 000 元，增值税 650 元，收到相应款项存入银行。编制的会计分录如下。

借：银行存款　　　　　　　　　　　　　5 650
　　贷：主营业务收入　　　　　　　　　　　5 000
　　　　应交税费——应交增值税(销项)　　　650

(4) 车间用设备计提折旧 20 000 元，管理部门用设备计提折旧 8 000 元。编制的会计分录如下。

借：生产成本   20 000

  管理费用   8 000

 贷：累计折旧   28 000

  思考题：企业发生的各类经济业务，应按照什么规则记账？上述会计分录有什么问题？应如何改正？

第一节　记账方法概述

一、单式记账法与复式记账法

记账方法是根据一定的记账原理、记账符号和记账规则，利用文字和数字在账簿中记录经济业务的技术方法。在古代会计时期，世界各地都采用简单的单式记账法记录经济业务活动，但随着社会生产力的不断进步和经济的长足发展，单式记账法逐渐演变为更复杂、更高级的复式记账法。

(一)单式记账法

单式记账法是会计早期采用的一种并不完整的记账方法。它的主要特点是对发生的经济业务，主要记录现金、银行存款收支业务和债权债务的结算业务，只在一个账户中进行记录，或者说在两个账户中进行登记但没有建立起两者之间的必然联系。例如，用银行存款来购买原材料，只在"银行存款"账户登记其减少，并不同时登记原材料的增加；企业赊购一台机器设备，只记录应付账款的增加，并不同时记录固定资产的增加；企业归还欠其他单位的款项，只登记银行存款的减少和应付账款的减少，并不在两者之间建立关联，是分别独立登记的。

单式记账法一般会设置与现金、银行存款和应收应付款项有关的账户，但它没有一套完整的账户体系，不能反映经济业务的来龙去脉和完整全貌，这种记账方法导致账户之间没有依存关系，没有相互的制约平衡，随着生产力进步之后经济业务活动的复杂化，单式记账法被逐步淘汰。目前，企事业单位均不允许采用单式记账法来记账。

(二)复式记账法

复式记账法，又称为复式簿记，是指对发生的每一笔经济业务，都要以相等的金额在两个或两个以上的相互关联的账户中同时进行登记的记账方法。

采用复式记账法记录经济业务时，必须同时在至少两个账户中进行登记。比如，用银行存款购买一台设备，不仅要在"银行存款"账户登记减少，同时也要在"固定资产"账户登记增加，两个账户中登记的金额数是相等的。又如，销售一批商品，已经发货，对方承诺付款，但货款尚未收到，这时一方面要在"主营业务收入"账户登记增加，另一方面要在"应收账款"账户登记增加，两个账户中登记的金额数是相等的。这样，"固定资产"账户和"银行存款"账户之间、"主营业务收入"账户和"应收账款"账户之间就形成了一种紧密的关系。

复式记账法的主要特点是：①需要设置完整的账户体系，除了"银行存款""应收账款"等账户外，还需要设置实物资产类账户、损益类账户，设置的账户体系非常全面；②以相等的金额在相互关联的两个或者两个以上的账户中进行登记，全面反映了经济业务的全貌，有原因有结果、有来龙去脉；③根据会计等式和复式记账规则，可以推导出账户发生额和余额的借贷方之间存在一定的平衡关系，利用账户之间的平衡关系可以检查记账是否有误；④因为设置了损益类账户，包括损益类收入和损益类费用，可以准确地计算当期损益。

(三)单式记账法与复式记账法的主要区别

显而易见，与单式记账法相比，复式记账法有无可比拟的优越性，它设置的账户体系全面，可以完整地记录经济业务活动的全貌，可以计算当期损益，还可以进行发生额和余额试算平衡，如图 5-1 所示。其中涉及的试算平衡等内容，会在后续章节进行介绍。

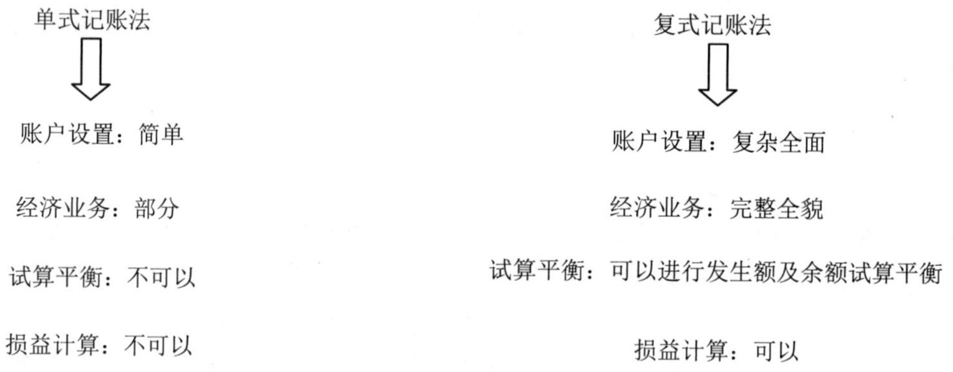

单式记账法	复式记账法
⇩	⇩
账户设置：简单	账户设置：复杂全面
经济业务：部分	经济业务：完整全貌
试算平衡：不可以	试算平衡：可以进行发生额及余额试算平衡
损益计算：不可以	损益计算：可以

图 5-1　单式记账法和复式记账法的比较

二、复式记账法的理论基础和分类

(一)复式记账的理论基础

复式记账法是一种科学、合理的记账方法。它建立在会计等式的基础上，并以此作为理论依据。静态会计等式为资产=负债+所有者权益。动态会计等式为收入-费用=利润。在目前的记账方法下，将静态会计等式和动态会计等式结合起来，就形成了综合会计等式：资产=负债+所有者权益+(收入-费用)，移项后是资产+费用=负债+所有者权益+收入。企业在创办的最初，只涉及静态会计等式，资金是一种平衡的状态，后来不断发生各种各样的经济业务活动，会对综合会计等式产生影响，这种影响有四类情况：等式左右同增或同减，等式某一侧内部有增有减。复式记账就是在这种平衡关系的基础上来记录经济业务的，通过借方和贷方账户的同金额、同时期登记，不论发生哪种情况，都不会破坏会计等式的平衡关系。复式记账的方法，保证了在旧平衡的基础上会计等式的新平衡。因此，会计等式是复式记账法的理论基础，同时，复式记账法是会计等式保持稳定平衡关系的保证。

(二)复式记账法的种类

复式记账法的种类很多，主要有借贷记账法、增减记账法和收付记账法。其中，收付记账法按其记账主体的不同，分为资金收付记账法、财产收付记账法和现金收付记账法。在计划经济时期，我国曾经采用收付记账法和增减记账法，其特点是实用性强、通俗易懂，但其在理论上有一定的缺陷，并且与国际上其他国家的记账方法不一致，无法与国际接轨。1992—1993年，我国进行了重大的会计制度改革，将我国的记账方法统一为借贷记账法，这为加强企事业单位之间的经济联系和促进顺畅的国际交往带来极大的便利。后续我们讲解过程中，都只涉及借贷复式记账法。

第二节 借贷复式记账法

【引导案例】

理解复式记账原理

小王和小刘共同拥有一家烘焙店，其生产的草莓蛋糕非常有名。由于他俩都不是会计专业出身，烘焙店规模较小也没有聘请专门的会计人员。于是他们请管理学专业毕业的店员小张代为记账。小张多年前曾经学习过基础会计课程，还记得会计等式和复式记账的记账规则，他设计了一个记录交易的系统，自认为非常有效。20×1年10月，烘焙店发生了如下经济业务。

(1) 收到面包和蛋糕的批量订单，如果发出，将收到800元现金。

(2) 定购价值3 600元的各种烘焙材料。

(3) 将面包和蛋糕等发运给顾客并收到800元现金。

(4) 收到所定购的烘焙材料，暂时未付款。

(5) 用银行存款600元支付银行的临时借款利息。

(6) 赊购4 000元的烘焙设备。

(7) 以银行存款支付烘焙材料款3 600元。

小张的系统对以上业务进行了记录，如表5-1所示。

表5-1　烘焙店日常业务记录表

资产=	负债+所有者权益	+(收入-费用)
收到蛋糕的订单应收账款+800		销售商品收入+800
订购烘焙材料现金-3 600		材料费用-3 600
收到现金+800 商品发送给顾客-800		
收到烘焙材料+3 600	应付账款+3 600	
支付银行存款-600		利息费用-600
收到烘焙设备+4 000	应付账款+4 000	
支付银行存款-3 600	应付账款-3 600	

思考题： 运用复式记账原理分析一下小张的交易系统记录得是否正确，存在哪些问题？

一、借贷复式记账法概述

借贷复式记账法最初叫意大利式借贷簿记法，是在意大利北部各城市为了适应工商业的发展需要自然而然形成的，现存反映借贷复式簿记的最早资料，是由德国史学家西夫金(Sieveking)发现的 1211 年佛罗伦萨银行家的簿记。借贷记账法早期的发展历程如图 5-2 所示。

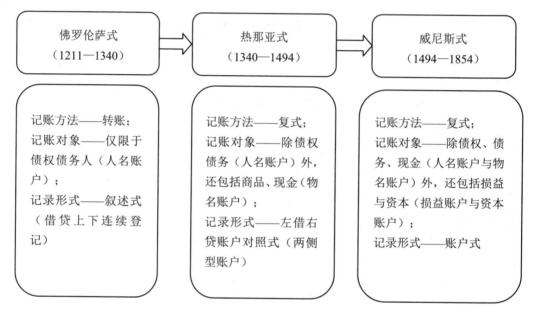

图 5-2　借贷记账法早期发展历程

可见，借贷记账法最初在欧洲得以广泛应用，后来逐渐传播到全世界。19 世纪末 20 世纪初，我国已有部分企业、商行、银行采用借贷记账法。但中华人民共和国成立后，这种记账方法没有全面开花，直到 20 世纪 90 年代的会计制度改革。目前，我国《企业会计准则》和《事业单位会计准则》等都明文规定，所有企事业单位一律采用借贷记账法来记账。

借贷记账法是全世界普遍采用的复式记账法，它以"借"和"贷"作为记账符号，以会计等式作为理论基础，以"有借必有贷，借贷必相等"作为记账规则，对每一笔经济业务都在两个或者两个以上的相互关联的账户中，作同时期、金额相等、借贷方向相反的记录。借贷记账法的核心内容包括记账符号、账户结构、记账规则、会计分录和试算平衡。

二、借贷复式记账法的记账符号

"借"和"贷"两字的含义，最初是从借贷资本家的角度来解释的。对于收进来的存款，记录在贷主(creditor)名下，表示自身债务的增加；对于借出去的款项，则记录在借主

(debtor)名下，表示自身债权的增加。这样，通过"借"和"贷"两字，就可以记录借贷资本家的债权债务及其增减变动。到了 13 世纪，随着商品经济的不断发展，经济业务种类日益繁多，借贷记账法的记账对象逐渐由原来的债权债务扩展到所有财产物资的增减变动。再后来，账户体系的设置更加全面、引入了资本和损益等账户，借贷记账法的核算内容进一步扩充，"借"和"贷"两字已经脱离了最初的含义，成了没有实际意义的记账符号。

三、借贷复式记账法的账户结构

在借贷记账法下，"借"和"贷"将每个会计账户划分为相互对立的两个方向，但不同类型的账户，哪方登记增加、哪方登记减少，取决于账户的结构。即将"借方"和"贷方"与不同类型的账户相结合，可以表示不同的意义。

(1) 每个账户中固定有借方和贷方的位置，一般是左借右贷，这两个方向是相互对立的。

(2) 对同一个账户而言，如果借方表示增加，那贷方就表示减少；如果贷方表示增加，那借方就表示减少。

(3) 账户到底哪方表示增加，与它在综合会计等式——资产+费用=负债+所有者权益+收入中的位置有关，如果与综合会计等式的左边有关，那左方、借方就是它表示增加的方向；如果与综合会计等式的右边有关，那右方、贷方就是它表示增加的方向。具体如图 5-3 所示。

(4) 如果账户期末有余额，一般在表示增加的方向上。

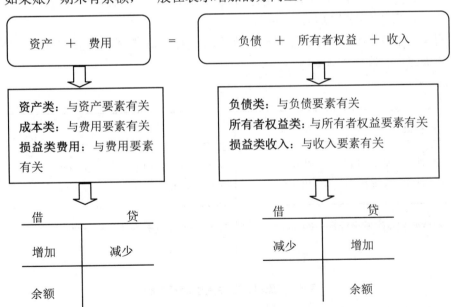

图 5-3　借贷记账法的账户结构

可以看出，这里会计账户的分类是按照经济内容的不同划分的。下面针对每一类分别介绍一下其账户的结构。

(一)资产类账户

资产类账户与综合会计等式的左边有关，左方、借方就是它的主要的位置，我们可以称之为"主位"或者"本位"，借方表示增加，贷方表示减少，如果有余额在表示增加的方向上即借方，如图5-4所示。

借方	资产类账户	贷方
期初余额　　　　　　×××		
本期借方发生额（增加）　×××	本期贷方发生额（减少）　×××	
……	……	
期末余额　　　　　　×××		

图5-4　资产类账户基本结构

资产类账户期末余额的计算公式为

期末借方余额=期初借方余额+本期借方发生额-本期贷方发生额

【例5-1】20×1年8月1日某企业结存原材料60 000元，本月5日入库30 000元，10日入库40 000元；7日生产车间领用原材料26 000元，26日领用68 000元。试通过设置原材料的T字形账户来计算其期末余额。

【解析】原材料账户是资产类账户，借方表示原材料的增加，贷方表示原材料的减少，余额在借方。答案如图5-5所示。

借方		原材料		贷方
期初余额	60 000			
本期借方发生额1	30 000	本期贷方发生额1	26 000	
本期借方发生额2	40 000	本期贷方发生额2	68 000	
本期借方发生额合计数	70 000	本期贷方发生额合计数	94 000	
期末余额	36 000			

图5-5　原材料账户发生额及余额

原材料账户期末余额=60 000+70 000-94 000=36 000(元)

(二)负债类、所有者权益类账户

资产是资金的具体存在形态，负债和所有者权益是债权人和投资者的要求权，前者位于会计等式的左边，后者位于会计等式的右边，资产和权益是对立统一的关系。所以负债类、所有者权益类账户的结构与资产类账户的结构正好相反，右方、贷方就是它主要的位置——"本位"或"主位"，贷方表示增加，借方表示减少，如果有余额在表示增加的方向上即贷方，如图5-6所示。

负债与所有者权益类账户期末余额的计算公式为

期末贷方余额=期初贷方余额+本期贷方发生额-本期借方发生额

借方	负债类、所有者权益类账户	贷方
	期初余额	×××
本期借方发生额（减少）　×××	本期贷方发生额（增加）　×××	
……	……	
	期末余额	×××

图5-6　负债类、所有者权益类账户基本结构

【例5-2】20×1年11月1日某企业应付票据期初余额50 000元，本月7日增加29 000元，23日增加24 000元；10日归还16 000元应付票据，28日归还32 000元应付票据。试通过设置应付票据的T字形账户来计算其期末余额。

【解析】应付票据是负债类账户，贷方表示应付票据的增加，借方表示应付票据的减少，余额在贷方。答案如图5-7所示。

借方	应付票据			贷方
		期初余额	50 000	
本期借方发生额1	16 000	本期贷方发生额1	29 000	
本期借方发生额2	32 000	本期贷方发生额2	24 000	
本期借方发生额合计数	48 000	本期贷方发生额合计数	53 000	
		期末余额	55 000	

图5-7　应付票据账户发生额及余额

应付票据账户期末余额=50 000+53 000-48 000=55 000(元)

(三)成本类账户

成本类账户核算的内容最终都要计入产品的生产成本或者劳务的提供成本，主要包括"生产成本""制造费用""劳务成本"等账户。对制造业企业而言，在产品生产加工的过程中，通过成本类账户来核算其发生的各种各样的生产费用，当产品完工之后，这些费用对象化到已完工的产品中去，就成为库存商品(资产)了。我们可以从两个角度来理解成本类账户的结构，一是它与综合会计等式左边的费用要素有关，所以借方是表示增加的方向；二是成本在没有完工形成产成品之前是在加工的产品，与资产的性质类似，同样借方是它的"本位"表示增加。具体来说，成本类账户的借方发生额表示在产品的生产费用不断发生和增加的过程，当产品完工，就不是"正在加工"的产品了，这时候就应该将其生产成本从贷方转出，转入"库存商品"账户的借方。如果有余额一般在借方，表示期末尚未完工产品累积的生产费用。成本类账户的基本结构如图 5-8 所示。

借方	成本类账户	贷方
期初余额　　　　×××		
本期借方发生额（增加）　×××	本期贷方发生额（减少或转出）×××	
……	……	
期末余额　　　　×××		

图 5-8　成本类账户的基本结构

成本类账户期末余额的计算公式为

期末借方余额=期初借方余额+本期借方发生额-本期贷方发生额

其中，贷方发生额主要是已经完工产品转出的生产成本。

(四)损益类收入、损益类费用账户

损益类账户是为了计算当期损益而设置的账户，具体包括损益类收入账户和损益类费用账户。收入减去费用就是利润或者亏损。为了保证每一个会计期间的收入和费用都从零开始归集计算，所有的损益类账户期末都要从相反的方向结转转出，结转之后没有余额，即损益类账户期末余额都为零。

1. 损益类收入账户

收入的增加会导致资产的增加或者负债的减少，最终导致所有者权益的增加，所以损益类收入账户与所有者权益类账户的结构类似。从另一个角度看，损益类收入账户与综合会计等式的右边有关，右方、贷方是它的"本位"，表示收入的增加，如果收入有减少或者期末结转，则是在借方。损益类收入账户期末要全部结转，转出至"本年利润"账户的贷方，所以损益类收入账户期末一般没有余额。损益类收入账户的结构如图 5-9 所示。

2. 损益类费用账户

费用的增加会导致资产的减少或者负债的增加，最终导致所有者权益的减少，所以损益类费用账户与所有者权益类账户的结构相反，与资产类账户的结构类似。从另一个角度看，损益类费用账户与综合会计等式的左边有关，左方、借方是它的"本位"，表示费用的增加或者发生，如果费用有减少或者期末结转，则是在贷方。损益类费用账户期末要全

部结转，转出至"本年利润"账户的借方，所以损益类费用账户期末一般没有余额。损益类费用账户的结构如图 5-10 所示。

借方	损益类收入账户		贷方
		期初一般无余额	
借方发生额（减少或转出）　×××		贷方发生额（增加）　×××	
……		……	
		期末一般无余额	

图 5-9　损益类收入账户的基本结构

借方	损益类费用账户		贷方
期初一般无余额			
借方发生额（增加）　×××		贷方发生额（减少或转出）　×××	
……		……	
期末一般无余额			

图 5-10　损益类费用账户的基本结构

将损益类收入账户和损益类费用账户结合起来，通过图 5-11 展示其发生和结转的全过程。如前所述，收入发生时记在账户的贷方，期末将其从借方转出，全部转入到"本年利润"账户。费用发生时记在账户的借方，期末将其从贷方转出，全部转入到"本年利润"账户。本年利润与利润要素有关，在所有权上最终属于投资者，所以是所有者权益类账户，主要核算会计主体当期的利润或者亏损，贷方表示增加，借方表示减少。因为收入会导致利润的增加，所以转入到"本年利润"账户的贷方；费用会导致利润的减少，所以转入到"本年利润"账户的借方。

假设某企业 8 月份取得收入 20 万元，发生费用 15 万元。将其全部转入到"本年利润"账户后，可计算出当月形成利润 5 万元。因 8 月初该企业"本年利润"账户期初贷方余额为 10 万元，也就是说前 7 个月累计利润是 10 万元，加上 8 月份的利润 5 万元，8 月末的期末余额是 15 万元。需要说明的是，"本年利润"账户不光可能有贷方期末余额，还可能有借方期末余额。当费用大于收入时，"本年利润"账户就会出现借方期末余额，即亏损。

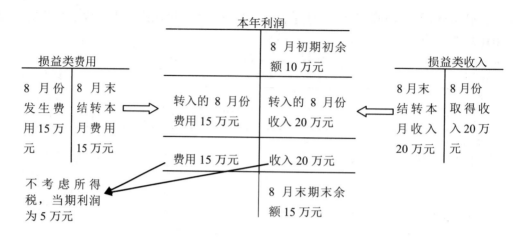

图 5-11 损益类收入、损益类费用账户及其期末结转

(五)会计账户基本结构的总结

从不同类型会计账户的基本结构中，可以总结出会计账户的借方、贷方及期末余额的特点，如表 5-2 所示。

表 5-2 借贷记账法下各类账户的结构

按经济内容分的账户类别		借 方	贷 方	余额方向
资产类		增加	减少	借方
负债类		减少	增加	贷方
所有者权益类(与所有者权益和利润要素有关的账户)		减少	增加	贷方
成本类		增加	减少或转出	借方或无余额
损益类	损益类收入	减少或转出	增加	一般无余额
	损益类费用	增加	减少或转出	一般无余额

可以看出，对每一个会计账户而言，借方可以表示资产的增加、负债和所有者权益的减少、成本费用的增加、收入的减少或者转出，贷方可以表示资产的减少、负债和所有者权益的增加、成本费用的减少或者转出、收入的增加。对期末余额而言，收入和费用类账户期末一般没有余额。其他类型的账户可以根据余额的方向来判断账户的性质。比如某会计账户若期末余额在借方，则表示资产类账户或成本类账户，即资产和在产品的实有数额；某会计账户若是期末余额在贷方，则表示负债或所有者权益类账户，即负债和所有者权益的实有数额。

四、借贷复式记账法的记账规则

记账规则是指采用某种记账方法登记具体的经济业务应该遵循的规则。借贷复式记账法的记账规则是"有借必有贷，借贷必相等"，即任何一笔经济业务活动的发生，至少会影响一个或者多个账户的借方、一个或者多个账户的贷方，影响账户的借方金额的合计数和影响账户的贷方金额的合计数是相等的。这一记账规则是在会计等式和账户结构的基础上形成的。如前所述，企业发生的各种各样的经济业务活动，对综合会计等式的影响可以分成四种类型，下面我们分别举例说明并总结在这四种类型下的记账规则。

(一)综合会计等式左右两边同增的业务

【例 5-3】 企业从银行借入 6 个月期的短期借款 6 000 元，相应账户已收到款项。

【解析】 这笔经济业务的发生，使综合会计等式左边的资产和右边的负债同时增加。资产中的银行存款增加，负债中的短期借款增加。按照借贷复式记账法下的账户结构，资产增加记入表示增加的方向上即借方，负债增加记入表示增加的方向上即贷方。其账户记录如图 5-12 所示。

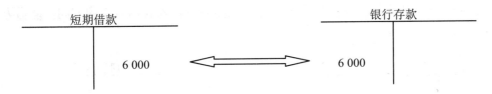

图 5-12　例 5-3 的账户记录

【例 5-4】 企业销售一批价值 120 000 元的商品，款项尚未收到。

【解析】 这笔经济业务的发生，使综合会计等式左边的资产和右边的收入同时增加。资产中的应收账款增加，收入中的主营业务收入增加。按照借贷复式记账法下的账户结构，资产增加记入表示增加的方向上即借方，收入增加记入表示增加的方向上即贷方。其账户记录如图 5-13 所示。

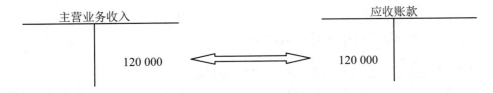

图 5-13　例 5-4 的账户记录

总结得出，只要是经济业务活动导致综合会计等式左右同增，那左边增加即资产或者成本费用增加，记录在表示增加的方向上即借方；右边增加即负债、所有者权益或者收入增加，记录在表示增加的方向上即贷方。显然这类经济业务既影响了某些账户的借方，又影响了某些账户的贷方，符合"有借必有贷"，根据复式记账的定义在金额上借贷方也是相等的，符合"借贷必相等"。

(二)综合会计等式左右两边同减的业务

【例 5-5】 企业用银行存款归还联营到期的投资 100 000 元。

【解析】 这笔经济业务的发生，使综合会计等式左边的资产和右边的所有者权益同时减少。资产中的银行存款减少，所有者权益中的实收资本减少。按照借贷复式记账法下的账户结构，资产减少记入表示减少的方向上即贷方，所有者权益减少记入表示减少的方向上即借方。其账户记录如图 5-14 所示。

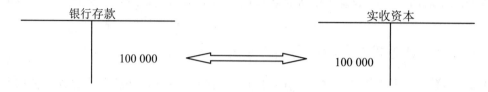

图 5-14　例 5-5 的账户记录

【例 5-6】 企业用银行存款 42 000 元支付前期未付的职工工资。

【解析】 这笔经济业务的发生，使综合会计等式左边的资产和右边的负债同时减少。资产中的银行存款减少，负债中的应付职工薪酬减少。按照借贷复式记账法下的账户结构，资产减少记入表示减少的方向上即贷方，负债减少记入表示减少的方向上即借方。其账户记录如图 5-15 所示。

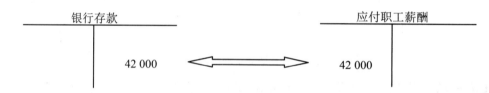

图 5-15　例 5-6 的账户记录

　　总结得出，只要是经济业务活动导致综合会计等式左右同减，那左边减少即资产或者成本费用减少，记录在表示减少的方向上即贷方；右边减少即负债、所有者权益或者收入减少，记录在表示减少的方向上即借方。显然这类经济业务既影响了某些账户的借方，又影响了某些账户的贷方，符合"有借必有贷，借贷必相等"。

(三)综合会计等式左边有增有减的业务

【例 5-7】 企业用现金支付管理部门水电费 200 元。

【解析】 这笔经济业务的发生，使综合会计等式左边有增有减。资产中的库存现金减少，费用中的管理费用增加。按照借贷复式记账法下的账户结构，资产减少记入表示减少的方向上即贷方，费用增加记入表示增加的方向上即借方。其账户记录如图 5-16 所示。

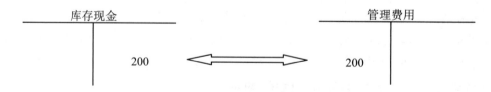

图 5-16　例 5-7 的账户记录

【例 5-8】 生产车间领用原材料 3 000 元，用于产品的生产。

【解析】 这笔经济业务的发生，使综合会计等式左边有增有减。资产中的原材料减少，成本有关的生产成本增加。按照借贷复式记账法下的账户结构，资产减少记入表示减少的方向上即贷方，成本增加记入表示增加的方向上即借方。其账户记录如图 5-17 所示。

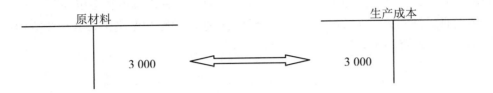

图 5-17　例 5-8 的账户记录

总结得出，只要是经济业务活动导致综合会计等式左边有增有减，那左边减少即资产或者成本费用减少，记录在表示减少的方向上即贷方；左边增加即另一项资产或者成本费用增加，记录在表示增加的方向上即借方。显然这类经济业务既影响了某些账户的借方，又影响了某些账户的贷方，符合"有借必有贷，借贷必相等"。

(四)综合会计等式右边有增有减的业务

【例 5-9】经协商，某企业将借给本企业的长期借款 200 000 元转做投资。

【解析】这笔经济业务的发生，使综合会计等式右边有增有减。负债中的长期借款减少，所有者权益中的实收资本增加。按照借贷复式记账法下的账户结构，负债减少记入表示减少的方向上即借方，所有者权益增加记入表示增加的方向上即贷方。其账户记录如图 5-18 所示。

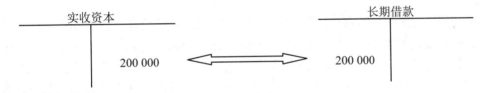

图 5-18　例 5-9 的账户记录

【例 5-10】期末将本期实现的主营业务收入 150 000 元转入本年利润。

【解析】这笔经济业务的发生，使综合会计等式右边有增有减。收入中的主营业务收入减少(或转出)，所有者权益(包括形成的利润)中的本年利润增加。按照借贷复式记账法下的账户结构，收入减少记入表示减少的方向上即借方，所有者权益增加记入表示增加的方向上即贷方。其账户记录如图 5-19 所示。

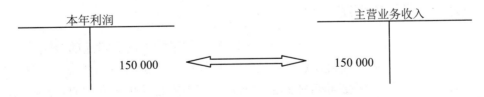

图 5-19　例 5-10 的账户记录

总结得出，只要是经济业务活动导致综合会计等式右边有增有减，那右边减少即负债、所有者权益或收入减少，记录在表示减少的方向上即借方；右边增加即另一项负债、所有者权益或收入增加，记录在表示增加的方向上即贷方。显然这类经济业务既影响了某些账户的借方，又影响了某些账户的贷方，符合"有借必有贷，借贷必相等"。

上述四种经济业务活动的发生，在借贷复式记账法的账户结构下，其记账规则都符合"有借必有贷，借贷必相等"，如图 5-20 所示。

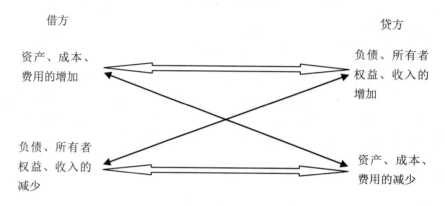

图 5-20　借贷复式记账法的记账规则

五、借贷复式记账法的会计分录

(一)账户的对应关系

由借贷复式记账法的记账规则可知，任何一笔经济业务活动的影响都至少是借方和贷方两方面的。这时候就会在借方账户和贷方账户之间形成一定的对应关系，比如在例 5-8 中，原材料和生产成本之间就因为这笔业务的发生产生了一定的应借、应贷的相互对应关系，形成对应关系的账户叫对应账户。当经济业务发生后，会计人员必须认真分析其对会计等式、会计要素、会计账户的影响，确定正确的具有对应关系的对应账户及其借贷方向和金额。根据账户的对应关系可以了解经济业务的来龙去脉、检查账目的正确性并加强会计监督。

在实际工作中，通常以会计分录的形式来表示账户之间的对应关系。所谓会计分录，是指明某项经济业务应借、应贷账户的名称、方向及其金额的一种记录。会计人员的日常工作之一就是根据原始凭证上记载的经济业务来编制会计分录。

(二)会计分录及其编制

会计分录必须具备三个要素，即账户名称、账户的借贷方向和对应的金额，三者缺一不可。初学者在运用借贷复式记账原理编制会计分录时，可以遵循如下步骤：①分析经济业务影响的会计等式、会计要素和具体的会计账户；②确定会计账户变动的方向，是增加还是减少；③根据账户的结构，分析每个会计账户应该记录在借方还是贷方，记录的金额是多少；④在以上分析的基础上，编制包括记账方向、账户的名称、记账金额的会计分录。

【例 5-11】企业接受某单位投入的一台机器设备价值 100 000 元，已办理完相应的手续。分析这笔业务的影响并编制会计分录。

【解析】企业接受投资，会计等式左右两边同时增加，即资产和所有者权益同时增加，资产中的固定资产增加、所有者权益中的实收资本增加。资产增加记入表示增加的方向上即借方，所有者权益增加同样也记入表示增加的方向上即贷方。总之，这笔业务影响的两个账户是"固定资产"和"实收资本"，方向分别是借方和贷方，金额是 100 000元。具体分析过程如图 5-21 所示。

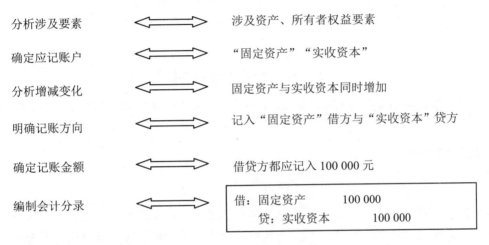

图 5-21 例 5-11 的分析过程

下面具体来解释一下这个会计分录的内容和格式。在编制会计分录时，应该先记借方再记贷方，借方在上面贷方在下面，即"先借后贷""上借下贷"。贷方的记账符号在借方记账符号的基础上往右错开一到两个格，即"左借右贷"。相应地，贷方对应的账户名称和金额也往右错开同样的距离。我们举的例子大多数是只有一个借方账户和一个贷方账户，实际上，经济业务的影响可以是"一借一贷"，也可能是"一借多贷""多借一贷"或"多借多贷"。当发生借方或者贷方不只影响一个账户的经济业务时，会计分录的格式也不变。

假设某企业购买原材料价值 100 000 元，其中 98 000 元用银行存款支付，2 000 元用现金支付，这时借方只涉及原材料账户，贷方同时影响了"银行存款"和"库存现金"账户。在书写会计分录时，这两个贷方账户和贷方金额是在同一列上的，即"库存现金"和"银行存款"在同一列上(首字对齐)，2 000 和 98 000 在同一列上(个位对齐)。但贷方与借方账户和金额相比还是向右错开的，如图 5-22 所示。

应当指出，在日常教学过程中，会计分录是反映经济业务活动影响的一种专门的记录，在编制会计分录之后，将其借贷方的影响记入"T"字形账户，这实际上是会计人员实务工作的一种模拟和简化。真正的会计工作中，会计人员一般是先审核经济业务对应的原始凭证，审核无误后在记账凭证中编制会计分录。然后再经过过账的步骤，将每一项经济业务涉及的借方和贷方发生额，根据记账凭证中登记的内容分别记入会计账簿里开设的相应账户中去。

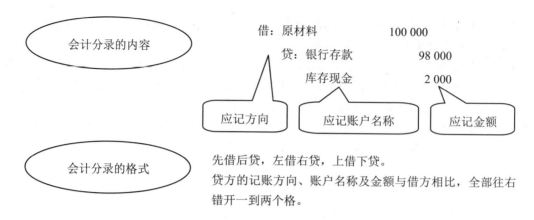

图 5-22　会计分录的内容和格式

六、借贷复式记账法的试算平衡

【引导案例】

试算平衡就真"平衡"了吗？

小王考入某综合性大学的会计专业，现在已经是大四了，所有的专业课都学习完成。最近学校要求她们找单位实习，小王就联系了一家公司顶岗实习。正式上班的第一天，会计科长让她先编制一下试算平衡表。小王拿着企业的总分类账簿，开始编制总分类账户发生额和余额试算平衡表，经过一上午的努力，她终于完成了工作，三组数字是平衡的。正当她拿着平衡表去向科长交差的时候，会计员小李走过来说："这里还有一笔业务没有登记上去呢，另外，另一笔业务的借方账户用错了，需要马上改过来。"小王非常疑惑，自己编制的平衡表明明显示三组数据两两平衡，怎么还会有错账呢？

思考题：谈谈什么是试算平衡，试算平衡工作该如何进行？试算平衡的结果如果是平衡的/不平衡的，分别代表什么意思？试算平衡能够检查的错误和不能检查的错误分别有哪些？

(一)试算平衡概述

会计主体日常的经济业务纷繁复杂，会计人员处理经济业务时也可能犯各种各样的错误，不能保证日常记录的万无一失，这时候可以借助试算平衡来检查记账是否有误。所谓试算平衡，是根据借贷复式记账法的记账规则和静态会计等式，通过对所有账户的发生额和余额进行汇总计算和比较，来检查日常记录是否正确的一种方法。此处的试算平衡，特指全部总分类账户的试算平衡，具体包括发生额试算平衡和余额试算平衡，详细内容如下。

发生额试算平衡 ｛ 理论基础："有借必有贷，借贷必相等"的记账规则

计算公式：全部账户本期借方发生额合计数=全部账户本期贷方发生额合计数

余额试算平衡 { 理论基础：资产＝负债＋所有者权益

计算公式：全部账户期初(末)借方余额合计数＝全部账户期初(末)贷方余额合计数

对于发生额试算平衡，其理论基础是借贷记账法下的记账规则。因为每一笔经济业务，都按"有借必有贷，借贷必相等"的记账规则记入相关的借方和贷方账户，记入借方的金额和记入贷方的金额是相等的。当所有的经济业务发生并记录之后，每一笔借贷方的平衡会带来汇总金额的平衡，即全部账户借方发生额合计数必然等于贷方发生额合计数。

对于余额试算平衡，其理论基础是静态会计等式。如前所述，当一个会计期间结束时，期末余额在借方的是资产或未完工的资产("生产成本"账户记录的在产品)，表示期末资产总额；期末余额在贷方的是负债或者所有者权益，表示期末权益总额。因资产等于权益，因而所有账户的借方余额合计数(即资产额)应与所有账户的贷方余额合计数(即权益额)相等。

期末，企业可以通过编制总分类账户发生额和余额试算平衡表(见表 5-3)的方式进行试算平衡，最左边一列是企业总分类账簿中设置的会计账户，按资产、负债、所有者权益的顺序排列。损益类账户期末要从相反的方向转出，结转之后没有余额，自然就是平衡的，一般无须列在其中。表格中需要的所有的数据都来源于会计账簿，找到相应会计账户在账簿中的位置，计算其发生额和余额并填列在表中，计算三组合计数，看其是否平衡。

表5-3 总分类账户发生额及余额试算平衡表

单位：元

会计账户	期初余额		本期发生额		期末余额	
	借 方	贷 方	借 方	贷 方	借 方	贷 方
合计数						

必须指出，试算平衡是在"有借必有贷，借贷必相等"的记账规则基础上进行的。但有些错误不会影响借方和贷方的平衡关系，因此就无法通过试算平衡的方式检验出来。即，如果试算结果不平衡那一定有误，但如果试算结果平衡也不一定无误。试算平衡无法检验的错误包括：借贷方全部重记或者漏记，借贷方一方或者两方的会计账户用错，或者借贷方的记账方向颠倒，或者借贷方全部多记或少记相同的金额。当这些错误发生时，仍然不影响试算结果的借贷平衡关系，自然不能检验出来。试算平衡可以检验的错误包括：借方或者贷方一方记录另一方漏记，借方或者贷方都记录了但金额数不相同等。

(二)试算平衡实例

【例 5-12】东方公司20××年10月初有关账户余额如表5-4所示。

表5-4　东方公司20××年10月初账户余额

单位：元

账户名称	期初余额	账户名称	期初余额
库存现金	6 000	固定资产	200 000
银行存款	68 000	短期借款	38 000
原材料	18 000	应付账款	34 000
生产成本	10 000	实收资本	180 000
库存商品	32 000	资本公积	82 000
合　计	334 000	合　计	334 000

假设，东方公司10月份发生下列经济业务。(不考虑税费)

(1) 购买原材料32 000元，其中18 000元用银行存款支付，其余14 000元货款暂欠，已收到材料并验收入库。

(2) 从银行借入短期借款30 000元，收到相应款项存入银行。

(3) 经协商，接受南海公司投入一台设备价值80 000元，已办理相关手续。

(4) 将资本公积金20 000元按法定程序转增资本。

(5) 以银行存款28 000元偿还短期借款15 000元和前欠某单位货款13 000元。

(6) 将现金2 000元送存银行。

(7) 领用原材料30 000元，用于产品的生产。

(8) 期末完工产品20 000元验收入库。

要求：根据上述资料，计算每一个总分类账户的发生额和余额，编制试算平衡表并进行分析。

【解析】编制试算平衡表的基本步骤如下。

(1) 根据表5-4中的会计账户开设"T"字形账户并登记期初余额。

(2) 基于东方公司10月份发生的经济业务，编制会计分录。

(3) 根据会计分录的借方和贷方账户及金额，将其全部登记到"T"字形账户中；计算每个"T"字形账户的发生额和余额。

(4) 编制总分类账户发生额和余额试算平衡表。

根据上述步骤具体分析如下。

(1) 第(1)步省略，和第(3)步一起分析。

(2) 编制的会计分录如下。

① 借：原材料　　　　　　　　　　　　　32 000
　　　贷：银行存款　　　　　　　　　　　　　18 000
　　　　　应付账款　　　　　　　　　　　　　14 000

② 借：银行存款　　　　　　　　　　　　30 000
　　　贷：短期借款　　　　　　　　　　　　　30 000

③ 借：固定资产　　　　　　　　　　　　80 000
　　　贷：实收资本　　　　　　　　　　　　　80 000

④ 借：资本公积　　　　　　　　　　　　　　20 000
　　　贷：实收资本　　　　　　　　　　　　　　　20 000
⑤ 借：短期借款　　　　　　　　　　　　　　15 000
　　　应付账款　　　　　　　　　　　　　　13 000
　　　贷：银行存款　　　　　　　　　　　　　　　28 000
⑥ 借：银行存款　　　　　　　　　　　　　　2 000
　　　贷：库存现金　　　　　　　　　　　　　　　2 000
⑦ 借：生产成本　　　　　　　　　　　　　　30 000
　　　贷：原材料　　　　　　　　　　　　　　　　30 000
⑧ 借：库存商品　　　　　　　　　　　　　　20 000
　　　贷：生产成本　　　　　　　　　　　　　　　20 000

(3) 将会计分录记入有关总分类账户，计算发生额和余额，如图5-23所示。

借方	库存现金		贷方
期初余额　6 000			
		⑥	2 000
本期发生额　　0		本期发生额　2 000	
期末余额　4 000			

借方	银行存款		贷方
期初余额　68 000			
②	30 000	①	18 000
⑥	2 000	⑤	28 000
本期发生额　32 000		本期发生额　46 000	
期末余额　54 000			

借方	原材料		贷方
期初余额　18 000			
①	32 000	⑦	30 000
本期发生额　32 000		本期发生额　30 000	
期末余额　20 000			

借方	生产成本		贷方
期初余额　10 000			
⑦	30 000	⑧	20 000
本期发生额　30 000		本期发生额　20 000	
期末余额　20 000			

借方	库存商品		贷方
期初余额　32 000			
⑧	20 000		
本期发生额　20 000		本期发生额　　0	
期末余额　52 000			

借方	固定资产		贷方
期初余额　200 000			
③	80 000		
本期发生额　80 000		本期发生额　　0	
期末余额　280 000			

图5-23　开设及登记"T"字形账户

借方	短期借款	贷方		借方	应付账款	贷方
	期初余额	38 000			期初余额	34 000
⑤ 15 000	②	30 000		⑤ 13 000	①	14 000
本期发生额 15 000	本期发生额	30 000		本期发生额 13 000	本期发生额	14 000
	期末余额	53 000			期末余额	35 000

借方	实收资本	贷方		借方	资本公积	贷方
	期初余额	180 000			期初余额	82 000
	③	80 000		④ 20 000		
	④	20 000				
本期发生额 0	本期发生额	100 000		本期发生额 20 000	本期发生额	0
	期末余额	280 000			期末余额	62 000

图 5-23　开设及登记"T"字形账户(续)

(4) 编制总分类账户发生额及余额试算平衡表，如表 5-5 所示。

表 5-5　东方公司总分类账户发生额及余额试算平衡表

单位：元

会计账户	期初余额		本期发生额		期末余额	
	借　方	贷　方	借　方	贷　方	借　方	贷　方
库存现金	6 000		0	2 000	4 000	
银行存款	68 000		32 000	46 000	54 000	
原材料	18 000		32 000	30 000	20 000	
生产成本	10 000		30 000	20 000	20 000	
库存商品	32 000		20 000	0	52 000	
固定资产	200 000		80 000	0	280 000	
短期借款		38 000	15 000	30 000		53 000
应付账款		34 000	13 000	14 000		35 000
实收资本		180 000	0	100 000		280 000
资本公积		82 000	20 000	0		62 000
合计数	334 000	334 000	242 000	242 000	430 000	430 000

可以看出，三组数据是两两平衡的结果，说明通过试算平衡这个环节，没有发现记账错误。

第三节 平 行 登 记

一、平行登记的概念及规则

(一)平行登记的概念

如前所述,总分类账户提供的是总括核算资料,我们日常核算所使用的银行存款、短期借款、应付账款、主营业务收入、本年利润等都是总分类账户。但企业内部如果只对原材料或者固定资产等的总金额变动进行记录,显然无法进行有效的细化管理。因此,为了满足经济管理的需要,必须同时设置明细分类账户。在总分类账户的统驭和控制下,明细分类账户可以用来提供详细具体的辅助信息。例如,按照固定资产的类别分别设置厂房、运输工具、机器设备等明细分类账户,或者按销售产品的类别分别设置主营业务收入的明细分类账户。通过明细分类账户,不但提供价值量的信息,还可以提供有关数量和单价等的信息。两者提供的核算资料互相补充,才能既总括又详细地反映同一核算内容。会计人员在日常工作中,在经济业务发生后,既要在有关的总账账户中进行登记,又要在其所属的明细分类账户中进行登记的做法,就是总分类账户和明细分类账户的平行登记。

(二)平行登记的规则

凡在总分类账户下设有明细分类账户的,对同一笔经济业务,要根据同一系列的会计凭证,以相同的内容既记入有关总分类账户,又记入所属明细分类账户。因记录的是同一笔经济业务,所以要在同一会计期间完成,记录在总账账户和明细分类账户中的方向也是一致的。同时,记入某一总分类账户的金额必须与记入其所属的几个明细分类账户的金额合计数相等。由此可知,平行登记的规则是同内容、同期间、同方向、等金额,如图 5-24 所示。比如,东方公司固定资产期初余额为 100 万元,其中机器设备 30 万元,厂房 60 万元,运输工具 10 万元。某年 10 月份,该公司购入设备一台价值 5 万元,运输汽车一辆价值 10 万元,则其需要在当月,根据会计凭证分别在“固定资产”总分类账户中登记增加 5 万元和 10 万元,同时在“机器设备”明细分类账户中登记增加 5 万元,“运输工具”明细分类账户中登记增加 10 万元。因固定资产总账和明细账都属于资产类账户,所以其登记增加的方向是一致的。从登记的金额来看,总账共登记 15 万元,等于明细账中登记的 5 万元和 10 万元之和。这显然符合平行登记的规则。

因为总账和明细账之间存在着数量上的合计关系。显而易见:

总账期初(末)余额=所属明细账期初(末)余额之和

总账借(贷)方发生额=所属明细账借(贷)方发生额之和

期末,为了验证总账与明细账的登记是否正确,可以根据两者的数量关系编制总账与明细账的试算平衡表。该表既可以起到检验的作用,也可以作为编制会计报表的依据。需要说明的是,这个试算平衡与总分类账户的试算平衡不是一回事,两者可以相互补充。

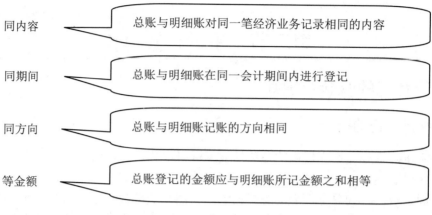

同内容	总账与明细账对同一笔经济业务记录相同的内容
同期间	总账与明细账在同一会计期间内进行登记
同方向	总账与明细账记账的方向相同
等金额	总账登记的金额应与明细账所记金额之和相等

图 5-24 平行登记的规则

二、平行登记的具体应用实例

下面分别以"原材料"和"应付账款"账户为例，说明总分类账户和明细分类账户的平行登记。

【例 5-13】已知南丰公司"原材料"和"应付账款"总账账户和明细分类账户期初余额如下所示。

南丰公司"原材料"总分类账户所属明细分类账户的期初余额为

H 材料	共计 18 000 元
Y 材料	共计 6 000 元
合　计	24 000 元

南丰公司"应付账款"总分类账户所属明细分类账户的期初余额为

东方公司	共计 90 000 元
南天公司	共计 60 000 元
合计	150 000 元

南丰公司本月发生如下经济业务。

(1) 从东方公司购入办公设备一批，价值 150 000 元，货款尚未支付。

(2) 从南天公司购入材料一批，共计 54 000 元。其中 H 材料 30 000 元，Y 材料 24 000 元；H 材料货款暂未支付，Y 材料货款已用银行存款支付。

(3) 用银行存款偿还东方公司款项 180 000 元。

(4) 用银行存款偿还南天公司款项 78 000 元。

(5) 发出 H 材料 26 000 元，Y 材料 18 000 元用于产品生产。

要求：

(1) 开设并登记"原材料""应付账款"总分类账户和明细分类账户(开设"T"字形账户即可)，其他涉及的账户略去。

(2) 对每一笔经济业务编制会计分录并登记到相应的账户中。

(3) 根据"原材料""应付账款"总分类账户和明细分类账户的发生额和余额，编制"总分类账户与明细分类账发生额及余额试算平衡表"，并解释试算的结果。

【解析】根据要求以"T"字形账户的形式设置"原材料""应付账款"总分类账户和明细分类账户(限于篇幅，略去，与本题目第三部分合并一起展示)。

对于上述经济业务，编制会计分录如下。

(1) 借：固定资产　　　　　　　　　　　　　　150 000
　　　　贷：应付账款——东方公司　　　　　　　　　150 000

(2) 借：原材料——H 材料　　　　　　　　　　30 000
　　　　　　　——Y 材料　　　　　　　　　　24 000
　　　　贷：应付账款——南天公司　　　　　　　　　30 000
　　　　　　银行存款　　　　　　　　　　　　　　24 000

(3) 借：应付账款——东方公司　　　　　　　　180 000
　　　　贷：银行存款　　　　　　　　　　　　　　180 000

(4) 借：应付账款——南天公司　　　　　　　　78 000
　　　　贷：银行存款　　　　　　　　　　　　　　78 000

(5) 借：生产成本　　　　　　　　　　　　　　44 000
　　　　贷：原材料——H 材料　　　　　　　　　　26 000
　　　　　　　　——Y 材料　　　　　　　　　　18 000

将这五笔经济业务涉及的会计账户分别计入相应的"T"字形账户中，如图 5-25～图 5-30 所示。

借方		原材料		贷方
期初余额	24 000			
(2)本期借方发生额	54 000	(5)本期贷方发生额		44 000
本月借方合计数	54 000	本月贷方合计数		44 000
期末余额	34 000			

图 5-25　"原材料"总分类账户

借方		H 材料		贷方
期初余额	18 000			
(2)本期借方发生额	30 000	(5)本期贷方发生额		26 000
本月借方合计数	30 000	本月贷方合计数		26 000
期末余额	22 000			

图 5-26　"原材料——H 材料"明细分类账户

借方		Y 材料	贷方	
期初余额	6 000			
(2)本期借方发生额	24 000	(5)本期贷方发生额	18 000	
本月借方合计数	24 000	本月贷方合计数	18 000	
期末余额	12 000			

图 5-27　"原材料——Y 材料"明细分类账户

借方		应付账款	贷方	
		期初余额	150 000	
(3)本期借方发生额	180 000	(1)本期贷方发生额	150 000	
(4)本期借方发生额	78 000	(2)本期贷方发生额	30 000	
本月借方合计数	258 000	本月贷方合计数	180 000	
		期末余额	72 000	

图 5-28　"应付账款"总分类账户

借方		东方公司	贷方	
		期初余额	90 000	
(3)本期借方发生额	180 000	(1)本期贷方发生额	150 000	
本月借方合计数	180 000	本月贷方合计数	150 000	
		期末余额	60 000	

图 5-29　"应付账款——东方公司"明细分类账户

借方		南天公司	贷方
		期初余额	60 000
(4)本期借方发生额	78 000	(2)本期贷方发生额	30 000
本月借方合计数	78 000	本月贷方合计数	30 000
		期末余额	12 000

图 5-30 "应付账款——南天公司"明细分类账户

根据上述账户登记的内容，可知南丰公司"原材料"总分类账户所属明细分类账户的期末余额为：

H 材料	共计 22 000 元
Y 材料	共计 12 000 元
合计	34 000 元

南丰公司"应付账款"总分类账户所属明细分类账户的期末余额为：

东方公司	共计 60 000 元
南天公司	共计 12 000 元
合计	72 000 元

编制总分类账户与明细分类账户发生额及余额试算平衡表如表 5-6 所示。可以看出，试算结果是平衡的，说明通过这个环节没有发现记账错误。

表 5-6 总分类账与明细分类账发生额及余额试算平衡表

单位：元

账户名称	期初余额		本期发生额		期末余额	
	借 方	贷 方	借 方	贷 方	借 方	贷 方
"原材料"总账	24 000		54 000	44 000	34 000	
"原材料"明细账合计	24 000		54 000	44 000	34 000	
H 材料	18 000		30 000	26 000	22 000	
Y 材料	6 000		24 000	18 000	12 000	
"应付账款"总账		150 000	258 000	180 000		72 000
"应付账款"明细账合计		150 000	258 000	180 000		72 000
东方公司		90 000	180 000	150 000		60 000
南天公司		60 000	78 000	30 000		12 000

本 章 小 结

(1) 记账方法是根据一定的记账原理、记账符号和记账规则，利用文字和数字在账簿中记录经济业务的技术方法，包括单式记账法和复式记账法。

(2) 会计等式是复式记账法的理论基础，复式记账法是会计等式保持稳定平衡关系的保证。复式记账法的种类很多，主要有借贷记账法、增减记账法和收付记账法等。目前我国采用的记账方法是借贷记账法。

(3) 借贷记账法是全世界普遍采用的复式记账法，它以"借"和"贷"作为记账符号，以会计等式作为理论基础，以"有借必有贷，借贷必相等"作为记账规则，对每一笔经济业务都在两个或者两个以上的相互关联的账户中，作同时期、金额相等、借贷方向相反的记录。借贷记账法的核心内容包括记账符号、账户结构、记账规则、会计分录和试算平衡。

(4) 借贷记账法的记账符号"借"和"贷"两字，并没有实际的经济意义。

(5) 账户的结构与它在综合会计等式——资产+费用=负债+所有者权益+收入中的位置有关，如果与综合会计等式的左边有关，那左方、借方就是它表示增加的方向；如果与综合会计等式的右边有关，那右方、贷方就是它表示增加的方向；账户期末余额一般放在表示增加的方向上。

(6) 借贷复式记账法的记账规则是"有借必有贷，借贷必相等"，即任何一笔经济业务活动的发生，至少会影响一个或者多个账户的借方、一个或者多个账户的贷方，影响账户的借方金额的合计数和影响账户的贷方金额的合计数是相同的。

(7) 任何一笔经济业务活动的影响都至少是借方和贷方两方面的，这时候就会在借方账户和贷方账户之间形成一定的对应关系，具有对应关系的账户叫对应账户。会计分录，是指明某项经济业务应借、应贷账户的名称、方向及其金额的一种记录。

(8) 试算平衡，是根据借贷复式记账法的记账规则和静态会计等式，通过对所有账户的发生额和余额进行汇总计算和比较，来检查日常记录是否正确的一种方法，具体包括发生额试算平衡和余额试算平衡。如果试算结果不平衡那一定有误，但如果试算结果平衡也不一定无误。

(9) 会计人员在日常工作中，在经济业务发生后，既要在有关的总账账户中进行登记，又要在其所属的明细分类账户登记的做法，就是总分类账户和明细分类账户的平行登记。平行登记的规则是同内容、同期间、同方向、等金额。

复习与思考题

1. 什么是单式记账法？什么是复式记账法？两者有哪些联系和区别？

2. 为什么说会计等式是复式记账法的理论基础？

3. 试述借贷复式记账原理及其主要内容。

4. 借贷复式记账法的记账规则是怎样的？试举例说明。

5. 借贷复式记账法的账户结构是怎样的？怎样计算会计账户的期末余额？

6. 如何理解账户之间的对应关系？

7. 举例说明会计分录的内容和格式。

8. 总分类账户的试算平衡包括哪些内容？

9. 什么是平行登记？平行登记有哪些规则？

10. 损益类账户的期末余额有何特点？为什么？

单项选择题

1. 编制会计分录时，对任何一笔经济业务登记的账户数量应是（ ）。

    A. 仅为一个   B. 最多两个   C. 仅为两个   D. 两个或两个以上

2. 存在对应关系的账户称为（ ）。

    A. 一级账户   B. 对应账户   C. 总分类账户   D. 明细分类账户

3. 在借贷记账法下，资产类账户的期末余额等于（ ）。

    A. 期初贷方余额＋本期贷方发生额－本期借方发生额

    B. 期初借方余额＋本期贷方发生额－本期借方发生额

    C. 期初借方余额＋本期借方发生额－本期贷方发生额

    D. 期初贷方余额＋本期借方发生额－本期贷方发生额

4. 在借贷记账法下，总分类账户的发生额试算平衡公式是（ ）。

    A. 每个账户的借方发生额＝每个账户的贷方发生额

    B. 全部账户本期借方发生额合计＝全部账户本期贷方发生额合计

    C. 全部账户期末借方余额合计＝全部账户期末贷方余额合计

    D. 总分类账户发生额合计数＝所属明细账户发生额合计数

5. 关于明细分类账户，以下说法中不正确的是（ ）。

    A. 明细分类账户是根据明细分类科目开设的

    B. 明细分类账户是进行明细分类核算的依据

    C. 明细分类账户就是二级账户

    D. 明细分类账户提供详细具体的指标

6. 以下账户期末余额一般在借方的是（ ）。

    A. 负债类账户   B. 所有者权益类账户

    C. 成本类账户   D. 损益类收入账户

7. 关于复式记账法的优越性，以下说法错误的是（ ）。

    A. 设置的账户体系非常全面   B. 可以进行试算平衡

    C. 可以计算当期损益   D. 只包括借贷复式记账法

8. 以下各项中，通过试算平衡可以发现的错误有（ ）。

    A. 漏记或重记某项经济业务   B. 方向正确但一方金额少记

    C. 借贷记账方向彼此颠倒   D. 方向正确但记错账户

9. 总分类账户与明细分类账户平行登记的规则不包括（ ）。

    A. 登记的内容相同   B. 登记的期间相同

C. 登记的方向相同　　　　D. 总账登记金额应与明细账所记金额之和相等

E. 同一会计人员登记

10. 以下关于借贷记账法下的账户结构的说法，不正确的是(　　)。

A. 损益类账户期末一般没有余额

B. 负债类账户期末余额一般在贷方

C. 费用类账户期末余额在借方

D. 资产类账户和成本类账户都在同一方向表示增加

11. 借贷记账法下的"贷方"，一般表示(　　)。

A. 资产的增加　　　　　　　B. 所有者权益的增加

C. 费用的增加　　　　　　　D. 成本的增加

12. 关于会计分录，错误的是(　　)。

A. 左借右贷　　　　　　　　B. 简单会计分录只能是一借一贷

C. 复合会计分录必须是多借多贷　D. 先借后贷

13. 下列账户中，期末一般无余额的账户是(　　)。

A. "在建工程"　　　B. "应付账款"　　　C. "销售费用"　　　D. "资本公积"

综 合 题

1. 请将正确的数字填入表 5-7 的括号内。

表 5-7　某企业部分账户期初余额、期末余额及本期发生额

单位：元

会计账户	期初余额		本期发生额		期末余额	
	借　方	贷　方	借　方	贷　方	借　方	贷　方
银行存款	(　)		45 000	28 000	66 000	
在途物资	48 000		30 000	16 000	(　)	
原材料	32 000		(　)	20 000	28 000	
长期股权投资	100 000		150 000	(　)	120 000	
固定资产	180 000		42 000	0	(　)	
长期借款		66 000	(　)	34 000		22 000
应付账款		22 000	(　)	85 000		72 000
实收资本		580 000	0	37 000		(　)

2. 丰达公司本月初有关总分类账户的余额如表 5-8 所示。

该公司本月发生如下经济业务。

(1) 收到某公司投入专利技术一项价值 40 000 元，投入原材料一批价值 10 000 元。

(2) 企业购入设备一台，买价 20 000 元，运杂费 400 元。全部款项尚未支付。

(3) 购入材料一批，买价 20 000 元，货款以银行存款支付。

(4) 现金 2 000 元送存银行。

表 5-8　丰达公司月初账户余额

单位：元

账户名称	期初余额	账户名称	期初余额
库存现金	6 000	应付账款	70 000
银行存款	120 000	应付职工薪酬	30 000
原材料	34 000	长期借款	80 000
固定资产	420 000	实收资本	486 000
无形资产	40 000	主营业务收入	0
应收账款	6 000	主营业务成本	0
生产成本	20 000	财务费用	0
库存商品	20 000	本年利润	0

(5) 用银行存款 6 000 元偿还应付账款，以银行存款 20 000 元支付应付职工薪酬。

(6) 生产产品领用材料一批，价值 10 000 元。

(7) 用银行存款 30 000 元偿还长期借款。

(8) 销售商品一批，售价 30 000 元，款项尚未收到。

(9) 以银行存款 2 000 元支付当月借款利息费用。

(10) 结转已售出产品生产成本 15 000 元。

(11) 期末结转损益类账户。

已知，题目中未提到的会计账户和经济业务不用考虑。要求：

(1) 根据所给经济业务编制会计分录。

(2) 根据表 5-8 开设并登记有关总分类账户("T"字形账户即可)，计算其发生额和余额。

(3) 根据账户的登记结果编制"总分类账户发生额及余额试算平衡表"，并解释试算的结果。

3. 全金公司"原材料"和"应付账款"总分类账户和明细分类账户期初余额如下所示。

全金公司"原材料"总分类账户所属明细分类账户的期初余额为

　　A 材料　　　　共计 26 000 元

　　B 材料　　　　共计 15 000 元

　　合　计　　　　　　41 000 元

全金公司"应付账款"总分类账户所属明细分类账户的期初余额为

　　甲公司　　　　共计 120 000 元

　　乙公司　　　　共计 168 000 元

　　合计　　　　　288 000 元

全金公司本月发生如下经济业务。

(1) 从甲公司购入材料一批。其中，A 材料，价款 45 000 元；B 材料，价款 32 000 元，材料已经全部验收入库，货款 77 000 元暂未支付。

(2) 从乙公司购入材料一批。其中，A 材料，价款 12 000 元；B 材料，价款 36 000

元，材料已经全部验收入库，货款 48 000 元以银行存款支付。

(3) 以银行存款偿还甲公司款项 110 000 元。

(4) 以银行存款偿还乙公司款项 118 000 元。

(5) 生产领用材料，其中领用 A 材料 50 000 元用于产品生产，领用 B 材料 33 000 元用于车间一般消耗。

要求：

(1) 开设并登记"原材料""应付账款"总分类账户和明细分类账户（"T"字形账户即可）。

(2) 对每一笔经济业务编制会计分录并登记到相应的账户中。

(3) 根据"原材料""应付账款"总分类账户和明细分类账户的发生额和余额，编制"总分类账与明细分类账发生额及余额试算平衡表"，并解释试算的结果。

第六章　复式记账原理的应用

【教学目的与要求】

通过本章的教学，要求学生了解制造业企业经济业务活动的分类；理解材料采购成本包括的内容及计算；理解产品生产成本包括的内容及计算；掌握资金筹集业务应设置的账户及其应用；掌握固定资产购置业务、材料采购业务应设置的账户及其应用；掌握产品生产过程应设置的账户及其应用；掌握产品销售过程应设置的账户及其应用；掌握税后净利润的计算方法及其应用；掌握利润形成过程应设置的账户及其应用；掌握利润分配业务应设置的账户及其应用。

【关键词】

资金筹集业务　供应过程　生产过程　销售过程　财务成果　利润　亏损　利润分配借入资金　投入资金　实收资本　资本公积　股本　固定资产　在建工程　在途物资　原材料　生产成本　制造费用　主营业务收入　主营业务成本　其他业务收入　其他业务成本　销售费用　财务费用　管理费用　税金及附加　投资收益　营业外收入　营业外支出本年利润　所得税费用　利润分配　盈余公积　应付股利　材料采购成本　产品生产成本产品销售成本

【引导案例】

运动服加工厂的经济业务如何核算？

某运动服加工厂于 20×1 年年底成立，小刘和小赵分别投资 60 万元，工厂还向银行借款 30 万元。20×2 年发生如下经济业务：租用厂房一处，年租金 18 万元；购置运动服加工设备 4 台，每台价值 10 万元，每台设备每年计提折旧 1.25 万元；采购各种布料、拉链、纽扣、装饰品等原材料共计 100 万元(多次循环采购)，当年全部用于天晨牌运动服的生产。该公司拥有员工 6 人，其中 1 名管理人员兼任会计，4 名工人，1 名销售人员兼日常服务。管理人员每年薪酬 8 万元，工人每人每年薪酬 5 万元，销售人员每年薪酬 7 万元。该工厂当年各种水电费、办公费、销售费用等共计 4 万元，营业活动承担的税费 2 万元，利息费用 1.8 万元。当年生产出来运动服 1 万件，每件售价 200 元并全部售出。

思考题：如果你是该工厂的会计，对企业发生的这些业务活动应该如何核算？企业的经济业务可以分为哪几种类型？企业的利润总额为多少？(不考虑增值税和所得税)

根据相关法律法规，我国企事业单位均采用借贷复式记账法来记录自身发生的经济业务。也就是说，借贷复式记账法的应用范围很广阔，不但在各种类型的企业中，还在行政事业单位广泛采用。本章以我们身边最常见、经济业务最具代表性的制造业企业为例，系统地介绍其经济业务活动不同阶段应该设置的会计账户体系，并利用这些账户进行日常的会计核算处理。

第一节 制造业企业主要经济业务概述

企业的生产经营活动是一个资金循环和周转的过程，目的是实现资金的保值增值。如前所述，根据经营内容的不同，企业可以分为制造业企业、商品流通企业和服务业企业。制造业企业是指利用某种资源，按照市场要求，通过产品的生产制造过程，将各种原材料等转化为可供人们使用和利用的大型工具、工业品和生活消费产品的企业组织。

制造业企业的生产经营是以产品的生产制造为核心的，主要由供应过程、生产过程和销售过程构成。供应过程，是指为生产产品作准备，包括厂房、机器设备的准备和原材料的准备，还有各种人力资源的准备(人本身难以准确定价，因而无法输入到会计信息系统，人的劳动可以)。具体包括固定资产购置及安装、材料买价和采购费用的计算和支付、材料验收入库并计算采购成本等业务。生产过程，是指企业基本生产单位范围内发生各种生产费用来加工制造产品，直至完工验收合格，具体包括生产费用的发生、归集和分配，以及完工产品生产成本的计算等业务。销售过程，是指将已经验收入库的产品销售出去并收回货币资金，具体包括产品销售收入的确认、销售成本的结转、销售费用和税金及附加的计算等业务。在这个过程中，资金的存在形态不断地发生变化。在企业最初创办的时候，资金不是凭空产生的，而是有一定的来源，这就涉及资金的筹集，包括投资者投入的资金和从债权人那里借入的资金。资金筹集业务完成后资金进入企业，然后随着供、产、销的过程不断循环和周转。企业的资金还会随着发放股利、缴纳税金、还本付息等业务流出企业。当企业经过某一会计期间的生产经营后，还需要计算当期的经营成果是利润还是亏损，在此基础上进行利润的分配和亏损的弥补。制造业企业的主要经济业务活动如图 6-1 所示，按照前述分析，可将其划分为五个过程或者阶段。

每个企业有不同的经营领域和业务流程，按照一般制造业企业业务发生的先后顺序，其会计核算的内容主要包括：资金筹集业务的核算、供应过程的核算、生产过程的核算、销售过程的核算、利润形成与利润分配业务的核算。对不同阶段的经济业务应分别设置适用的账户，并运用借贷复式记账原理，对有代表性的经济业务进行相关账务处理。本章第二节到第六节分别对五大类业务进行了介绍和解析。

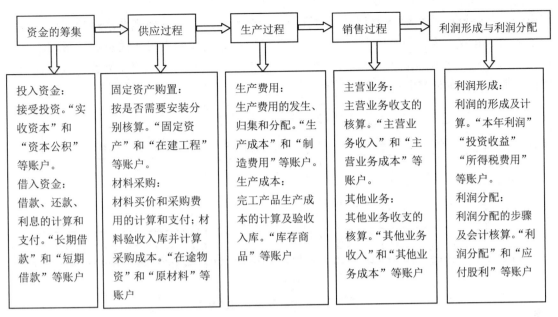

图 6-1 制造业企业主要经济业务活动

第二节 资金筹集业务的核算

【思政课堂】

骗　局

1. 2016 年 7 月,安徽 ZH 资产管理公司以投资安庆市 AT 汽车零配件公司股权并将运作其上市为噱头,向公众大规模借款。但随后 ZH 公司在未告知投资者的情况下,私自退出 AT 公司,且以运作子公司安徽 YG 网络科技有限公司在亚交所、美股市场上市为由,将投资者所投资金张冠李戴,也未向投资者返还对应投资款项。查找相关资料发现,2016—2018 年两年期间,ZH 公司频繁地变更投资人、公司负责人,共计达 19 次。目前,ZH 公司深陷多重诉讼。

2. 小刘和小郑是朋友,小刘自己创办了一家投资公司,私下从事比特币投机业务。一天小刘对小郑说:我这里有一个非常挣钱的项目要不要投点钱,给你保本(有聊天记录),大概率是稳赚不赔,一年赚 30%没问题。出于对朋友的信任,在没有签订合同的情况下,小郑以私人转账的方式给小刘转了 5 万元。小郑在小刘的指导下开通了投资账号,期间由小刘全权负责操作。三个月后小刘对小郑说投资失败了,本金全无。其后一直以各种借口为由拒绝还钱(加上其他受害者共有 100 余万元)。

思考题:

1. 公司筹集资金的方式有哪几种?个人在向公司投资或者借款时,有哪些注意事项?

2. 小刘和小郑的交易属于投资、诈骗还是非法集资?小郑应该如何捍卫自己的利益?

巧妇难为无米之炊,制造业企业要想生产加工产品,必须拥有一定数量的财产物资,即资产，这些资产的来源是企业筹集的资金。资金筹集是企业开展经营活动的前提，也是资金运动的起点。企业最初的资金来源于两条渠道：一是投资人投入的资金，形成所有者权益；二是从债权人那借入的资金，形成负债。因此，本节主要介绍投资者投入资金和从债权人那借入资金的核算，如图 6-2 所示。

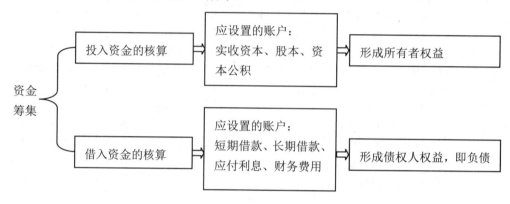

图 6-2　资金筹集业务的核算

一、投入资金的核算

【引导案例】

后进的投资者需要多付款吗？

达力公司是一家小家电制造企业，成立时的注册资本为 1 200 万元。公司成立于 2008 年，在最初创办的 10 年间，公司发展迅猛，每年的产值平均增长 25%以上，到 2018 年时公司的资产规模已经达到 1.5 亿元，其中净资产超过 1.2 亿元。但随后几年公司发生了一系列重大决策失误，连续三年巨额亏损，公司运营和资金周转遇到了前所未有的困难。到 2021 年年末，公司总资产萎缩为 8 000 万元，资产负债率超过 70%。

对于公司来说，筹集新的资金进行生产线改造和产品转型成为重中之重。这时，因为负债率过高，从银行借款的路已经走不通了。公司高层经过反复讨论，决定吸收新投资者进入公司。但在如何界定新投资者投入的资金时，公司内部发生了激烈的争论，两种意见僵持不下：第一种意见，既然是吸收资本投入，那当然所有投入的资本金都增加为公司的实收资本；第二种意见，新投资者要想获得与原投资者同等的资本份额就需要投入更多的资金，即后进的投资者必须多花钱。

思考题： 如果你是公司的财务主管，你认为这两种观点哪一种更合理？是什么因素决定了后进投资者投入与所占资本份额之间的差异？

《企业法人登记管理条例》规定，企业申请开业，必须具备国家规定的与其生产经营和服务规模相适应的资本金。投资者投入的资本金是企业的"本钱"，是企业所有者权益的主要组成部分。企业所有者权益包括实收资本、资本公积、盈余公积和未分配利润四部分。其中实收资本和资本公积是企业所有者直接投入到企业的资本金和形成的资本溢价等，一般也将实收资本和资本公积称为投入资本/资金。

(一)应设置的账户

1. 实收资本

实收资本，是指企业的投资者按照章程或合同、协议的约定投入到企业的资本金。我国实行的是注册资本制，因而，在投资者足额缴纳资本之后，企业的实收资本应该等于企业的注册资本。注册资本也叫法定资本，是企业章程规定的全体股东或发起人认缴的出资额或认购的股本总额，并在公司登记机关依法登记，在企业取得的营业执照上会载明注册资本的数额。2018 年最新修订的《中华人民共和国公司法》中，对公司注册资本重新进行了规定：一是将注册资本实缴登记制更改为认缴登记制；二是放宽了注册资本登记的条件；三是简化了公司注册的登记事项和登记文件要求；四是取消了法定最低注册资本要求，投资者的出资可以是任意金额或者任意形式的非货币资金出资。

实收资本代表着一个企业的实力，也是企业维持正常的生产经营活动、力图实现经营利润、达到资本保值增值目的最基本的条件和保障。实收资本按照投资主体的不同可以划分为国家资本金、法人资本金、个人资本金和外商资本金。实收资本按照接受投资具体形式的不同，可以划分为货币资金和非货币资金，其中非货币资金又包括原材料和辅助材料、各种机器设备和运输工具等固定资产、知识产权和土地使用权等无形资产等，如图 6-3 所示。

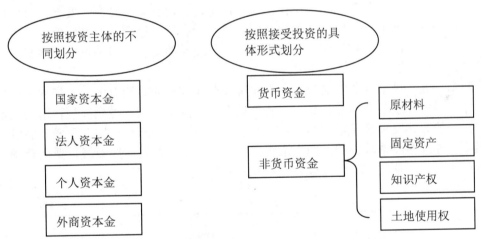

图 6-3　实收资本的分类

为了反映企业实收资本的形成及其增减变动情况，在会计核算上设置"实收资本"账户。"实收资本"账户是所有者权益类账户，与综合会计等式的右边有关，其贷方登记实收资本的增加，即实际接受投资者投入资本金(计入注册资本部分)的增加，或者经批准之后资本公积、盈余公积转增资本的数额；借方登记实收资本的减少，即当企业因资本过剩或者发生重大亏损等原因而导致的，按法定程序报请批准的实收资本的减少额。如果有余额一般在贷方，表示企业所有者投入企业资本金的实际结存数额。"实收资本"账户的基本结构如图 6-4 所示。企业应该按照投资者的不同对"实收资本"账户设置明细账户，进行明细分类核算。

借方	实收资本	贷方
实收资本的减少额 ×××	实收资本的增加额 ×××	
	期末余额：期末结存数额 ×××	

图 6-4 "实收资本"账户的基本结构

企业收到各方投资者投入的资本金时，因为接受投资的具体形式不同，到底如何确认其入账价值是一个关键问题。当企业收到的是现金或银行存款时，按实际收到的货币资金的金额入账；如果企业收到的是原材料、机器设备等实物资产投资或者是知识产权等无形资产投资，应按照投资各方协议确认的价值入账，如果达不成一致意见，可以根据第三方评估机构确认的价值入账。不论接受何种形式的投资，企业实际收到的，超过投资各方在注册资本中所占份额的部分，不计入实收资本，而是作为资本溢价计入资本公积。

2. 股本

股份有限公司是指公司资本为股份组成的，股东以其认购的股份为限对公司承担责任的企业法人。如果企业是股份有限公司，则需要设置"股本"账户，对应于非股份公司的"实收资本"账户。按照我国相关法律法规的规定，公司股票不能折价发行，只能按面值等价发行或者超过面值溢价发行。如果公司等价发行股票，股票的票面面值乘以股份总数的金额，计入公司的"股本"账户。如果公司发行股票的发行价格超过其票面金额，则其差额部分作为股本溢价计入资本公积。

"股本"账户是所有者权益类账户，与综合会计等式的右边有关，其贷方登记股本的增加，即公司发行股票的票面金额，或者经批准之后资本公积、盈余公积转增的股本额，或者由于分派股票股利等而增加的股本额；借方登记股本的减少，即公司发还的股本或者回购股票等导致的股本减少额。期末余额在贷方，表示企业发行股票根据票面金额计算的实际结存数额。"股本"账户的基本结构如图 6-5 所示。

借方	股本	贷方
股本减少额(票面金额) ×××	股本增加额（票面金额） ×××	
	期末余额：期末结存数额 ×××	

图 6-5 "股本"账户的基本结构

3. 资本公积

如果实收资本/股本是"正规军"，那资本公积就是"预备役部队"。资本公积是一种储备资本或者准资本，是投资者或者他人投入到企业、所有权归属投资者、并且金额上超过法定注册资本金的资本，是企业所有者权益的重要组成部分。由于我国采用注册资本制度，投资者的权利和义务按照其投资在注册资本中所占的份额确定，所以企业接受的投资并不会全部计入实收资本。对企业而言，资本公积的主要来源是资本溢价、股本溢价、其他资本公积等。

资本溢价或者股本溢价是指投资者/股东缴付的出资额大于注册资本而产生的差额，具体而言，一种是股票发行价格超过票面面值的部分；另一种是后进的投资者投入资本中超出计入注册资本份额的部分。其原因在于：随着企业生产经营活动的进行，最初的投资已经获得了一定的增值。后进投资者投入的资金即使与企业创立时投入的资金在数量上完全一致，获利能力也不会一致，对企业的影响也大不相同，因而给出资者带来的权利也就不同。资本公积的用途主要是转增资本(或者股本)，即在办理增资手续后用资本公积转增实收资本/股本，这可以体现企业经营的稳健和持续发展的潜力。

为了核算和监督企业资本公积金的增减变动及其结存情况，应设置"资本公积"账户。该账户属于所有者权益类账户，与综合会计等式的右边有关，其贷方登记资本公积的增加，即企业从各种不同渠道取得的资本公积金的增加数；借方登记资本公积的减少，即资本公积金转增资本导致其减少的数额。期末余额在贷方，表示企业资本公积金的实际结存数。"资本公积"账户的基本结构如图6-6所示。

借方	资本公积	贷方
资本公积的减少额 ×××	资本公积的增加额 ×××	
	期末余额：期末结存数额 ×××	

图6-6 "资本公积"账户的基本结构

(二)具体经济业务实例

当企业接受投资时，一方面按照实际收到资产的具体金额、协议价值或者评估价值记入相关资产类账户的借方；另一方面按照合同/协议/章程的规定将接受的投资记入"实收资本"或者"股本"账户的贷方，如果是股份公司，计入股本的金额与其发行股票的票面金额一致，如果是非股份公司，计入实收资本的金额与其约定的实际计入注册资本的金额一致。两者中间的差额作为溢价计入资本公积。当实际退还投资或者回购股票时，同时记入"实收资本"/"股本"账户的借方和"银行存款"账户的贷方，如图6-7所示。

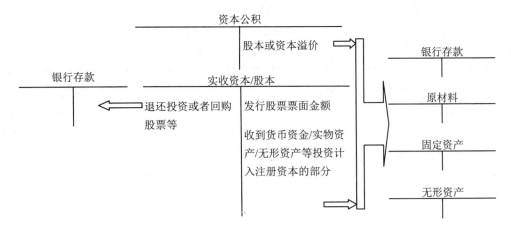

图6-7 投入资金核算设置的主要账户和经济业务

在接受投资的过程中，企业还可能设置"库存现金""银行存款""原材料""固定资产""无形资产"等账户，这些账户都是资产类账户，借方表示其增加，贷方表示其减少，余额在借方表示期末结存数额。

除有明确说明的之外，本章所有的例子均为根据经济业务分析并编制会计分录。

【例 6-1】 东方公司收到国家投入的资本金 100 000 元，款项已经收到存入银行。

【解析】 该笔经济业务的发生，导致东方公司资产和所有者权益同时增加。其中，资产中的银行存款增加 100 000 元，记入该账户的借方；所有者权益中的实收资本增加 100 000 元，记入该账户的贷方。编制的会计分录如下。

  借：银行存款   100 000
    贷：实收资本   100 000

【例 6-2】 东方公司收到 A 企业投入的原材料一批，双方协商作价 50 000 元；同时收到 A 企业投入的机器设备一套，双方确认该设备价值 560 000 元。(不考虑增值税)

【解析】 该笔经济业务的发生，导致东方公司的资产和所有者权益同时增加。其中，资产中的原材料增加 50 000 元，记入该账户的借方；资产中的固定资产增加 560 000 元，记入该账户的借方；所有者权益中的实收资本增加 610 000(50 000+560 000)元，记入该账户的贷方。编制的会计分录如下。

  借：原材料   50 000
    固定资产   560 000
    贷：实收资本   610 000

【例 6-3】 东方公司收到 B 企业投入的专利技术一项，双方同意作价 100 000 元，经过协商，该投资占公司注册资本的比例为 6%，公司注册资本 1 000 000 元。(不考虑增值税)

【解析】 该笔经济业务的发生，导致东方公司的资产和所有者权益同时增加。其中，资产中的无形资产增加 100 000 元，记入该账户的借方；根据双方的协商，只有 60 000 (1 000 000×6%)元属于公司的实收资本，记入该账户的贷方，差额的 40 000(100 000-60 000) 元记入"资本公积"账户的贷方。编制的会计分录如下。

  借：无形资产   100 000
    贷：实收资本   60 000
      资本公积   40 000

【例 6-4】 宏达股份公司接受 C 企业的土地使用权投资，经确认该使用权的价值为 150 000 元，公司发给每股面值 1 元的普通股 100 000 股。(不考虑增值税)

【解析】 土地使用权是一种权利，属于无形资产。该笔经济业务的发生，导致宏达股份公司的资产和所有者权益同时增加。其中，资产中的无形资产增加 150 000 元，记入该账户的借方；因只有给予股票的票面金额记入"股本"，所有者权益中的股本增加 100 000 元，记入该账户的贷方；同时，差额 50 000(150 000-100 000)元作为股本溢价记入"资本公积"账户的贷方。编制的会计分录如下。

  借：无形资产   150 000
    贷：股本   100 000
      资本公积   50 000

【例 6-5】 南山股份公司经过批准发行普通股 1 000 万股，每股票面面值 1 元，发行价

格每股 12.8 元，发行股款已全部收到并存入银行。(不考虑发行手续费)

【解析】股票发行价格超过股票面值即为溢价发行，票面面值总额是 10 000 000 (10 000 000×1)元，溢价部分为 118 000 000(10 000 000×12.8-10 000 000)元。该笔经济业务的发生，一方面使得公司的银行存款增加 128 000 000(10 000 000+118 000 000)元，记入"银行存款"账户的借方；另一方面使得公司的股本增加 10 000 000 元和资本公积增加 118 000 000 元，分别记入"股本"和"资本公积"账户的贷方。编制的会计分录如下。

    借：银行存款   128 000 000
        贷：股本   10 000 000
            资本公积   118 000 000

【例 6-6】经批准，将东方公司的资本公积 200 000 元转增实收资本。

【解析】该笔经济业务的发生，使得东方公司所有者权益中的一项增加，另外一项减少。其中，实收资本增加 200 000 元，记入该账户的贷方；同时资本公积减少 200 000 元，记入该账户的借方。编制的会计分录如下。

    借：资本公积   200 000
        贷：实收资本   200 000

二、借入资金的核算

企业在生产经营过程中，由于种种原因会导致资金不足，这时可以通过向银行和非银行性金融机构借入款项、发行公司债券等方式筹集资金。这部分资金就形成了企业的负债，它表示企业的债权人对企业资产的要求权即债权人权益。本节只介绍直接借入资金形成的短期借款和长期借款。企业在结算过程中还会形成应付账款、应付职工薪酬、应交税费等负债，会在后续章节中介绍。

(一)应设置的账户

1. 短期借款

短期借款和长期借款的主要区别是借款期限、借款目的、借款利率等的不同。短期借款是指企业为满足其资金临时周转不足的需要而借入的偿还期限在一年以内(含一年)的各种借款。企业借入短期借款主要是为了满足临时性周转或者季节性等原因的需要，因而借款期限相对较短，借款利率与长期借款的利率相比也比较低。短期借款必须按时还本付息，借款本金按照合同上记录的金额计算，借款利息是在本金的基础上乘以适用利率和对应时间，比如年/月/日利率对应时间就是多少年/月/日。短期借款的利息费用根据权责发生制原则直接计入当期损益即财务费用。

为了核算企业短期借款的增减变动和结存情况，需要设置"短期借款"账户。该账户是负债类账户，与综合会计等式的右边有关，其贷方登记短期借款的增加，即企业取得的短期借款本金的增加；借方登记短期借款的减少，即由于偿还等原因带来的短期借款本金的减少。期末余额在贷方，表示企业尚未归还的短期借款本金的结存数额。"短期借款"账户的基本结构如图 6-8 所示。

借方	短期借款		贷方
短期借款本金的偿还(减少)×× ×	短期借款本金的增加		×× ×
	期末余额：本金结存数额		×× ×

图 6-8　"短期借款"账户的基本结构

2. 长期借款

长期借款是指企业借入的偿还期限在一年以上或超过一年的一个营业周期以上的各种借款。企业的长期借款，一般用于机器设备和厂房等固定资产的构建和更新改造工程、大修理工程，主要目的是为了保持长期的持续稳定经营能力。在会计核算过程中，长期借款利息费用的处理要区分不同的情况进行。若该项利息支出发生在所构建的固定资产达到预定可使用状态之前，应直接计入所构建的固定资产/在建工程成本；若发生在所构建的固定资产达到预定可使用状态即投产之后，则直接计入当期损益(财务费用)。将借款利息计入固定资产价值的过程，称为长期借款利息费用的资本化；将借款利息直接计入财务费用，则称为费用化。

为了核算企业长期借款本金/利息的增减变动及其结存情况，需要设置"长期借款"账户，此处与"短期借款"账户只核算借款本金有很大不同。"长期借款"账户属于负债类账户，与综合会计等式的右边有关，其贷方登记长期借款的增加数(包括本金和已经计算出来的应承担的利息)；借方登记长期借款的减少数(实际偿还的借款本金和利息)。期末余额在贷方，表示尚未偿还的长期借款本息结余数额。"长期借款"账户的基本结构如图 6-9 所示。

借方	长期借款		贷方
长期借款本息的偿还 (减少)　　　×× ×	长期借款本息的取得 (增加)　　　×× ×		
	期末余额： 长期借款本息的结余　　×× ×		

图 6-9　"长期借款"账户的基本结构

3. 财务费用

财务费用是指企业为筹集生产经营所需资金等而发生的各项费用，具体包括利息净支出(借款利息支出减存款利息收入后的差额)、汇兑净损失(汇兑损失减汇兑收益的差额)、借款手续费等。"财务费用"是损益类费用账户，与综合会计等式的左边有关，其借方登记实际发生的财务费用，包括利息支出、汇兑损失和借款手续费；贷方登记实际发生的应冲减财务费用的利息收入、汇兑收益以及期末应结转到"本年利润"账户的财务费用净额，经过结转后该账户期末没有余额。需要说明的是，在某一个会计期间，财务费用的借方发生额可能大于贷方发生额，也可能贷方发生额大于借方发生额，期末只需要将其净额从相反的方向转出即可。"财务费用"账户的结构如图6-10所示。

借方		财务费用	贷方
利息支出	×××	利息收入	×××
借款手续费	×××	汇兑收益等	×××
汇兑损失等	×××	期末转出的财务费用额	×××
期末一般无余额	×××		

图 6-10　"财务费用"账户的基本结构

4. 应付利息

在会计实务中，企业短期借款的利息一般是按季度支付或者到期一次还本付息。按照权责发生制原则，不论当月是否支付利息，只要承担了支付利息的义务，就确认为当期的财务费用，同时形成应付而未付的利息。为了核算企业应付而未付利息的增减变动及其结存情况，需要设置"应付利息"账户。该账户属于负债类账户，与综合会计等式的右边有关，其贷方登记根据权责发生制已经承担但尚未支付的借款的利息；借方登记应付利息的减少数，即实际偿还的应付利息。期末余额在贷方，表示已计提但尚未偿还的借款利息。"应付利息"账户的结构可表示如图6-11所示。

借方		应付利息	贷方
实际偿还的应付利息	×××	已经承担但实际尚未支付的利息	×××
		期末余额：已计提但尚未偿还的利息	×××

图 6-11　"应付利息"账户的基本结构

(二)具体经济业务实例

1. 短期借款相关经济业务

企业取得短期借款后，会涉及三种类型的经济业务，即借款、还款、利息的计算和支付。对于短期借款，相关经济业务的处理如图6-12所示。

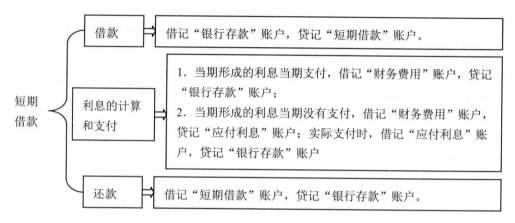

图 6-12　短期借款相关经济业务及其处理

【例 6-7】 东方公司因临时性资金不足，于 2021 年 11 月 1 日向银行申请取得期限为 6 个月的借款 200 000 元，款项已存入银行。

【解析】 该笔经济业务的发生，使得东方公司资产和负债同时增加。其中，资产中的银行存款增加 200 000 元，记入该账户的借方；负债中的短期借款增加，记入该账户的贷方。应编制的会计分录如下。

借：银行存款　　　　　　　　200 000

　　贷：短期借款　　　　　　　　200 000

【例 6-8】 承前例，假如上述短期借款年利率为 6%，到期一次还本付息，计算每月应该承担的利息费用。

【解析】 按照权责发生制原则的要求，计算 2021 年 11 月应负担的利息费用，应为 1 000(200 000×6%÷12)元。当月承担的 1 000 元利息费用，当月并未支付，形成应付未付的利息。该笔经济业务的发生，使得东方公司的费用和负债同时增加。其中，费用中的财务费用增加 1 000 元，记入该账户的借方；负债中的应付利息增加，记入该账户的贷方。应编制的会计分录如下。

借：财务费用　　　　　　　　1 000

　　贷：应付利息　　　　　　　　1 000

2021 年 12 月到 2022 年 3 月，东方公司这 4 个月也都承担了 1 000 元的利息费用，并且没有当月支付，编制的会计分录与 11 月份的完全一样，从略。到 3 月末，企业形成的应付利息总计 5 000 元。2022 年 4 月，企业同样承担了 1 000 元的利息费用，但在当月月末和本金一起归还了。

【例 6-9】 承前两例，东方公司在 4 月月末用银行存款 206 000 元偿还这笔短期借款的本金和利息。

【解析】 东方公司偿还的这 206 000 元包括 200 000 元的本金和 6 000 元的利息，其中的 5 000 元是前 5 个月形成的应付未付利息，1 000 元是当月实际承担的利息费用。该笔经济业务的发生，导致东方公司的银行存款减少 206 000 元，记入该账户的贷方；短期借款减少 200 000 元，记入该账户的借方；应付利息减少 5 000 元，记入该账户的借方；财务费用增加 1 000 元，记入该账户的借方。

应编制的会计分录如下。

借：短期借款　　　　　　　200 000
　　应付利息　　　　　　　5 000
　　财务费用　　　　　　　1 000
　　贷：银行存款　　　　　　　206 000

2. 长期借款相关经济业务

企业取得长期借款后，同样会涉及三种类型的经济业务，即借款、还款、利息的形成和支付。对于长期借款到期一次还本付息的情况，相关的经济业务处理如图 6-13 所示。如果是分期付息，利息形成时贷方并不记入"长期借款"账户，而是记入"应付利息"账户的贷方，实际归还时记入"应付利息"账户的借方，其他与一次还本付息情况一致。

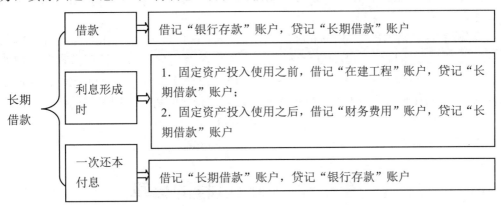

图 6-13　长期借款(一次还本付息)相关经济业务及其处理

有的企业还可能设置"在建工程"账户。该账户是资产类账户，借方表示企业正在建设尚未完工的各类工程成本的增加，贷方表示已经完工工程成本的转出。余额在借方，表示尚未完工工程成本的实存数额。

【例 6-10】东方公司为建造一条新的生产线(工期一年)，于 2021 年 1 月 1 日向银行借入期限为两年的借款 600 000 元，款项已存入公司银行账户。东方公司随即将该款项投入生产线的建设当中。

【解析】该笔经济业务的发生，导致东方公司资产和负债同时增加。其中，资产中的银行存款增加 600 000 元，记入该账户的借方；负债中的长期借款增加 600 000 元，记入该账户的贷方。应编制的会计分录如下。

借：银行存款　　　　　　　600 000
　　贷：长期借款　　　　　　　600 000

【例 6-11】承前例，假如上述借款年利率为 7%，合同规定到期一次还本付息，单利计息。计算确定 2021 年应由该工程负担的借款利息。

【解析】如前所述，生产线在建造过程中，用于该工程的借款利息应该资本化，即当年利息全部计入固定资产建造工程的成本。在单利计息的情况下，2021 年应承担的利息为 42 000(600 000×7%)元。该笔经济业务的发生，一方面使在建工程的成本增加 42 000 元，记入"在建工程"账户的借方；另一方面使长期借款利息这项负债增加 42 000 元，记入"长期借款"账户的贷方。应编制的会计分录如下。

借：在建工程　　　　　　　　42 000
　　贷：长期借款　　　　　　　　　42 000

【例 6-12】承前两例，假设东方公司在 2022 年承担了该笔借款的利息共计 42 000 元。

【解析】由于该生产线的工期为一年，当年已经完工了，对于 2022 年形成的利息，应费用化计入当期的财务费用。该笔经济业务的发生，一方面使财务费用增加 42 000 元，记入该账户的借方；另一方面使长期借款这项负债增加 42 000 元，记入该账户的贷方。应编制的会计分录如下。

借：财务费用　　　　　　　　42 000
　　贷：长期借款　　　　　　　　　42 000

【例 6-13】承前三例，假设东方公司在 2022 年年末一次性偿还该笔借款的本息共计 684 000 元。

【解析】这笔借款的本息 684 000 元，由本金 600 000 元、2021 年已经资本化记入"长期借款"账户的利息 42 000 元和 2022 年已经费用化记入"长期借款"账户的利息 42 000 元组成。该笔经济业务的发生，一方面使银行存款减少 684 000 元，记入该账户的贷方；另一方面使长期借款减少 684 000 元，记入该账户的借方。应编制的会计分录如下：

借：长期借款　　　　　　　　684 000
　　贷：银行存款　　　　　　　　　684 000

第三节　供应过程的核算

制造业企业的供应过程是为生产产品做各种准备的过程，比如购建厂房、建筑物，购入机器设备、运输工具，采购各种原材料、辅助材料等。因此，供应过程主要的经济业务活动涉及两大类：固定资产购置业务和材料采购业务。

一、固定资产购置业务的核算

(一)应设置的账户

1. 固定资产

固定资产是指企业为生产产品、提供劳务、出租或者经营管理而持有的、使用时间超过一年的各种有形资产，包括房屋、建筑物、机器、机械、运输工具以及其他与生产经营活动有关的设备、器具、工具等。对企业来说，固定资产的数量和质量是非常重要的，代表了企业的生产能力和经营规模。固定资产要进行确认和计量：要保证与该资产相联系的未来经济利益很可能流入本企业，同时取得该资产的成本能够可靠地计量。根据历史成本原则，固定资产一般按照取得时的实际成本(即原始价值)确认入账。实际成本是企业购建固定资产达到预定可使用状态前所发生的一切合理、必要的支出，包括购买价格、运输费、装卸费、安装费、保险费、包装费、相关税费和专业人员服务费等。需要注意的是，一般纳税人购入固定资产时发生的增值税进项税额不计入固定资产的成本，可以在销项税额中予以抵扣。固定资产入账价值的构成项目如图 6-14 所示。

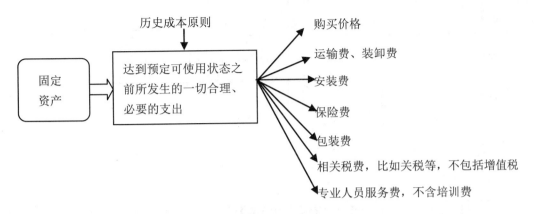

图6-14 固定资产入账价值的构成项目

企业为了核算固定资产实际成本的增减变动及其结存情况，需要设置"固定资产"账户。该账户是资产类账户，借方登记增加的固定资产的实际成本；贷方登记减少的固定资产的实际成本。期末余额在借方，表示期末结存的固定资产的实际成本。"固定资产"账户的基本结构如图6-15所示。

借方	固定资产	贷方
固定资产的增加额 ×××	固定资产的减少额 ×××	
期末余额：期末结存数额 ×××		

图6-15 "固定资产"账户的基本结构

2. 在建工程

企业的固定资产有时候只需要简单地安装就可以投入使用，直接用来生产加工新的产品；而有时候需要比较复杂的过程进一步地安装和建造，才能竣工投产。这时候需要设置"在建工程"账户。该账户属于资产类账户，用来核算企业固定资产的新建、改建、扩建，或技术改造、设备更新、大修理工程等实际发生的各项工程支出。该账户的借方登记尚未完工的工程成本的增加；贷方登记应结转的完工工程的成本。期末余额在借方，表示尚未完工工程的实际成本。"在建工程"账户的结构如图6-16所示。

(二)具体经济业务实例

企业购置的固定资产，按照是否需要安装，分成两种不同的会计核算方法。如果不需要安装，购买之后经过简单地调试就可以投入使用，可以立即形成生产能力，相关的实际成本随即计算出来，直接记入"固定资产"账户的借方；如果需要安装，在该固定资产达到预定可使用状态之前，其最终的实际成本无法准确取得，必须通过"在建工程"账户进行核算，将其建造过程中所发生的全部工程成本支出，都记入"在建工程"账户的借方，待工程完工后，其完工工程的总成本从"在建工程"账户的贷方转出，转入"固定资产"账户的借方。固定资产购置业务相关处理流程如图6-17所示。(不考虑增值税)

借方	在建工程	贷方
在建工程成本的增加额 ×××	应结转的完工工程成本 ×××	

期末余额：
未完工的工程成本　　　　×××

图 6-16　"在建工程"账户基本结构

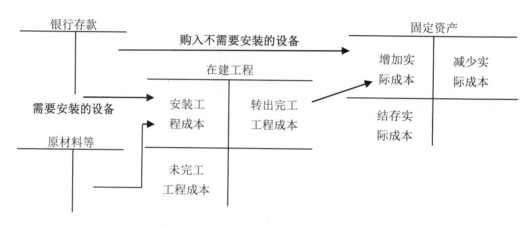

图 6-17　固定资产购置业务相关处理流程

根据我国《税法》规定，自 2009 年 1 月 1 日起，一般纳税人购进(包括接受捐赠、实物投资)或者自制(包括改建、安装)固定资产发生的增值税进项税额，凭借增值税专用发票等相关证明文件，可从增值税销项税额中抵扣。

为了核算购置固定资产涉及的增值税进项税额，需要设置"应交税费"账户。该账户属于负债类账户，用来核算企业应该交纳的各种税费的计算与实际缴纳情况，具体到本节是应交税费——应交增值税。当企业销售商品发生增值税的时候，记入该账户的贷方；当企业购进商品实际支付可供抵扣增值税的时候，记入该账户的借方。因增值税涉及的内容较为复杂，此处只做简单介绍，本节后半部分会随着材料采购业务的讲解详细介绍相关内容。

【例 6-14】东方公司购入一台不需要安装可直接投入使用的设备，购买该设备的买价为 60 000 元，增值税进项税额为 7 800 元，另支付运杂费 600 元，包装费 200 元。全部款项以银行存款支付。

【解析】该笔经济业务的发生，导致公司固定资产实际取得成本增加 60 800 (60 000+600+200)元，记入"固定资产"账户的借方，发生可抵扣的增值税进项税 7 800 元，记入"应交税费——应交增值税"账户的借方；公司的银行存款减少 68 600(60 800+ 7 800)元，记入"银行存款"账户的贷方。应编制的会计分录如下。

借：固定资产　　　　　　　　　　　　　　　　60 800
　　应交税费——应交增值税(进项税额)　　　　7 800
　　贷：银行存款　　　　　　　　　　　　　　　　　　68 600

【例 6-15】东方公司购入一台需要安装的设备，增值税专用发票上注明的设备买价是

120 000 元，增值税进项税额是 15 600 元，其他运杂费等 3 000 元，设备投入安装。相关的款项暂未支付。

【解析】对于需要安装的设备，在安装工程完工之前，无法准确计算工程成本，需要先通过"在建工程"账户汇总计算。该笔经济业务的发生，导致公司在建工程的成本增加 123 000(120 000+3 000)元，包括买价和运杂费等工程支出，记入"在建工程"账户的借方；发生可抵扣的增值税进项税额 15 600 元，记入"应交税费——应交增值税"账户的借方；公司应付而未付的款项增加 138 600(123 000+15 600)元，记入"应付账款"账户的贷方。应编制的会计分录如下：

借：在建工程　　　　　　　　　　　　　123 000
　　应交税费——应交增值税(进项税额)　15 600
　　贷：应付账款　　　　　　　　　　　　　　138 600

【例 6-16】承前例，东方公司上述设备在安装过程中发生的工程支出如下：领用本企业原材料 6 000 元，应付本企业安装工人职工薪酬共计 85 000 元，以银行存款支付其他安装费用 2 000 元。

【解析】该笔经济业务的发生，导致公司在建工程安装工程支出增加 93 000(6 000+85 000+2 000)元，记入"在建工程"账户的借方；实际领用原材料 6 000 元，记入"原材料"账户的贷方；应付安装工人职工薪酬增加 85 000 元，记入"应付职工薪酬"账户的贷方；发生其他安装费用 2 000 元并以银行存款支付，记入"银行存款"账户的贷方。应编制的会计分录如下。

借：在建工程　　　　　　　93 000
　　贷：原材料　　　　　　　　　6 000
　　　　应付职工薪酬　　　　　85 000
　　　　银行存款　　　　　　　　2 000

【例 6-17】承前两例，上述安装工程顺利完工，验收合格并投入使用，结转完工工程成本。

【解析】未完工工程的成本记入"在建工程"账户的借方，已经完工就不是"在建"的工程了，而是完工工程，其安装成本 216 000(123 000+93 000)元应由"在建工程"账户的贷方转出，转入到"固定资产"账户的借方。该笔经济业务的发生，一方面使固定资产增加 216 000 元，记入"固定资产"账户的借方；另一方面使在建工程的成本减少 216 000 元，记入"在建工程"账户的贷方。应编制的会计分录如下。

借：固定资产　　　　　　　216 000
　　贷：在建工程　　　　　　　216 000

二、材料采购业务的核算

【知识链接】

增值税简介

在中华人民共和国境内销售货物或者提供加工、修理修配劳务以及进口货物的单位和个人，为增值税的纳税人，应当依法缴纳增值税。从计税原理上，增值税是对商品生产、流通、劳务服务中多个环节的新增价值或者商品的附加值征收的一种流转税。增值税实行价外税，由最终的消费者承担。经过多年的发展，增值税已经成为中国最主要的税种之一，是税收收入中占比最大的税种。

由于增值税实行凭增值税专用发票抵扣税款的制度，所以对纳税人的会计核算水平要求较高，要求纳税人能够准确地核算增值税的销项税额、进项税额和应纳税额。一般将纳税人按其经营规模大小以及会计核算是否健全划分为一般纳税人和小规模纳税人。当前，一般纳税人适用的增值税税率有13%、9%、6%等；小规模纳税人适用征收率，征收率为3%。

1. 一般纳税人增值税的计算

一般纳税人是指年应征增值税销售额超过财政部规定的小规模纳税人标准的企业和企业性单位。一般纳税人的特点是增值税进项税额可以抵扣销项税额。

应纳税额＝当期销项税额－当期进项税额

销项税额＝(不含增值税)销售额×税率

进项税额＝(不含增值税)买价×税率

其中，销项税额是指纳税人发生应税行为按照销售额和增值税税率计算的增值税额；进项税额是指纳税人购进货物或者接受加工修理修配劳务和应税服务，实际支付或者负担的增值税税额。当期销项税额小于进项税额不足以抵扣时，其不足部分可以结转下一期继续抵扣。

现举例说明。2021年10月份，东方公司(一般纳税人)购买A材料支付货款20 000元，增值税进项税额为2 600元，取得增值税专用发票抵扣联；销售B产品卖价(不含税)50 000元，适用税率13%。试计算当月应纳增值税税额。

进项税额＝2 600(元)

销项税额＝50 000×13%＝6 500(元)

应纳税额＝6 500－2 600＝3 900(元)

2. 小规模纳税人增值税的计算

小规模纳税人是指年销售额在规定标准以下，并且会计核算不健全，不能按规定报送有关税务资料的增值税纳税人。其认定标准如下。

(1) 从事货物生产或者提供应税劳务的纳税人，以及以从事货物生产或者提供应税劳务为主，并兼营货物批发或者零售的纳税人，年应征增值税销售额在50万元以下(含本数)的。

(2) 对上述规定以外的纳税人，年应税销售额在80万元以下的。

(3) 年应税销售额超过小规模纳税人标准的其他个人按小规模纳税人纳税。

(4) 非企业性单位、不经常发生应税行为的企业可选择按小规模纳税人纳税。

小规模纳税人应按照销售额和征收率计算应纳税额，且不得抵扣进项税额。

应纳税额＝不含税销售额×征收率

＝含税销售额÷(1+征收率)×征收率

现举例说明。2021年10月份，佳华公司(小规模纳税人)向甲公司提供咨询服务，取得含增值税销售额8.24万元。假设佳华公司当月没有其他业务，试计算当月应纳增值税税额。

应纳税额=8.24÷(1+3%)×3%=0.24(万元)

(资料来源:《中华人民共和国增值税暂行条例》《中华人民共和国增值税暂行条例实施细则》等.)

原材料的适量储备是生产加工产品的基础。企业拥有的原材料,大多数是从外单位购入的,这些材料经过加工制造的过程改变了其原有的实物形态,构成产品实体的重要组成部分。企业购买的原材料包括主要材料、燃料、辅助材料、外购半成品、包装材料等。企业在采购原材料的过程中,不但要支付与材料相关的买价和增值税,还可能发生运杂费、装卸费、保险费等采购费用。原材料日常核算的方法有实际成本法和计划成本法,企业采用实际成本法进行核算时,材料的收发及结存无论是总分类核算还是明细分类核算,均按照实际成本计价。限于篇幅,本书主要介绍比较容易理解的实际成本法。

(一)应设置的账户

企业在材料采购过程中,一方面从供应单位购进各种材料,需要按照商定好的结算办法支付材料的买价、增值税和各种采购费用;另一方面还要将原材料验收入库,计算材料的采购成本。需要设置的账户如下。

1. 在途物资

一般来说,企业购买的各种材料物资需要经过挑选整理的过程才能验收入库,以保证入库材料的质量符合规定的标准。这时候,将外购材料物资验收入库之前的成本通过"在途物资"账户核算,验收入库之后的成本通过"原材料"账户核算。

"在途物资"账户用来核算企业已经购买但尚未验收入库的各种物资采购成本的增减变动及其结存情况。该账户属于资产类账户,借方主要登记企业外购材料物资的买价和各种采购的费用;贷方登记应结转的已经验收入库材料物资的实际采购成本。期末余额在借方,表示尚未运达企业或者已经运达企业但尚未验收入库的在途材料物资的实际采购成本。"在途物资"账户应按照购入材料的品种或种类设置明细账户,进行明细分类核算。"在途物资"账户的基本结构如图6-18所示。

借方	在途物资	贷方
验收入库前外购材料物资的 买价和采购费用 ×××	应结转的验收入库材料物资的 实际采购成本 ×××	
期末余额:尚未验收入库材 料物资的实际采购成本 ×××		

图6-18 "在途物资"账户的基本结构

需要说明的是,企业购入材料过程中发生的除买价之外的采购费用,如果能分清是某种材料负担的,可直接计入该材料的采购成本,否则就应按照适用的分配率进行分摊。可供选择的分配标准有材料的重量、体积、买价等。

【例6-18】东方公司购买A、B材料共发生运杂费3 000元,其中A材料1 000千克，B 材料 3 000 千克，按重量分摊运杂费。

【解析】A、B 材料的总重量=1 000+3 000=4 000(千克)

每千克应分摊的运杂费=3 000/4 000=0.75(元/千克)

A 材料应分摊的运杂费=1 000×0.75=750(元)

B 材料应分摊的运杂费=3 000×0.75=2 250(元)

2. 原材料

"原材料"账户用来核算企业已经验收入库的各种库存材料物资实际成本的增减变动及其结存情况。该账户属于资产类账户，其借方登记已验收入库材料实际的成本；贷方登记发出材料的实际成本(即由于领用或者出售等原因导致的库存材料成本减少)。期末余额在借方，表示库存材料实际成本的期末结存数额。"原材料"账户应按照材料的保管地点、材料的种类或类别设置明细账户，进行明细分类核算。企业在异地采购材料的情况下，外地供应商常为采购材料的企业代垫材料的运费，并随同销货发票将运费单据一并传递给购买材料的企业。这部分运费需要由购货企业自行承担，计入材料的采购成本。"原材料"账户的基本结构如图 6-19 所示。

借方	原材料	贷方
入库材料的实际成本 ×××	发出材料的实际成本 ×××	
期末余额：期末结存材料的实际成本 ×××		

图 6-19 "原材料"账户的基本结构

3. 应付账款

"应付账款"账户主要用来核算企业因购买材料、商品和接受劳务供应等而发生的应付未付款项的增减变动及其结余情况。该账户是负债类账户，其贷方登记应付供应单位各类款项的增加，包括应支付的买价、代垫的运杂费、增值税等；借方登记实际偿还应付供应单位的款项。期末余额一般在贷方，表示尚未偿还供应单位各种应付款的结余数额。该账户应按照债权人即供应单位等的名称设置明细账户，进行明细分类核算。"应付账款"账户的基本结构如图 6-20 所示。

借方	应付账款	贷方
实际偿还应付供应单位的款项 ×××	应付供应单位各种款项的增加 ×××	
	期末余额：尚未偿还应付款的结余数额 ×××	

图 6-20 "应付账款"账户的基本结构

4. 应付票据

"应付票据"账户用来核算企业采用商业汇票结算方式购买材料物资、接受劳务等时开出、承兑商业汇票的增减变动及其结余情况。商业汇票是由收款人或付款人(或承兑申请人)签发,由承兑人承兑,并于到期日向收款人或持票人无条件支付款项的票据,商业汇票付款的最长期限不超过 6 个月。该账户是负债类账户,与"应付账款"账户有相似之处,只是将债权债务票据化了,具有较强的约束力。其贷方登记企业开出、承兑商业汇票的增加;借方登记到期偿付或因无力支付票款而转出的商业汇票。期末余额在贷方,表示期末尚未到期的商业汇票的结余数额。该账户可按债权人进行明细核算,同时设置"应付票据备查账簿",详细登记商业汇票的种类、号码、出票日期、到期日、票面金额、交易合同号、收款人名称、付款日期和金额等。应付票据到期结清时,应在备查账簿中予以注销。"应付票据"账户的基本结构如图 6-21 所示。

借方	应付票据	贷方
到期商业汇票的减少(偿还或转出) ×××	开出、承兑商业汇票的增加 ×××	
	期末余额:尚未到期商业汇票的结余数额 ×××	

图 6-21　"应付票据"账户的基本结构

【知识连接】

支票、汇票和本票

1. 支票。支票是指出票人签发的,委托办理支票存款业务的银行或者其他金融机构在见票时无条件支付确定的金额给收款人或者持票人的票据。支票的特征表现在:其一,支票是委付证券,但支票的付款人比较特殊,必须是有支票存款业务资格的银行或非银行金融机构;其二,我国的支票只有即期支票,无承兑制度。

会计核算:不通过"应付票据"账户核算,而是通过"银行存款"账户核算。

2. 汇票分为银行汇票和商业汇票。商业汇票分为商业承兑汇票和银行承兑汇票。

(1) 银行汇票是指由出票银行签发的,由其在见票时按照实际结算金额无条件付给收款人或者持票人的票据。银行汇票的出票银行为经中国人民银行批准办理银行汇票的银行。银行汇票多用于办理异地转账结算和支取现金。

会计核算:通过"其他货币资金——银行汇票"账户核算。

(2) 商业承兑汇票是商业汇票的一种,是指收款人开出经付款人承兑,或由付款人开出并承兑的汇票。使用汇票的单位必须是在商业银行开立账户的法人,要以合法的商品交易为基础。汇票经承兑后,承兑人(即付款人)便负有到期无条件支付票款的责任。汇票可以向银行贴现,也可以流通转让。

会计核算:通过"应收票据""应付票据"账户核算。

(3) 银行承兑汇票是商业汇票的一种，是指由在承兑银行开立存款账户的存款人签发，向开户银行申请并经银行审查同意承兑的，保证在指定日期无条件支付确定的金额给收款人或持票人的票据。

会计核算：通过"应收票据""应付票据"账户核算。

(4) 商业承兑汇票和银行承兑汇票的主要区别在于：①承兑主体不同。银行承兑汇票由银行承兑；商业承兑汇票由银行以外的付款人承兑。②信用等级不同。商业承兑汇票是商业信用；银行承兑汇票是银行信用。③风险不同。商业承兑汇票当承兑人无力支付时，会发生支付风险，风险相对较高；银行承兑汇票几乎无支付风险，且可向银行贴现提前获取资金。④流通性不同。商业承兑汇票的信用等级及流通性低于银行承兑汇票。

3. 本票。银行本票是申请人将款项交存银行，由银行签发的承诺自己在见票时无条件支付确定的金额给收款人或者持票人的票据。银行本票按照其金额是否固定可分为不定额本票和定额本票两种。银行本票，见票即付，不予挂失，当场抵用，付款保证程度高。

会计核算：通过"其他货币资金——银行本票"账户核算。

(资料来源：《中华人民共和国票据法》等.)

5. 预付账款

"预付账款"账户用来核算企业按照购货合同规定预付给供应单位款项的增减变动及其结余情况。该账户是资产类账户，其借方登记预先支付给供应单位款项的增加即债权的增加；贷方登记收到供应单位发运来的材料物资而应冲销的预付款，即供应方不再欠我们货物而带来的债权减少或者冲减。期末余额一般在借方，表示已经预先支付但尚未结算的预付款的结余额。该账户应按照供应单位的名称设置明细账户，并进行明细分类核算。在实际工作中，预付款项不多的，可将其直接记入"应付账款"账户的借方。"预付账款"账户的基本结构如图6-22所示。

借方		预付账款	贷方
预付供应单位款项的增加	×××	冲销预付供应单位的款项	×××
期末余额：尚未结算的预付账款结余数额	×××		

图6-22 "预付账款"账户的基本结构

6. 应交税费

在固定资产购置业务核算部分，已经简单介绍了"应交税费"账户。该账户是负债类账户，主要用来核算企业按《税法》规定应缴纳的各种税费的计算与实际缴纳情况。其贷方登记已计算出来的各种应交而未交税费的增加，包括增值税、消费税、资源税、城市维护建设税、教育费附加、所得税、房产税、车船税等；借方登记实际缴纳的各种税费，包括购买材料物资和设备、接受劳务等而支付的增值税进项税额。需要说明的是，该账户期末余额方向不固定，如果在贷方，表示应交而未交税费的结余额；如果在借方，表示多交的各种税费。"应交税费"账户应按照各种税费种类设置明细账户，进行明细分类核算。"应交税费"账户的结构如图6-23所示。

借方	应交税费		贷方
实际缴纳的各种税费 ×××		各种应交而未交税费的增加	×××
期末余额：多交的各种税费 ×××		期末余额：应交而未交税费的结余额	×××

图6-23 "应交税费"账户的基本结构

在材料采购业务中设置"应交税费"账户主要是核算增值税，即应交税费——应交增值税。该账户的贷方发生额表示企业销售货物或者提供应税劳务应缴纳的增值税税额(销项税额)、转出已支付或者分担的增值税；借方发生额表示企业购进货物或者接受应税劳务支付的进项税额和实际已经缴纳的增值税；期末借方余额，表示企业多交或者尚未抵扣的增值税；期末贷方余额，表示企业尚未缴纳的增值税。

通过本节最初部分的知识链接，我们已经对增值税有了初步了解。但要深入理解增值税，必须知道其设计原理。例如，东方公司是一般纳税人——适用的增值税税率是13%(下同)，该企业11月份购入各类材料物资共计100 000元，增值税进项税额13 000元。经过紧张的加工制造过程，公司当月销售商品一批，增值税专用发票上注明的卖价为200 000元，增值税销项税额为26 000元。当月增值税的应纳税额=销项税额-进项税额=26 000-13 000=13 000元。即与按照该批次商品的增值额100 000(200 000-100 000)乘以适用税率13%得出的增值税额13 000元相一致。增值税额的计算过程如图6-24所示。在实务中，一般以某个时间段的增值税销项税额减去进项税额来计算增值税。

图6-24 增值税额的计算过程

应纳增值税=增值额×适用税率=(200 000-100 000)×13%=13 000(元)
应纳增值税=销项税额-进项税额=26 000-13 000=13 000(元)

(二)材料采购成本的计算

如前所述，制造业企业采购各种原材料的实际采购成本，验收入库前后分别通过"在途物资"和"原材料"账户核算。那么材料的采购成本具体包括哪些内容呢？可以细分为买价和采购费用。其中的买价，指购货发票所注明的买卖价款；采购费用包括运杂费等，具体如图6-25所示。

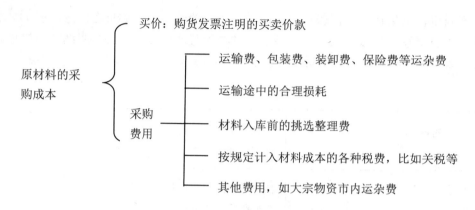

图 6-25　材料采购成本包括的内容

其中的买价，在发生的当时计入所购材料的采购成本；而采购费用，在发生的当时如果能分清其受益对象，可直接计入材料的采购成本，不能分清的按照一定的标准来分配计入材料采购成本。需要说明的是，外购材料所发生的市内零星运杂费和采购人员的差旅费不构成材料的采购成本，而是计入期间费用。材料在运输过程中发生的损耗除了合理损耗之外，还包括不合理损耗和意外损耗。只有企业按照一定比例核准的合理损耗，才可计入材料采购成本。

(三)具体经济业务实例(实际成本法)

在实际成本法下，材料采购业务的具体流程如图 6-26 所示。

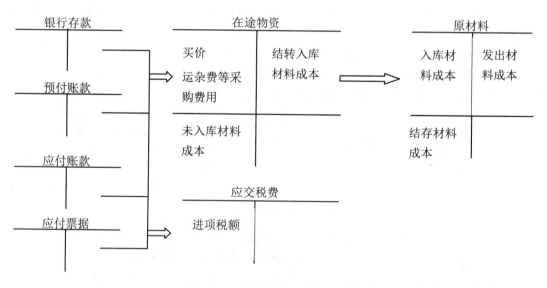

图 6-26　材料采购业务流程图

【例 6-19】东方公司购入材料一批，其中甲材料 2 500 千克，单价 20 元；乙材料 1 500 千克，单价 30 元，增值税税率为 13%，所有的材料尚未验收入库，全部款项以银行存款支付。

【解析】根据题意，甲材料买价为 50 000(2 500×20)元，乙材料买价为 45 000(1 500×30)

元，甲、乙两种材料的买价合计 95 000(50 000+45 000)元，增值税进项税额为 12 350(95 000× 13%)元。该笔经济业务的发生，导致公司购入材料物资(尚未验收入库)的买价增加 50 000 和 45 000 元，记入"在途物资"账户的借方；增值税进项税额增加 12 350 元，记入"应交税费——应交增值税"账户的借方；公司的银行存款减少 107 350(50 000+45 000+12 350) 元，记入"银行存款"账户的贷方。应编制的会计分录如下。

借：在途物资——甲材料　　　　　　　　　　50 000
　　　　　　　——乙材料　　　　　　　　　　45 000
　　应交税费——应交增值税(进项税额)　　　12 350
　　贷：银行存款　　　　　　　　　　　　　　　　107 350

【例 6-20】东方公司购入丙材料 4 000 千克，单价为 25 元，增值税税率为 13%，材料尚未运抵企业，全部款项以商业汇票支付。

【解析】根据题意，丙材料买价为 100 000(4 000×25)元，增值税进项税额为 13 000(100 000×13%)元。该笔经济业务的发生，导致公司购入材料物资(尚未运抵企业)的买价增加 100 000 元，记入"在途物资"账户的借方；增值税进项税额增加 13 000 元，记入"应交税费——应交增值税"账户的借方；公司的应付商业汇票增加 113 000(100 000+13 000)元，记入"应付票据"账户的贷方。应编制的会计分录如下。

借：在途物资——丙材料　　　　　　　　　　100 000
　　应交税费——应交增值税(进项税额)　　　13 000
　　贷：应付票据　　　　　　　　　　　　　　　　113 000

【例 6-21】承前两例，东方公司用银行存款 1 600 元支付甲、乙、丙材料的外地运杂费，按照材料的重量进行分摊。

【解析】甲、乙、丙三种材料的总重量=2 500+1 500+4 000=8 000(千克)
每千克应分摊的运杂费=1 600÷8 000=0.2(元/千克)
甲材料应分摊的运杂费=2 500×0.2=500(元)
乙材料应分摊的运杂费=1 500×0.2=300(元)
丙材料应分摊的运杂费=4 000×0.2=800(元)

该笔经济业务的发生，一方面使公司外购材料物资的成本增加 1 600 元，其中甲、乙、丙三种材料分别增加 500 元、300 元、800 元，记入"在途物资"账户的借方；另一方面使公司的银行存款减少 1 600 元，记入"银行存款"账户的贷方。应编制的会计分录如下。

借：在途物资——甲材料　　　　　　　　　　500
　　　　　　　——乙材料　　　　　　　　　　300
　　　　　　　——丙材料　　　　　　　　　　800
　　贷：银行存款　　　　　　　　　　　　　　　　1 600

【例 6-22】续前三例，甲、乙、丙三种材料验收入库，东方公司计算并结转其实际采购成本。

【解析】根据以上资料，编制材料采购成本计算表，如表 6-1 所示。

表 6-1　材料采购成本计算表

材料名称	重量/千克	单价/(元/千克)	买价/元	运杂费/元	采购总成本/元	单位采购成本/(元/千克)
甲材料	2 500	20	50 000	500	50 500	20.2
乙材料	1 500	30	45 000	300	45 300	30.2
丙材料	4 000	25	100 000	800	100 800	25.2
合计	8 000	—	195 000	1 600	196 600	—

该笔经济业务的发生，一方面使公司已验收入库原材料的实际成本增加 196 600(50 500+45 300+100 800)元，记入"原材料"账户的借方；另一方面使公司结转已验收入库材料的采购成本 196 600 元，记入"在途物资"账户的贷方。应编制的会计分录如下。

借：原材料——甲材料　　　　　　　　　50 500
　　　　——乙材料　　　　　　　　　45 300
　　　　——丙材料　　　　　　　　　100 800
　　贷：在途物资——甲材料　　　　　　　　　　50 500
　　　　　　——乙材料　　　　　　　　　　45 300
　　　　　　——丙材料　　　　　　　　　　100 800

【例 6-23】东方公司以银行存款 113 000 元，偿还到期的商业汇票。

【解析】该笔经济业务的发生，一方面使公司实际偿还到期的商业汇票 113 000 元，记入"应付票据"账户的借方；另一方面使公司银行存款同步减少 113 000 元，记入"银行存款"账户的贷方。应编制的会计分录如下。

借：应付票据　　　　　　　　　113 000
　　贷：银行存款　　　　　　　　　　113 000

【例 6-24】南海公司为购入丁材料向长安公司预付订货款 120 000 元，以银行存款支付。

【解析】这笔经济业务的发生，一方面使公司预先支付给对方的订货款增加 120 000 元，记入"预付账款"账户的借方；另一方面使公司的银行存款减少 120 000 元，记入"银行存款"账户的贷方。应编制的会计分录如下。

借：预付账款——长安公司　　　　　　　120 000
　　贷：银行存款　　　　　　　　　　120 000

【例 6-25】南海公司收到长安公司发运来的丁材料 4 000 千克，每千克 40 元，材料已经运抵企业但尚未验收入库。增值税专用发票显示该材料的进项税额为 20 800 元，同时长安公司代垫运杂费 2 000 元。南海公司在实际支付时，除冲销原预付款 120 000 元外，剩余款项以银行存款支付。

【解析】该笔经济业务的发生，导致公司的材料采购成本增加 162 000(4 000×40+2 000)元，记入"在途物资"账户的借方；增值税进项税额增加 20 800 元，记入"应交税费——应交增值税"账户的借方；冲减预付账款 120 000 元，记入"预付账款"账户的贷方；银行存款减少 62 800(162 000+20 800-120 000)元，记入"银行存款"账户的贷方。应编制的会计分录如下。

借：在途物资——丁材料　　　　　　　　162 000

应交税费——应交增值税(进项税额)	20 800
贷：预付账款——长安公司	120 000
银行存款	62 800

【例 6-26】 续前两例，南海公司本月购入的丁材料已经验收入库，结转该材料的实际采购成本。

【解析】 根据题意，丁材料实际采购成本为 162 000 元。该笔经济业务的发生，一方面使公司已验收入库原材料的实际成本增加 162 000 元，记入"原材料"账户的借方；另一方面使公司结转已验收入库材料的采购成本 162 000 元，记入"在途物资"账户的贷方。应编制的会计分录如下。

| 借：原材料——丁材料 | 162 000 |
| 贷：在途物资——丁材料 | 162 000 |

【思政课堂】

国家税务总局曝光 5 起增值税发票虚开骗税典型案例

为了维护正常的经济税收秩序，在税务总局、公安部、海关总署、人民银行四部委打击虚开骗税领导小组的统一部署下，各地税务、公安等部门通力合作，在开展打击虚开骗税违法犯罪行为专项行动中，破获了多起虚开骗税案件，对不法分子形成了有力震慑。

1. 湖北警税联合破获"楚剑五号"虚开增值税发票案。2020 年 3 月，国家税务总局湖北省税务局稽查局在进行大数据选案时，发现荆州有企业存在虚开骗税嫌疑，遂会同湖北省公安厅将该案源联合下发至荆州警税部门。2020 年 7 月，荆州警税联合专案组成功地开展"楚剑五号"虚开增值税发票案收网行动，抓获犯罪嫌疑人 14 人，查获作案工具若干。经查，该团伙虚假注册空壳企业 92 户，对外虚开增值税普通发票和专用发票 14 401 份，虚开金额达 5.57 亿元。

2. 贵州破获出口"貂皮大衣"骗税案。2020 年 10 月，贵州税务联合公安、海关、人民银行成功破获一起出口"貂皮大衣"骗税案。经查，该涉案团伙注册了 3 家"貂皮大衣"生产出口企业，采取虚假购进、虚假生产、虚假出口等手段，层层伪装，短时间内"出口"金额高达 2.13 亿元，并通过让他人为自己虚开发票、非法买汇结汇等手段骗取出口退税。目前税务机关认定涉案企业骗取出口退税 2 000 万元，法院已作出一审判决，判决 4 名涉案人员犯骗取出口退税罪，分别判处 4 至 11 年不等有期徒刑。

3. 深圳警税破获"惊雷 4 号"虚开、伪造出售假发票案。2020 年 12 月，深圳警税联合开展"惊雷 4 号"专案收网行动，摧毁犯罪团伙 12 个，抓获犯罪嫌疑人 45 人。经查，这些团伙控制企业 900 余户，涉嫌对外虚开增值税普通发票和专用发票以及非法制造、出售非法制造的发票，涉案金额达 60 余亿元。

4. 浙江金华警税联合破获"9·11"骗税案。2020 年 12 月，浙江金华警税联合破获"9·11"骗税案，抓获犯罪嫌疑人 54 名，打掉犯罪团伙 16 个，捣毁犯罪窝点 22 处。经查，本案多团伙分工协作，向地下钱庄购买外汇虚假结汇，共同组成虚开结汇骗税链条，5 家出口企业利用 56 家上游公司虚开的 13.68 亿元发票，骗取出口退税款 1.65 亿元。

5. 福建警税破获"10·24"虚开增值税普通发票案。2021 年 1 月，福建警税联合行动，成功地打掉"10·24"暴力虚开增值税普通发票团伙，捣毁犯罪窝点 5 个，抓获犯罪嫌疑人 6 名，现场查获作案工具若干。经查，该团伙控制企业 153 户，通过虚填免税销售额进行虚假申报，逃避缴纳税款，在没有真实业务往来的情况下，对外虚开增值税普通发票 4.6 万余份，虚开金额达 37 亿元。

思考题：什么是增值税普通发票和专用发票？企业通过虚开增值税发票，可以获得哪些好处，对社会有何危害？对增值税发票涉及的相关犯罪，应如何识别并加以惩处？

(资料来源：国家税务总局办公厅. 税务总局曝光 5 起增值税发票虚开骗税典型案例. http://www.chinatax.gov.cn/chinatax/n810219/n810724/c5165548/content.html.2021-06-18.)

第四节　生产过程的核算

制造业企业从原材料投入生产开始，到产品完工验收入库为止的全过程称为生产过程。生产过程主要经济业务的核算，是围绕着各种生产费用的发生、归集和分配，以及产品生产成本的形成和计算进行的。

一、生产过程与生产费用概述

生产过程既是产品的加工制造过程，又是物化劳动和活劳动的耗费过程。产品生产过程中所发生的各种耗费，包括生产加工产品涉及的劳动手段(折旧费)、劳动对象(材料费)、劳动力(职工薪酬)以及车间内生产组织和管理等活动的耗费。企业在一定时期内发生的用货币表现的生产耗费，统称生产费用。所有的这些生产费用都是为了生产产品而发生的，最终通过归集和分配，计入已经完工的产品，形成各类产品的生产成本。

生产费用一般是在基本生产单位范围内发生的，包括车间或者分厂等。按其计入产品成本的方式不同，生产费用可以分为直接费用和间接费用。生产费用发生的当时，如果能找到其唯一的受益对象，则属于直接费用，比如产品在生产过程中实际消耗的直接材料、直接人工和其他直接费用。而有的生产费用的发生与多种产品的生产相关，如车间管理人员的工资奖金、机器设备的磨损、车间共同耗用的水电费办公费等，这些间接费用在发生的当时找不到唯一的受益对象，我们将其称为间接的制造费用。生产费用的主要内容如表 6-2 所示。

表 6-2　生产费用的主要内容

生产费用	项　目	具体内容
直接费用	直接材料	直接用于产品生产，构成产品实体的各种原材料、外购半成品以及辅助材料等
	直接人工	直接从事产品生产的工人工资、奖金、津贴、补贴、福利费等
	其他直接费用	除直接材料和直接人工以外的与某种产品的生产有直接关系的各项费用
间接费用	制造费用	生产部门为生产产品而发生的各项间接费用，与多种产品的生产相关

与生产费用相对应的是期间费用。期间费用是指企业日常活动中发生的与产品的生产没有直接关系或者关系不密切的费用。期间费用是企业为组织和管理整个经营活动所发生的费用，与可以确定特定成本核算对象的材料采购、产品生产等没有直接关系，不能计入特定产品的生产成本，而应计入发生当期的损益，包括销售费用、管理费用和财务费用等。

二、生产过程应设置的账户

为了核算和监督产品在生产过程中各项费用的发生、归集和分配情况，正确地计算产品生产成本，应设置以下账户。

1. 生产成本

"生产成本"账户主要用来归集产品生产过程中发生的、应计入产品成本的直接材料、直接人工、其他直接费用和间接的制造费用，并据以确定产品的实际生产成本。该账户是成本类账户，其借方登记应计入产品生产成本的各项直接费用和间接费用，其中的直接费用在发生时计入，间接费用期末分配转入；贷方登记应结转的完工入库产成品的生产成本。期末如果有余额在借方，表示尚未完工产品即在产品已经发生的生产成本。该账户应按产品种类或类别设置明细账户，进行明细分类核算。"生产成本"账户的基本结构如图 6-27 所示。

借方	生产成本	贷方
发生的各种生产费用： 直接材料　××× 直接人工　××× 其他直接费用　××× 转入的制造费用　×××	应结转的完工入库产成 品的生产成本　×××	
期末余额：尚未完工 产品的生产成本　×××		

图 6-27　"生产成本"账户的基本结构

2. 制造费用

"制造费用"账户用来归集和分配企业基本生产单位(主要生产车间和辅助生产车间等)范围内为组织和管理产品的生产活动而发生的各项间接生产费用，包括车间发生的折旧费、办公费、水电费、机物料消耗、管理人员职工薪酬等。该账户的名字中虽然有"费用"两字，但它是成本类账户，其借方登记实际发生后归集起来的各项间接生产费用；贷方登记期末经分配转入"生产成本"账户的制造费用额。经过分配结转后该账户一般没有期末余额。该账户应按不同车间或者费用项目设置明细账户，进行明细分类核算。"制造费用"账户的基本结构如图 6-28 所示。

借方	制造费用	贷方
生产单位范围内发生的各项间接生产费用　×××	期末分配转入"生产成本"账户的制造费用　×××	
期末一般没有余额		

图6-28　"制造费用"账户的基本结构

3. 应付职工薪酬

"应付职工薪酬"账户用来核算企业应付给职工各种薪酬总额的计算、实际发放及结余情况。因企业职工薪酬的计算与支付一般不在一个会计期间，当期的职工薪酬期末才能准确计算出来，下一个会计期间才能支付。该账户是负债类账户，贷方登记期末(月末)计算出来的应付而未付职工薪酬的总额，包括各种工资、奖金、津贴、福利费等；借方登记实际支付的职工薪酬。期末如有余额在贷方，表示期末结余尚未支付的职工薪酬。该账户可按照工资、职工福利、社会保险、住房公积金等种类进行明细分类核算。"应付职工薪酬"账户的基本结构如图6-29所示。

借方	应付职工薪酬	贷方
实际支付的职工薪酬　×××	期末计算出来的各种应付而未付的职工薪酬　×××	
	期末余额：期末结余尚未支付的职工薪酬　×××	

图6-29　"应付职工薪酬"账户的基本结构

4. 累计折旧

"累计折旧"是"固定资产"的备抵调整账户，又称为资产备抵账户。它属于资产类账户，但其结构与一般资产类账户刚好相反，贷方登记增加，借方登记减少，余额在贷方。该账户主要用来核算企业按照确定的方法，对所拥有的固定资产分期计提的折旧及其增减变动和结存情况。其贷方登记按月提取的固定资产折旧的增加金额，即固定资产每期转移到产品成本或期间费用中的磨损价值；借方登记因报废、损毁、出售等原因而导致已提累计折旧的转出(注销)。期末余额在贷方，表示企业现有固定资产已提折旧的累计额(或者说累计磨损价值)。该账户一般不进行明细分类核算，而通过固定资产卡片(台账)来了解。"累计折旧"账户的基本结构如图6-30所示。

5. 库存商品

"库存商品"账户主要用来核算企业库存的外购商品、产成品、自制半成品、存放在门市部准备出售的商品、发出展览的商品以及寄存在外的商品等的实际成本的增减变动及其结存情况。制造业企业的库存商品以产成品为主。该账户是资产类账户，其借方登记验收入库商品成本的增加；贷方登记因销售等原因导致的库存商品成本的减少(发出)。期末余额在借方，表示库存商品成本的期末结存数额。"库存商品"账户应按照商品的种类、品种和规格等设置明细账，进行明细分类核算。"库存商品"账户的基本结构如图 6-31 所示。

借方	累计折旧		贷方
因报废、损毁、出售等原因减少的已提折旧数	×××	每期计提的固定资产折旧的增加	×××
		期末余额：固定资产已提折旧累计数	×××

图 6-30   "累计折旧"账户的基本结构

借方	库存商品		贷方
验收入库商品成本的增加	×××	库存商品成本的减少	×××
期末余额：库存商品成本的期末结存数额	×××		

图 6-31   "库存商品"账户的基本结构

6. 管理费用

"管理费用"账户主要用来核算企业行政管理部门为组织和管理生产经营活动而发生的各项费用，包括董事会和行政管理部门在企业经营管理中发生的或者应由企业统一负担的公司经费、工会经费、董事会费、聘请中介机构费、咨询费、诉讼费、业务招待费、办公费、差旅费、管理人员职工薪酬等。企业生产部门和行政管理部门发生的固定资产修理费等后续支出，也在该账户核算。该账户是损益类费用账户，其借方登记企业当期发生的各项管理费用；贷方登记结转到"本年利润"账户的金额。结转后期末没有余额。该账户应按照费用项目的具体类别设置明细账，进行明细分类核算。"管理费用"账户的基本结构如图 6-32 所示。

借方	管理费用		贷方
企业当期发生的各项管理费用	×××	期末转入"本年利润"账户中的金额	×××
期末一般没有余额			

图 6-32   "管理费用"账户的基本结构

三、生产过程具体经济业务实例

根据制造业企业生产活动的特点以及产品成本的主要构成内容，将生产过程的经济业务划分为：材料费用的核算、人工费用的核算、折旧费用的核算、其他制造费用的核算、产品成本的核算。

(一)材料费用的核算

原材料包括企业库存的各种材料，由原料及主要材料、辅助材料、外购半成品(外购件)、修理用备件(备品备件)、包装材料、燃料等组成。企业生产部门在领用原材料时，应根据领料凭证区分车间、部门和不同用途后，按照受益对象的不同将发出材料的成本分别记入"生产成本""制造费用""管理费用""在建工程"等账户和产品生产成本明细账。如果领用的原材料直接用于某类产品的生产，记入"生产成本"账户；如果领用的原材料用于车间的共同耗用，记入"制造费用"账户；如果领用的原材料用于日常的管理活动，则记入"管理费用"账户。

【例 6-27】东方公司本月仓库发出材料汇总情况如表 6-3 所示。请根据材料发出后的用途编制会计分录。

表 6-3　发出材料汇总表

用　途	甲　材　料		乙　材　料		材料耗用合计/元
	数量/千克	金额/元	数量/千克	金额/元	
A 产品耗用	100	20 000	800	80 000	100 000
B 产品耗用	150	30 000	200	20 000	50 000
C 产品耗用	320	64 000	600	60 000	124 000
小计	570	114 000	1 600	160 000	274 000
车间一般耗用	230	46 000	550	55 000	101 000
管理部门领用	300	60 000	450	45 000	105 000
合计	1 100	220 000	2 600	260 000	480 000

【解析】如表 6-3 所示，东方公司领用材料的用途包括：直接用于 A、B、C 三种产品生产的直接材料 274 000(100 000+50 000+124 000)元，车间一般性消耗的材料费 101 000元，管理部门耗用的材料费 105 000 元。该笔经济业务的发生，导致公司生产产品的直接材料增加 274 000 元，记入"生产成本"账户的借方；车间共同耗用的间接费用增加 101 000元，记入"制造费用"账户的借方；管理部门耗用的费用增加 105 000 元，记入"管理费用"账户的借方；企业库存材料减少 480 000(220 000+260 000)元，记入"原材料"账户的贷方。应编制的会计分录如下。

借：生产成本——A 产品　　　　　　　　100 000
　　　　　　——B 产品　　　　　　　　 50 000
　　　　　　——C 产品　　　　　　　　124 000
　　制造费用　　　　　　　　　　　　　101 000

管理费用	105 000
贷：原材料——甲材料	220 000
——乙材料	260 000

(二)人工费用的核算

【知识链接】

五险一金和七险二金

五险一金是指用人单位给予劳动者的几种保障性待遇的合称，包括养老保险、医疗保险、失业保险、工伤保险、生育保险及住房公积金。2016 年 3 月，"十三五"规划纲要提出，将生育保险和基本医疗保险合并实施。但在大多数省市，两险合并实施，并非取消生育保险，而是保留生育保险险种。生育保险基金并入基本医疗保险基金统一征缴、统一参保登记，参加职工基本医疗保险的在职职工同步参加生育保险。

因我国各地市实际执行五险一金的缴纳比例不完全一致，此处以北京市为例，介绍一下职工五险一金的缴纳标准，如表 6-4 所示。需要说明的是，此标准会随着政策的变化随时变动。

表6-4　北京市职工五险一金缴纳标准(根据政策随时变动)

项 目	单位缴费比例	个人缴费比例	缴费基数计算规则
养老保险	16%	8%	基数：员工上一年度月均工资；
失业保险	0.5%	0.5%	上限：上年社会平均工资的 300%即
工伤保险	0.2% ～ 1.9%(2021年暂时下调20%)	无	28 221 元(2021 年)； 下限：上年社会平均工资的 60%即 5 644
生育保险	0.8%	无	元，受疫情影响企业可暂执行 5 360 元
医疗保险	9%	2%+3 元	(2021 年)
住房公积金	5%～12%	5%～12%	基数：员工上一年度月均工资； 上限：28 221 元(2021 年)； 下限：2 320 元(2021 年)

在五险一金的基础上，某些待遇较好的单位会给劳动者提供七险二金。多出来的两险一金是补充医疗保险、补充工伤保险和职业/企业年金，两险这部分大多不需要个人掏钱，但职业/企业年金有个人缴纳部分。根据《机关事业单位职业年金办法》，职业年金个人缴费比例为 4%，单位缴纳比例为 8%；根据《企业年金办法》，企业缴费比例不超过本企业职工工资总额的 8%，企业和职工个人缴费比例合计不超过本企业职工工资总额的 12%。具体所需费用，由企业和职工协商确定。

职工薪酬是指企业为获得职工提供的服务或解除劳动关系而给予各种形式的报酬或补偿，企业提供给职工配偶、子女、受赡养人、已故员工遗嘱及其他受益人等的福利，也属于职工薪酬。根据具体形式的不同，职工薪酬可分为货币性职工薪酬和非货币性职工薪酬。根据《企业会计准则——职工薪酬》的规定，职工薪酬的具体内容如图 6-33 所示。

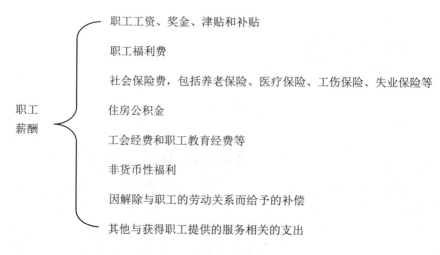

职工薪酬
- 职工工资、奖金、津贴和补贴
- 职工福利费
- 社会保险费，包括养老保险、医疗保险、工伤保险、失业保险等
- 住房公积金
- 工会经费和职工教育经费等
- 非货币性福利
- 因解除与职工的劳动关系而给予的补偿
- 其他与获得职工提供的服务相关的支出

图 6-33　职工薪酬的具体内容

在对企业职工薪酬进行核算时，应根据"工资结算汇总表"或"工资费用分配汇总表"等登记计算的内容，进行相关的账务处理，即按照职工提供劳动的受益对象的不同，记入不同的会计账户。如果工人提供的劳动用于生产某种产品，应作为直接人工记入"生产成本"账户；车间管理和服务人员的职工薪酬属于间接费用，记入"制造费用"账户；厂部管理人员和在建工程人员的职工薪酬分别记入"管理费用"和"在建工程"账户。

【例 6-28】东方公司根据当月的考勤记录和产量记录等资料，计算确定本月职工的工资费用，如表 6-5 所示。

表 6-5　工资费用分配汇总表

单位：元

所属部门		职工薪酬
车间生产人员	A 产品	56 000
	B 产品	38 000
	C 产品	42 000
	小计	136 000
车间管理人员		18 000
厂部管理人员		56 000
在建工程人员		20 000
合计		230 000

【解析】该笔经济业务的发生，导致公司生产产品的直接人工费用增加 136 000 元，记入"生产成本"账户的借方；车间共同耗用的间接人工费用增加 18 000 元，记入"制造费用"账户的借方；管理部门的人工费用增加 56 000 元，记入"管理费用"账户的借方；在建工程的人工费用增加 20 000 元，记入"在建工程"账户的借方；应付而未付的职工薪酬增加 230 000 元，记入"应付职工薪酬"账户的贷方。编制的会计分录如下。

借：生产成本 ——A 产品　　　　　56 000
　　　　　　　——B 产品　　　　　38 000

——C 产品	42 000
制造费用	18 000
管理费用	56 000
在建工程	20 000
贷：应付职工薪酬	230 000

【例 6-29】承前例，次月，东方公司用银行存款 230 000 元发放应付而未付的职工薪酬。

【解析】该笔经济业务的发生，一方面使公司的银行存款减少 230 000 元，记入"银行存款"账户的贷方；另一方面使公司应付而未付的职工薪酬减少 230 000 元，记入"应付职工薪酬"账户的借方。应编制的会计分录如下。

借：应付职工薪酬　　　　　　230 000
　　贷：银行存款　　　　　　　　230 000

(三)折旧费用的核算

【知识链接】

折旧如何影响公司利润

公司生产产品，需要购买各种材料、雇用工人，还得有厂房、机器设备，材料费、人工费比较容易核算，但这些厂房、设备的成本如何合理地计入产品成本中去呢？要知道这些设备、厂房会使用很多年，会用于很多产品的生产，其成本不仅是为取得当期收入而发生，也是为取得后续期间收入而发生的。因此，按照一定的方法把固定资产成本逐步分摊到每一期是最符合经济业务实质的做法。

理解固定资产折旧需要关注折旧的三要素：一是折旧年限；二是折旧计提的方法；三是净残值。固定资产原值减去净残值的部分会通过一定的方法计提折旧，在其预计使用年限内分摊。

1. 折旧年限。折旧年限就是固定资产的预计使用年限。假设固定资产原值为 1 000 万元，预计可以使用 20 年，那么按照年限平均法，每年计提折旧 50 万元；假设可以使用 10 年，那么每年计提折旧 100 万元。折旧年限越短，每年折旧额越高，费用越高，利润就越少；反之，延长计提折旧的年限，可降低每年折旧费用，提高公司利润。实际上，固定资产折旧年限由上市公司自行在一定范围内选择，这就为其利润调节提供了空间。

2. 折旧计提方法。折旧计提方法有很多种，包括年限平均法、工作量法、双倍余额递减法和年数总和法等，不同的方法计提的折旧金额也有差异，从而影响净利润。

3. 净残值或者净残值率。净残值是指固定资产使用期满后，残余的价值减去应支付的清理费用后的那部分价值。这个金额也是公司估算的，净残值越高，固定资产计提折旧的总金额就会越低，同样方法下每期计提的折旧会越少，同样会影响净利润。

举一个例子，资产 A 原来按照年限平均法计提折旧，折旧年限为 5 年，净残值率为5%。会计估计变更后，资产 A 仍按照年限平均法计提折旧，但折旧年限延长为 10 年，净残值率增加为 30%。什么意思呢？假如资产 A 每台的入账价值是 2 万元，原来是五年的折旧年限，考虑到5%的残值率，那么每年计提折旧 3 800((20 000-1 000)/5)元。现在它延迟退休，可以工作 10 年，同时净残值率提高到 30%，那么每年只计提折旧 1 400((20 000-6 000)/10)元，前后差异两倍多。如果公司拥有数量较多的资产 A 或者某种资产的单价较高，那折旧年限、净残值率、折旧计提方法的改变，会带来巨大的影响。

（资料来源：初善君.折旧如何影响毛利率.https://xueqiu.com/6615553088/161135389.2020-10-17.）

固定资产折旧是指企业的固定资产在生产过程中由于使用、自然力以及技术进步等原因，逐渐损耗而转移到产品成本或者当期费用中的那部分价值。也可以理解为在固定资产的使用年限内系统地分期计算固定资产的耗用价值。按照历史成本原则，固定资产的账面价值是其达到可使用状态之前的一切合理、必要的支出，而且一经确认一般不得变更。固定资产折旧可以理解为固定资产价值的减少或者磨损，即固定资产净值=固定资产原始价值-累计计提折旧，如图 6-34 所示。

固定资产(原始价值)		累计折旧	
增加	减少	减少	增加
期末固定资产原值			期末累计折旧额

固定资产净值=固定资产原值-累计折旧

图 6-34　固定资产与累计折旧

企业应当对所有固定资产计提折旧，但已提足折旧仍然继续使用的固定资产和单独计价入账的土地除外。需要注意的是，以融资租赁方式租入的固定资产和以经营租赁方式租出的固定资产，应当计提折旧；当月增加的固定资产，次月才开始计提折旧；当月减少的固定资产，次月开始不提折旧。固定资产计提折旧的方法很多，此处以年限平均法为例介绍如何计算每期折旧额。年限平均法也称为使用年限法或直线法，是以固定资产预计使用年限为分摊标准，将固定资产应计提折旧总额平均分摊到各使用年份/各月份的一种方法。采用这种方法计算的每期折旧额是完全相等的。其计算公式如下：

年折旧额=(固定资产原始价值-预计净残值)/预计使用年限

月折旧额=年折旧额/12

其中　　　　预计净残值=固定资产原始价值×净残值率

【例 6-30】东方公司有一台设备，原始价值为 15.6 万元，净残值为 1.2 万元，预计使用年限为 12 年，采用年限平均法计提折旧，试计算该设备的年折旧额和月折旧额。

【解析】年折旧额=(15.6-1.2)/12=1.2(万元)

月折旧额=1.2/12=0.1(万元)

年限平均法具有计算方便、容易理解的优点，但由于计算公式中除了原价以外的因素均为估计数，计算结果不够精确。此法适用于各个时期使用情况大致相同的固定资产。企业采用不同的折旧方法计算出来的各月折旧额是有所不同的，它决定了各月固定资产损耗计入费用数额的多少，进而会影响企业当期利润和所得税的高低。企业采用的固定资产折旧方法一经确定，不得随意变更。如需变更，应在报表附注中说明。

企业按月计提的固定资产折旧，贷方记入"累计折旧"账户，同时根据固定资产用途即受益对象的差异记入不同的借方账户。生产车间所使用的固定资产，其使用是为了生产多种产品而发生的，因而将计提折旧记入"制造费用"账户；管理部门使用的固定资产，其计提折旧记入"管理费用"账户；销售部门使用的固定资产，其计提折旧记入"销售费用"账户。

【例 6-31】东方公司计提本月固定资产折旧，编制的固定资产分类折旧计算表如表 6-6 所示。

表 6-6　固定资产分类折旧计算表

单位：元

固定资产类别	使用部门	月折旧额
房屋建筑物	生产车间	16 000
	行政管理部门	25 000
	小计	41 000
生产设备	生产车间	12 000
	行政管理部门	31 000
	小计	43 000
运输工具	行政管理部门	9 000
合计		93 000

【解析】该笔经济业务的发生，一方面导致固定资产已提折旧额合计增加 93 000 元，记入"累计折旧"账户的贷方；另一方面区分不同的空间使用范围/用途记入不同的成本费用类账户，其中车间用固定资产计提折旧 28 000(16 000+12 000)元，记入"制造费用"账户的借方，行政管理部门使用的固定资产计提折旧 65 000(25 000+31 000+9 000)元，记入"管理费用"账户的借方。应编制的会计分录如下。

借：制造费用　　　　　　　　28 000

　　管理费用　　　　　　　　65 000

　　贷：累计折旧　　　　　　　　　93 000

(四)其他制造费用的核算

如前所述，制造费用是企业基本生产单位范围内为生产产品而发生的各种间接费用。车间用固定资产计提的折旧是制造费用的重要组成部分，但因其性质特殊，单独在第(三)部分做了介绍。除此之外，多种产品共同承担的车间管理人员费、机物料损耗、生产照明费、劳动保护费、生产动力费、设计制图费、试验费、水电费、办公费等都属于制造费用的范畴。

企业发生车间内的间接费用时，记入"制造费用"账户的借方，同时根据相关费用的支付方式，记入"银行存款""应付账款""库存现金"等账户的贷方。在生产多种产品的企业中，制造费用在发生时难以判定其直接归属的成本核算对象，因而不能记入"生产成本"账户，必须在"制造费用"账户中予以归集汇总，然后选用一定的标准(如生产工人工资、生产工人工时、机器工时、直接材料等)，在各种产品之间进行合理的分配，以便准确地计算各种产品应分摊的制造费用额。企业应根据自身实际情况，特别是产品生产加工的特点等选择某种分配标准，标准一经确定，不得随意变更。

【例 6-32】东方公司发生车间办公费 2 400 元，相应款项以银行存款支付。

【解析】该笔经济业务的发生，一方面使公司车间发生的办公费增加 2 400 元，记入"制造费用"账户的借方；另一方面使银行存款减少 2 400 元，记入"银行存款"账户的贷方。编制的会计分录如下。

借：制造费用　　　　　　　　　　2 400
　　贷：银行存款　　　　　　　　　　　2 400

【例 6-33】东方公司发生水电费 6 000 元，其中管理部门水电费 2 400 元，车间共用水电费 3 600 元，相应款项暂时未支付。

【解析】该笔经济业务的发生，导致公司管理部门耗用的水电费增加 2 400 元，记入"管理费用"账户的借方；车间共同耗用的水电费增加 3 600 元，记入"制造费用"账户的借方；应付未付的款项增加 6 000 元，记入"应付账款"账户的贷方。应编制的会计分录如下。

借：管理费用　　　　　　　　　　2 400
　　制造费用　　　　　　　　　　3 600
　　贷：应付账款　　　　　　　　　　　6 000

【例 6-34】东方公司在月末将本月发生的制造费用按照机器工时分配计入 A、B、C 三种产品的生产成本。其中 A 产品耗用的机器工时 2 000 个，B 产品耗用的机器工时 1 500 个，C 产品耗用的机器工时 1 500 个。

【解析】如本节前例所示，根据车间共同耗用材料费、人工费、折旧费、水电费、办公费等内容确定本月发生的制造费用总额为 153 000(101 000+18 000+28 000+2 400+3 600) 元，按照机器工时比例进行分配，即

$$制造费用分配率=\frac{制造费用总额}{机器工时总和}=\frac{153\,000}{2\,000+1\,500+1\,500}=30.6(元/工时)$$

A 产品负担的制造费用额=30.6×2 000=61 200(元)
B 产品负担的制造费用额=30.6×1 500=45 900(元)
C 产品负担的制造费用额=30.6×1 500=45 900(元)

在实际工作中，往往是通过编制"制造费用分配表"来将制造费用计入产品成本的。本例的制造费用分配表如表 6-7 所示。

表 6-7　制造费用分配表

分配对象	分配标准(机器工时，单位：工时)	分配率/(元/工时)	分配金额/元
A 产品	2 000	30.6	61 200
B 产品	1 500	30.6	45 900
C 产品	1 500	30.6	45 900
合计	5 000	30.6	153 000

将分配的结果计入产品成本时，一方面使产品生产费用增加 153 000 元，其中 A、B、C 三种产品的生产费用分别增加 61 200、45 900、45 900 元，记入"生产成本"账户的借方；另一方面使公司当期发生的制造费用减少(转出)153 000 元，记入"制造费用"账户的贷方。编制的会计分录如下。

借：生产成本——A 产品　　　　61 200
　　　　　　　——B 产品　　　　45 900
　　　　　　　——C 产品　　　　45 900
　　贷：制造费用　　　　　　　153 000

(五)产品成本的核算

如图 6-35 所示，企业所有的生产费用包括直接生产费用和间接生产费用两部分，直接生产费用发生时就计入产品的生产成本，间接生产费用先计入制造费用，然后分配计入产品生产成本。在将制造费用分配由各种产品分摊之后，"生产成本"账户的借方归集了各种产品所发生的直接材料、直接人工、其他直接费用和间接的制造费用的全部内容。如果该产品此时已经完工，可进行产品成本的计算，即根据已完工产品的生产成本明细分类账编制成本计算表，计算其总成本和单位成本。

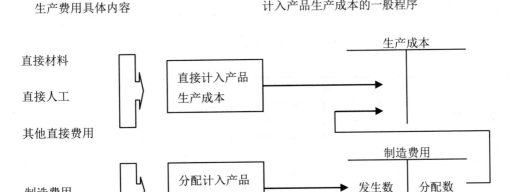

图 6-35　生产费用与生产成本

假定东方公司某车间当月只生产了 A、B、C 三种产品，全部为当月投产，其中的 A、B 产品当月完工，C 产品当月未完工。三种产品明细分类账分别如表 6-8、表 6-9 和表 6-10 所示。

根据 A、B 产品生产成本明细账的记录，可计算 A、B 两种产品的总成本和单位成本，编制完工产品生产成本计算表，如表 6-11 所示。

本月投产的 A、B 产品完工验收入库后，已经不是在产品了，则应将其所有的生产成本从"生产成本"账户的贷方转出，转入"库存商品"账户的借方。

表6-8　生产成本明细分类账(A产品)

单位：元

年		摘　要	直接材料	直接人工	制造费用	合计
月	日					
略	略	生产领用材料	100 000			100 000
		直接工资费用		56 000		56 000
		分配制造费用			61 200	61 200
		结转完工产品成本	100 000	56 000	61 200	217 200

表6-9　生产成本明细分类账(B产品)

单位：元

年		摘　要	直接材料	直接人工	制造费用	合计
月	日					
略	略	生产领用材料	50 000			50 000
		直接工资费用		38 000		38 000
		分配制造费用			45 900	45 900
		结转完工产品成本	50 000	38 000	45 900	133 900

表6-10　生产成本明细分类账(C产品)

单位：元

年		摘　要	直接材料	直接人工	制造费用	合计
月	日					
略	略	生产领用材料	124 000			124 000
		直接工资费用		42 000		42 000
		分配制造费用			45 900	45 900
		月末在产品成本合计	124 000	42 000	45 900	211 900

表6-11　完工产品生产成本计算表

成本项目	A 产品(200 件)		B 产品(100 件)	
	总成本/元	单位成本/(元/件)	总成本/元	单位成本/(元/件)
直接材料	100 000	500	50 000	500
直接人工	56 000	280	38 000	380
制造费用	61 200	306	45 900	459
合　计	217 200	1 086	133 900	1 339

【例6-35】东方公司本月生产完工 A、B 两种产品，其中 A 产品完工总成本为 217 200 元，B 产品完工总成本为 133 900 元。A、B 产品现已验收入库，结转完工产品成本。

【解析】该笔经济业务的发生，一方面使公司的库存完工产品成本增加 351 100(217 200

+133 900)元，记入"库存商品"账户的借方；另一方面结转已完工产品生产成本 351 100 元，其中 A 产品 217 200 元，B 产品 133 900 元，记入"生产成本"账户的贷方。应编制的会计分录如下。

借：库存商品——A 产品　　　　217 200
　　　　　　——B 产品　　　　133 900
　贷：生产成本——A 产品　　　　217 200
　　　　　　——B 产品　　　　133 900

第五节　销售过程的核算

销售过程是制造业企业生产经营过程的最后一个阶段。在销售过程中，企业将产品出售给购买单位并收回货币资金，以补偿生产阶段的耗费，保证企业资金循环和周转的顺利进行。销售过程按照经营业务的主次，分为主营业务收支和其他业务收支。

一、主营业务收支的核算

主营业务是相对于其他业务而言的，制造业企业的主营业务包括销售商品、自制半成品、代制品、代修品以及提供工业性劳务等。主营业务收支的核算包括主营业务收入的确认与计量、主营业务成本的计算与结转、销售费用的发生与归集、税金及附加的计算与缴纳等。

(一)应设置的账户

1. 主营业务收入

"主营业务收入"账户用来核算企业确认的销售商品、提供工业性劳务等主营业务取得的收入。该账户是损益类收入账户，其贷方登记企业实现的主营业务收入的增加；借方登记发生销售退回、销售折让时应冲减的主营业务收入以及期末转入"本年利润"账户的收入净额。结转后该账户期末没有余额。该账户应按照业务的种类设置明细账，进行明细分类核算。"主营业务收入"账户的基本结构如图 6-36 所示。

借方	主营业务收入	贷方
发生销售退回、销售 折让冲减的主营业务收入　××× 期末转入"本年利润" 的主营业务收入净额　××× 	主营业务收入的增加　××× 期末一般没有余额	

图 6-36　"主营业务收入"账户的基本结构

163

2. 主营业务成本

对于制造业企业而言，主营业务成本就是企业销售商品、提供工业性劳务等经营性活动所发生的成本。主营业务成本的计算，也就是产品销售成本的计算。根据配比原则，收入要和与之对应的成本费用配合起来进行比较。因为收入的取得不是凭空发生的，企业售出的产品前期垫支了很多资金，包括材料费、人工费等在内，形成了产品的生产成本。当企业确认主营业务收入的同时，需要结转主营业务成本，即将"库存商品"账户中包含的产品成本，转入"主营业务成本"账户。其计算公式如下：

主营业务成本=已售出产品数量×单位产品生产成本

"主营业务成本"账户用来核算企业主营业务相关成本的发生和结转情况。该账户是损益类费用账户，其借方登记主营业务发生的实际成本；贷方登记期末转入"本年利润"账户的主营业务成本。结转后该账户期末没有余额。该账户应按照主营业务的种类设置明细账户，进行明细分类核算。"主营业务成本"账户的基本结构如图 6-37 所示。

借方	主营业务成本	贷方
实际发生的主营业务成本 ×××	期末转入"本年利润"账户的主营业务成本 ×××	
期末一般没有余额		

图 6-37　"主营业务成本"账户的基本结构

3. 税金及附加

企业在销售过程中实现销售收入的同时，还需要向国家税务机关缴纳各种相关的税金及附加，为此需要设置"税金及附加"账户。该账户是损益类费用账户，用来核算企业因经营活动而承担的各种相关税金及附加的计算及其结转情况，主要包括消费税、城市维护建设税、资源税、教育费附加、房产税、土地使用税、车船税、印花税等。其借方登记按照有关的计税依据计算出的各种税金及附加额；贷方登记期末转入"本年利润"账户的税金及附加额。结转后该账户期末没有余额。该账户应按照承担各种税金/附加的种类设置明细账户，进行明细分类核算。"税金及附加"账户的基本结构如图 6-38 所示。

借方	税金及附加	贷方
按照税法规定计算出的营业活动承担的各种税金及附加额 ×××	期末转入"本年利润"账户的税金及附加额 ×××	
期末一般没有余额		

图 6-38　"税金及附加"账户的基本结构

【知识链接】

各种税费应记入的账户或者项目？

企业要开展生产经营活动，需要计算和缴纳各种相关的税费，那这些税费要记入哪些账户或者项目呢？具体如表 6-12 所示。

表 6-12　各种税费记入的账户/项目

税　种	征　收	账户/项目	税　种	征　收	账户/项目
增值税	税务	不影响损益	耕地占用税	税务	记入资产成本
消费税	税务	税金及附加	契税	税务	记入资产成本
企业所得税	税务	所得税费用	烟叶税	税务	记入资产成本
个人所得税	税务	不影响损益	车辆购置税	税务	记入资产成本
城市维护建设税	税务	税金及附加	关税	海关	记入资产成本
房产税	税务	税金及附加	环保税	税务	税金及附加
城镇土地使用税	税务	税金及附加	教育费附加	税务	税金及附加
印花税	税务	税金及附加	地方教育费附加	税务	税金及附加
车船税	税务	税金及附加	文化事业建设费	税务	税金及附加
土地增值税	税务	税金及附加	水利建设基金	税务	税金及附加
资源税	税务	税金及附加	残疾人保障金	税务	管理费用

(资料来源：会计帮. 各项税费哪些入税金及附加？哪些入管理费用？ [EB/OL].(2021-05-18)[2024-01-22].
https://www.sohu.com/na/467101585_624184)

4. 销售费用

"销售费用"账户用来核算企业在销售商品和材料、提供劳务的过程中发生的各项销售费用及其结转情况，包括运输费、装卸费、包装费、保险费、展览费和广告费等，以及为销售本企业商品而专设的销售机构(含销售网点、售后服务网点)等的职工薪酬、业务费、折旧费等费用。企业发生的与专设销售机构相关的固定资产修理费用等后续支出也属于销售费用。销售费用不包括销售商品本身的成本和劳务成本，这两类成本属于主营业务成本。该账户是损益类费用账户，其借方登记企业当期发生的各项销售费用；贷方登记结转到"本年利润"账户的金额。结转后该账户期末没有余额。该账户应按照费用项目的具体类别设置明细账，进行明细分类核算。"销售费用"账户的基本结构如图 6-39 所示。

借方	销售费用	贷方
企业当期发生的各项销售费用　　×××	期末转入"本年利润"中的销售费用　　×××	
期末一般没有余额		

图 6-39　"销售费用"账户的基本结构

5. 应收账款

"应收账款"账户用来核算企业因销售商品或提供劳务等而应向购货单位或接受劳务单位收取款项的增减变动及其结余情况。该账户是资产类账户,其借方登记由于销售商品以及提供劳务等发生的应收而未收款项的增加,以及代购货单位垫付的包装费、运杂费等;贷方登记实际已经收回的应收账款。期末余额一般在借方,表示结余的尚未收回的应收账款。该账户应按购货单位/接受劳务单位设置明细账户,进行明细分类核算。"应收账款"账户的基本结构如图6-40所示。

借方	应收账款	贷方
销售商品、提供劳务 等带来的应收账款的增加 ×××	实际收回的应收账款 ×××	
期末余额:期末结余 的应收未收账款 ×××		

图6-40 "应收账款"账户的基本结构

6. 预收账款

"预收账款"账户用来核算企业按照合同规定预收购货/接受劳务单位款项的增减变动及其结余情况。该账户是负债类账户,其贷方登记预收购货单位订货款的增加;借方登记因偿付商品、提供劳务而冲减的预收款项。期末余额一般在贷方,表示企业预收款的结余数额。需要说明的是,对于预收账款不多的企业,可将预收的款项直接记入"应收账款"账户的贷方,此时"应收账款"账户就成为双重性质的账户。本账户应按照购货/接受劳务单位设置明细账户,进行明细分类核算。"预收账款"账户的基本结构如图6-41所示。

借方	预收账款	贷方
因偿付商品、提供劳务 而导致预收款项的冲减 ×××	预收款项的增加 ×××	
	期末余额:期末结余 的预收款项 ×××	

图6-41 "预收账款"账户的基本结构

7. 应收票据

"应收票据"账户用来核算企业销售商品、提供劳务而收到商业汇票的增减变动及其结余情况。与应付票据一样,应收票据也包括商业承兑汇票和银行承兑汇票。该账户是资产类账户,其借方登记企业收到已开出并承兑的商业汇票(面值)的增加;贷方登记企业到期收回的应收票据(面值)的减少。期末余额一般在借方,表示尚未到期的票据应收款的结余数额。该账户可以按债务人进行明细分类核算。为加强应收票据的管理,企业应设置

"应收票据备查簿"，逐笔登记每一应收票据的详细信息。"应收票据"账户的基本结构如图 6-42 所示。

借方	应收票据	贷方
收到开出并承兑的 商业汇票的增加 ×××	到期票据应收款的 减少 ×××	
期末余额：期末尚未 到期的票据应收款 ×××		

图 6-42 "应收票据"账户的基本结构

(二)具体经济业务实例

主营业务收支核算的具体流程如图 6-43 所示。

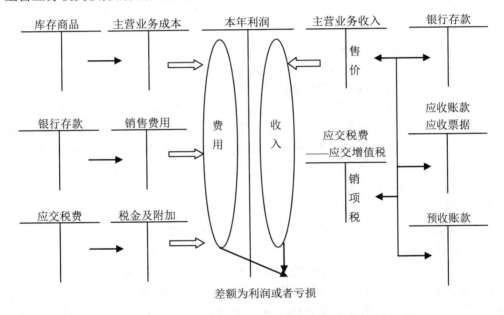

图 6-43 主营业务收支核算的具体流程

当企业销售商品或者提供工业性劳务时，应按照收入确认的条件进行确认和计量，按照发票金额贷记"主营业务收入"账户，按应收取的增值税额，贷记"应交税费——应交增值税"账户；借方根据实际收到款项、应收或者预收的金额，分别记入"银行存款""应收账款""预收账款""应收票据"等账户。月末，企业根据本月销售商品、提供劳务等的实际成本，计算应结转的主营业务成本，贷记"库存商品"账户，借记"主营业务成本"账户。同时，企业发生销售费用时，借记"销售费用"账户，贷记"银行存款""应付账款""累计折旧""应付职工薪酬"等账户。当企业根据《税法》规定计算应承担的各种税金及附加时，借记"税金及附加"账户，贷记"应交税费"账户，实际缴纳时，借记"应交税费"账户，贷记"银行存款"账户。上述所有损益类账户期末都从相反的方向结转，转入"本年利润"账户，结转后无余额。

【例 6-36】东方公司向华泰工厂销售 A 产品 100 件，每件售价 2 500 元，合计 250 000 元，增值税销项税额为 32 500 元，产品已发出，全部款项收到存入银行。

【解析】该笔经济业务的发生，一方面使公司确认的商品销售收入增加 250 000(100× 2 500)元，记入"主营业务收入"账户的贷方，同时应交增值税销项税额增加 32 500 元，记入"应交税费——应交增值税"账户的贷方；另一方面使公司收到的银行存款增加 282 500 (250 000+32 500)元，记入"银行存款"账户的借方。应编制的会计分录如下。

  借：银行存款   282 500
    贷：主营业务收入   250 000
     应交税费——应交增值税(销项税额) 32 500

【例 6-37】东方公司按照合同规定预收安邦工厂订购 B 产品的货款 100 000 元，存入银行。

【解析】该笔经济业务的发生，一方面使公司的银行存款增加 100 000 元，记入"银行存款"账户的借方；另一方面使公司的预收款项增加 100 000 元，记入"预收账款"账户的贷方。应编制的会计分录如下。

  借：银行存款   100 000
    贷：预收账款——安邦工厂   100 000

【例 6-38】东方公司向安邦工厂发出前已订购的 B 产品 50 件，每件售价 2 800 元，销项增值税税率为 13%。除冲销原预收款外，差额部分收到商业汇票一张。

【解析】该笔经济业务的发生，一方面使公司确认的商品销售收入增加 140 000(50× 2 800)元，记入"主营业务收入"账户的贷方，同时应交增值税销项税额增加 18 200 (140 000×13%)元，记入"应交税费——应交增值税"账户的贷方；另一方面使公司因销售商品而冲减预收款 100 000 元，记入"预收账款"账户的借方，同时收到商业汇票一张 58 200(140 000+18 200-100 000)，记入"应收票据"账户的借方。应编制的会计分录如下。

  借：预收账款——安邦工厂   100 000
    应收票据   58 200
    贷：主营业务收入   140 000
     应交税费——应交增值税(销项税额) 18 200

【例 6-39】东方公司销售给明辉商店 100 件 A 产品、50 件 B 产品，每件售价分别为 2 500 元和 2 800 元，增值税税率 13%。另，公司用银行存款代明辉商店垫付运费 2 000 元。所有款项都尚未收到，对方承诺两个月之内付款。

【解析】该笔经济业务的发生，一方面使公司确认的商品销售收入增加 390 000(100× 2 500+50×2 800)元，记入"主营业务收入"账户的贷方，同时应交增值税销项税额增加 50 700 (390 000×13%)元，记入"应交税费——应交增值税"账户的贷方，因代垫运费导致公司银行存款减少 2 000 元，记入"银行存款"账户的贷方；另一方面使公司形成应收未收的账款 442 700(390 000+50 700+2 000)元，记入"应收账款"账户的借方。应编制的会计分录如下。

  借：应收账款——明辉商店   442 700
    贷：主营业务收入   390 000
     应交税费——应交增值税(销项税额) 50 700
     银行存款   2 000

【例6-40】续前四例，东方公司在月末结转本月已销售的A、B产品的销售成本。其中A产品的单位成本为1 086元，B产品的单位成本为1 339元。

【解析】由例6-36～例6-39可知，东方公司当月出售A产品共200(100+100)件，销售总成本为217 200(200×1 086)元；B产品共100(50+50)件，销售总成本为133 900(100×1 339)元。该笔经济业务的发生，一方面使公司的主营业务成本增加351 100(217 200+133 900)元，记入"主营业务成本"账户的借方；另一方面使公司的库存商品成本减少351 100元，记入"库存商品"账户的贷方。应编制的会计分录如下。

```
借：主营业务成本              351 100
    贷：库存商品——A产品          217 200
              ——B产品          133 900
```

【例6-41】东方公司用银行存款支付8 000元的广告费。

【解析】该笔经济业务的发生，一方面使公司发生的广告费增加8 000元，记入"销售费用"账户的借方；另一方面使公司的银行存款减少8 000元，记入"银行存款"账户的贷方。应编制的会计分录如下。

```
借：销售费用                8 000
    贷：银行存款              8 000
```

【例6-42】经计算，东方公司当月应付销售机构人员的职工薪酬共计26 000元。

【解析】该笔经济业务的发生，一方面使公司发生的销售机构人员费增加26 000元，记入"销售费用"账户的借方；另一方面使公司应付未付的职工薪酬增加26 000元，记入"应付职工薪酬"账户的贷方。应编制的会计分录如下。

```
借：销售费用                26 000
    贷：应付职工薪酬          26 000
```

【例6-43】东方公司应收的一张商业汇票到期，相应款项58 200元直接存入银行。

【解析】该笔经济业务的发生，一方面使公司的银行存款增加58 200元，记入"银行存款"账户的借方；另一方面使公司应收的商业汇票减少58 200元，记入"应收票据"账户的贷方。应编制的会计分录如下。

```
借：银行存款                58 200
    贷：应收票据              58 200
```

【例6-44】经计算，东方公司本月应交消费税28 000元，应交城建税4 189.5元，应交教育费附加1 795.5元。

【解析】该笔经济业务的发生，一方面使公司承担的各种税金及附加增加33 985(28 000+4 189.5+1 795.5)元，记入"税金及附加"账户的借方；另一方面使公司应交的消费税、城建税、教育费附加分别增加28 000、4 189.5、1 795.5元，分别记入"应交税费——应交消费税""应交税费——应交城建税""应交税费——应交教育费附加"账户的贷方。增值税不影响损益，不记入"税金及附加"账户。应编制的会计分录如下。

```
借：税金及附加              33 985
    贷：应交税费——应交消费税      28 000
              ——应交城建税        4 189.5
              ——应交教育费附加    1 795.5
```

二、其他业务收支的核算

不论是主营业务还是其他业务，都属于企业的营业业务活动。其他业务是指企业在经营过程中发生的除主营业务以外的其他兼营业务，包括销售材料、出租包装物、出租固定资产及提供非工业性劳务等活动。一般情况下，其他业务活动的收入不多，发生频率不高，在收入中所占比重相对较小。对于不同的企业而言，主营业务和其他业务的划分并不是绝对的，不同时间段的主营业务和其他业务也会发生变化。

(一)应设置的账户

1. 其他业务收入

"其他业务收入"账户主要用来核算企业发生的其他业务收入的实现及其结转情况。该账户是损益类收入账户，其贷方登记除主营业务之外的其他业务收入的增加；借方登记期末转入"本年利润"账户的其他业务收入额。结转后该账户期末没有余额。本账户应按照其他业务的种类设置明细账户，进行明细分类核算。"其他业务收入"账户的基本结构如图 6-44 所示。

借方	其他业务收入	贷方
期末转入"本年利润"账户的其他业务收入额 ×××	其他业务收入的增加 ×××	
	期末一般没有余额	

图 6-44 "其他业务收入"账户的基本结构

2. 其他业务成本

企业在实现其他业务收入的同时，还要发生一些其他业务的相关成本支出，如销售材料的成本、出租固定资产的折旧额、出租包装物的成本或摊销额等。为了核算这些成本，需要设置"其他业务成本"账户。该账户是损益类费用账户，用来核算企业其他业务成本的发生及其结转情况。其借方登记实际发生的各类其他业务的成本；贷方登记期末转入"本年利润"账户的其他业务成本额。结转后该账户期末没有余额。本账户应按照其他业务的种类设置明细账户，进行明细分类核算。"其他业务成本"账户的基本结构如图 6-45 所示。

借方	其他业务成本	贷方
实际发生的其他业务成本 ×××	期末转入"本年利润"账户的其他业务成本 ×××	
期末一般没有余额		

图 6-45 "其他业务成本"账户的基本结构

(二)具体经济业务实例

对于其他业务，需要掌握的主要是材料销售的业务。值得注意的是，其他业务发生的相关税费和销售费用，同样在"税金及附加"和"销售费用"账户中核算。

【例6-45】东方公司销售一批原材料，售价20 000元，增值税2 600元，款项收到后直接存入银行。

【解析】如前所述，销售材料业务属于其他业务。该笔经济业务的发生，一方面使公司的银行存款增加22 600(20 000+2 600)元，记入"银行存款"账户的借方；另一方面使公司确认的材料销售收入增加20 000元，记入"其他业务收入"账户的贷方，同时应交增值税销项税额增加2 600元，记入"应交税费——应交增值税"账户的贷方。应编制的会计分录如下。

```
借：银行存款                          22 600
    贷：其他业务收入                      20 000
        应交税费——应交增值税(销项税额)        2 600
```

【例6-46】东方公司月末结转本月销售材料的实际成本16 000元。

【解析】该笔经济业务的发生，一方面使公司的其他业务相关成本增加16 000元，记入"其他业务成本"账户的借方；另一方面使公司的库存材料成本减少16 000元，记入"原材料"账户的贷方。应编制的会计分录如下。

```
借：其他业务成本                      16 000
    贷：原材料                            16 000
```

第六节　利润形成与利润分配业务的核算

利润是企业在一定会计期间的经营成果，是衡量企业经营业绩的综合性指标，同时也是企业在竞争激烈的市场环境下生存与发展的前提。利润的高低不仅反映企业的获利水平，还能反映企业向整个社会所作出的贡献大小。因此，要理解利润的构成，正确计算企业的营业利润、利润总额和税后净利润，并掌握利润形成和利润分配业务的会计核算。

一、利润的构成及计算方法

利润包括狭义收入减去狭义费用后的净额、直接计入当期利润的利得和损失等。直接计入当期利润的利得和损失是指投资收益、营业外收入、营业外支出等。

1. 营业利润

营业利润是企业日常生产经营活动的成果，也是企业最稳定、最主要的利润来源。其计算公式如下。

营业利润=营业收入-营业成本-税金及附加-期间费用-资产减值损失±公允价值变动损益±投资净收益

其中

$$营业收入=主营业务收入+其他业务收入$$

$$营业成本=主营业务成本+其他业务成本$$

$$期间费用=销售费用+管理费用+财务费用$$

资产减值损失是指因资产的可回收金额低于其账面价值而造成的损失。资产减值范围主要是固定资产、无形资产以及除特别规定外的其他资产减值的处理。公允价值变动损益，是指资产或负债因公允价值变动所形成的收益或损失，具体包括交易性金融资产(如股票、债券、期货、基金等)公允价值变动损益、投资性房地产公允价值变动损益、衍生金融资产公允价值变动损益、金融负债公允价值变动损益等。投资净收益是指企业投资收益减投资损失后的净额。公允价值变动损益和投资净收益前面的"±"号指的是如果是净收益那就加上，如果是净损失那就减去。限于本书的难度和篇幅，资产减值损失和公允价值变动损益只做简单介绍，在会计核算中并不涉及。

2. 利润总额

利润总额是企业在营业利润的基础上，加上营业外净收支后的结果。其计算公式为

$$利润总额=营业利润+营业外收入-营业外支出$$

按照我国会计准则等的规定，直接计入当期利润的利得，记入"营业外收入"账户；直接计入当期利润的损失，记入"营业外支出"账户。需要说明的是，营业外收入是企业的纯收入，不需要与相关成本费用配比，它与某一笔营业外支出没有关系，两者需要单独核算。

3. 净利润

企业实现了利润总额之后，应向国家缴纳所得税，扣除所得税费后的利润即为净利润或者叫税后净利润。其计算公式为

$$净利润=利润总额-所得税费用$$

企业实现的税后净利润，需要按照一定的分配顺序和形式，在企业和投资者之间进行分配。

【例 6-47】假定企业所得税税率为 25%，根据如下资料计算企业的税后净利润(单位：元)。

主营业务收入	620 000	主营业务成本	340 000
其他业务收入	8 000	税金及附加	12 200
投资收益	23 200	其他业务成本	6 200
营业外收入	4 500	营业外支出	8 800
管理费用	23 600	财务费用	7 600
销售费用	15 900		

【解析】营业利润=620 000+8 000-340 000-6 200-12 200-23 600-7 600-15 900+23 200=245 700(元)

利润总额=245 700+4 500-8 800=241 400(元)

净利润=241 400×(1-25%)=181 050(元)

即，该企业当期的税后净利润为 181 050 元。

【思政课堂】

如何计算公司净利润

王老板从刘老板手中购买了一家汽车修理公司。合同规定：王老板用现金支付部分购买款项，剩余所欠款项由王老板用公司每年净利润的 40%偿还，并规定"以公正、合理、合法的方式计算净利润"。但王老板和刘老板都不清楚净利润的基本计算方法。经过一年的经营后，王老板在计算净利润时，采用了如下规则：从客户手中收到现金或银行存款时才确认为收入；只要公司实际付出了钱就确认为当年的费用。按照这一规则，王老板对收入和费用进行了如下处理。

(1) 主营的汽车修理业务收到现金 100 000 元；洗车业务收到现金 13 500 元。全部确认为本年的主营业务收入。

(2) 为吸引客户，办理洗车优惠卡预收现金 10 000 元，全部确认为本年的收入。(据统计，其中 6 500 元已经提供了洗车服务)

(3) 部分客户尚欠本年汽车修理款 20 000 元，因实际尚未收到，不确认为本年的收入。

(4) 购买用于汽车修理的设备支出 9 000 元，全部确认为本年度的费用。实际该设备可使用 8 年，预计净残值 1 000 元。

(5) 购买用于汽车修理的配件、辅助材料等共支出 30 000 元，全部确认为本年的费用。经盘点还有价值 14 000 元的配件、辅助材料放在仓库未使用。

(6) 新购二手汽车一辆，双方协商价格 30 000 元，暂付 20 000 元。该汽车购买时预计尚可使用 5 年，净残值 5 000 元。已付款的 20 000 元确认为本年的费用。

(7) 利用公司闲散资金购买国债 20 000 元，准备一直持有至到期，当年收到利息 800 元，全部确认为收入。

(8) 一次性支付两年的房屋租金 40 000 元，全部确认为当年费用；当年发生水电费等 3 000 元，实际支付了 2 000 元，将这 2 000 元记入费用。

(9) 该修理公司除了王老板之外，只有一名员工小赵，经过计算当年他的工资是 45 000 元，以银行存款支付，全部记入当年的费用。

已知，该公司适用的所得税税率为 25%。思考题：

1. 如果你是刘老板，你同意王老板对本年的收入和费用进行这样的处理吗？为什么？

2. 如果让你来计算该公司的净利润，你会考虑哪些因素？净利润的计算公式是怎样的？

3. 采用上述方法确认的净利润数额与实际数比较是大还是小？差异主要来自哪？

二、利润总额及净利润的核算

(一)期间费用的核算

1. 期间费用和生产费用的比较

期间费用与生产费用是相关联的概念，生产费用最终对象化到产品上形成生产成本，而期间费用不能归属于某个特定的产品成本，应直接计入当期损益。期间费用是企业在经营过程中随着时间的推移不断发生的，与企业自身的经营、管理和销售有一定关系，但与产品制造过程没有直接关系的各种费用。期间费用包括销售费用、管理费用和财务费用，其中，财务费用是企业在筹集和使用资金过程中发生的各种费用；管理费用是企业为组织和管理整个企业的经营活动而发生的费用；销售费用是企业在产品销售过程中发生的以及专设销售机构的人员工资等费用。生产费用和期间费用的详细内容如图 6-46 所示。

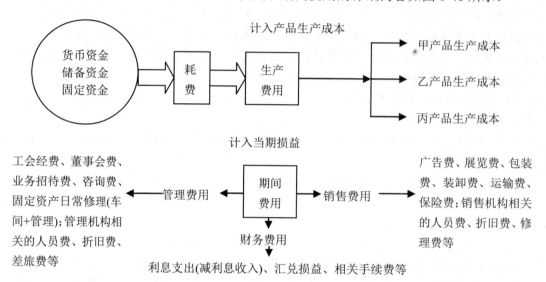

图 6-46　生产费用和期间费用

2. 需要设置的账户

销售费用、管理费用、财务费用都属于损益类费用账户，其账户设置在前几节已经介绍过了，这里不再赘述。此处涉及差旅费报销业务，还需要设置"其他应收款"账户。

其他应收款是指企业除应收票据、应收账款、预付账款、应收股利、应收利息、长期应收款等以外的其他各种应收及暂付款项，其主要内容包括应收的各种赔款、罚款，应收的出租包装物租金，应向职工收取的各种垫付款项等。企业为了核算其他应收款项的增减变动及其结余情况，需要设置"其他应收款"账户。该账户是资产类账户，其借方登记实际发生的各类其他应收款的增加，贷方登记其他应收款的收回。期末余额一般在借方，表示其他应收款在期末的实际结余数额。本账户应按照其他应收款的类别设置明细账户，进行明细分类核算。"其他应收款"账户的基本结构如图 6-47 所示。

借方	其他应收款	贷方
实际发生的其他应收款 的增加　　　　　×××	其他应收款的收回　　　×××	
期末余额：期末尚未收 回其他应收款的结余数额　×××		

图 6-47　"其他应收款"账户的基本结构

3. 具体经济业务实例

【例 6-48】 东方公司用银行存款支付行政管理部门电话费 2 500 元，销售部门电话费 1 500 元。

【解析】 该笔经济业务的发生，一方面使东方公司管理部门电话费增加 2 500 元，记入 "管理费用" 账户的借方，同时销售部门电话费增加 1 500 元，记入 "销售费用" 账户的借方；另一方面使公司的银行存款减少 4 000 元，记入 "银行存款" 账户的贷方。应编制的会计分录如下。

```
借：管理费用              2 500
   销售费用              1 500
   贷：银行存款                4 000
```

【例 6-49】 东方公司预借给管理人员刘某差旅费 4 000 元，以银行存款支付。

【解析】 该笔经济业务的发生，一方面使东方公司其他应该收取的款项增加 4 000 元，记入 "其他应收款" 账户的借方；另一方面使公司的银行存款减少 4 000 元，记入 "银行存款" 账户的贷方。应编制的会计分录如下。

```
借：其他应收款            4 000
   贷：银行存款                4 000
```

【例 6-50】 东方公司管理人员刘某出差返回，凭借各类发票、车票等报销差旅费 3 500 元，余款以现金的形式退回。

【解析】 该笔经济业务的发生，一方面使东方公司报销的差旅费增加 3 500 元，记入 "管理费用" 账户的借方，同时收到现金 500(4 000-3 500) 元，记入 "库存现金" 账户的借方；另一方面使公司的其他应收款因收回而减少 4 000 元，记入 "其他应收款" 账户的贷方。应编制的会计分录如下。

```
借：管理费用              3 500
   库存现金              500
   贷：其他应收款              4 000
```

【例 6-51】 东方公司用银行存款 1 800 元支付销售产品的展览费。

【解析】 该笔经济业务的发生，一方面使公司的销售展览费增加 1 800 元，记入 "销售费用" 账户的借方；另一方面使公司的银行存款减少 1 800 元，记入 "银行存款" 账户的贷方。应编制的会计分录如下。

```
借：销售费用              1 800
   贷：银行存款                1 800
```

【例 6-52】 东方公司以银行存款支付当月承担的借款利息费用 2 000 元。

【解析】 该笔经济业务的发生，一方面使公司的利息费用增加 2 000 元，记入 "财务费用" 账户的借方；另一方面使公司的银行存款减少 2 000 元，记入 "银行存款" 账户的贷方。应编制的会计分录如下。

```
借：财务费用              2 000
   贷：银行存款              2 000
```

(二)投资收益的核算

1. 需要设置的账户

俗话说,你不理财,财不理你。企业为了合理有效地使用资金获取经济利益,会将闲置不用的资金投放于股票、债券或者其他资产中,形成企业的对外投资。投资收益是指企业对外投资所取得的收入,如股利收入、债券利息收入以及与其他单位联营所分得的利润等。投资损失是指企业发生的不良股权或者债权投资造成的损失。两者之差是投资净收益,会直接影响企业当期的利润。

企业进行投资活动,可能设置的账户很多,包括"交易性金融资产""持有至到期投资""可供出售金融资产""长期股权投资""长期债券投资"等账户。具体的会计核算比较复杂,此处只简单介绍"投资收益"账户。"投资收益"账户用来核算企业对外投资所取得的收益或者发生的损失及其结转情况。该账户是损益类收入账户,其贷方登记实现的投资收益和期末转入"本年利润"账户的投资净损失;借方登记发生的投资损失和期末转入"本年利润"账户的投资净收益。结转之后该账户期末没有余额。本账户应按照投资的种类设置明细账户,进行明细分类核算。"投资收益"账户的基本结构如图 6-48 所示。

借方	投资收益	贷方
发生的投资损失 ×××	实现的投资收益 ×××	
期末转入"本年利润"	期末转入"本年利润"	
账户的投资净收益 ×××	账户的投资净损失 ×××	
	期末一般没有余额	

图 6-48 "投资收益"账户的基本结构

2. 具体经济业务实例

【例 6-53】东方公司准备持有至到期的国债取得利息收入 2 200 元,划入企业账户。

【解析】该笔经济业务的发生,一方面使公司的银行存款增加 2 200 元,记入"银行存款"账户的借方;另一方面使公司投资活动取得的利息收入增加 2 200 元,记入"投资收益"账户的贷方。应编制的会计分录如下。

借:银行存款　　　　　　　　　2 200
　　贷:投资收益　　　　　　　　　　2 200

【例 6-54】东方公司持有某单位股票作为长期投资,实际分得现金股利 10 000 元,收到存入银行。(假设采用成本法核算)

【解析】该笔经济业务的发生,一方面使公司的银行存款增加 10 000 元,记入"银行存款"账户的借方;另一方面使公司投资活动取得的现金股利增加 10 000 元,记入"投资收益"账户的贷方。应编制的会计分录如下。

借:银行存款　　　　　　　　　10 000
　　贷:投资收益　　　　　　　　　　10 000

(三)营业外净收支的核算

1. 需要设置的账户

营业外收入和营业外支出均与企业正常的生产经营活动没有直接必然的联系,两者的差额是营业外净收支。但从企业主体的角度考虑,营业外净收支同样会增加或者减少企业的利润,必须在计算净利润的过程中加以考虑。

1) 营业外收入

营业外收入主要包括非流动资产处置利得、政府补助、盘盈(现金)利得、捐赠利得、非货币性资产交换利得、债务重组利得、罚款收入、确实无法支付的应付账款等。"营业外收入"账户用来核算企业各项营业外收入的实现及其结转情况。该账户是损益类收入账户,其贷方登记营业外收入的实现即增加;借方登记会计期末转入"本年利润"账户的营业外收入额。结转后该账户期末没有余额。该账户应按照收入的具体项目设置明细账户,进行明细分类核算。"营业外收入"账户的基本结构如图6-49所示。

借方	营业外收入	贷方
期末转入"本年利润"账户的营业外收入 ×××	实现的营业外收入 ×××	
	期末一般没有余额	

图6-49 "营业外收入"账户的基本结构

2) 营业外支出

营业外支出包括非流动资产处置损失、非货币性资产交换损失、债务重组损失、公益性捐赠支出、非常损失、盘亏损失等。"营业外支出"账户用来核算企业各项营业外支出的发生及其结转情况。该账户是损益类费用账户,其借方登记营业外支出的发生即增加;贷方登记期末转入"本年利润"账户的营业外支出额。结转后该账户期末没有余额。该账户应按照支出的具体项目设置明细账户,进行明细分类核算。"营业外支出"账户的基本结构如图6-50所示。

借方	营业外支出	贷方
实际发生的营业外支出 ×××	期末转入"本年利润"账户的营业外支出 ×××	
期末一般没有余额		

图6-50 "营业外支出"账户的基本结构

2. 具体经济业务实例

【例6-55】东方公司向地震灾区捐款10 000元,以银行存款支付。

【解析】该笔经济业务的发生，一方面使公司公益性捐赠支出增加 10 000 元，记入"营业外支出"账户的借方；另一方面使公司银行存款减少 10 000 元，记入"银行存款"账户的贷方。应编制的会计分录如下。

 借：营业外支出   10 000
   贷：银行存款   10 000

【例 6-56】东方公司收到华夏公司的违约罚款 15 000 元，转入银行存款账户。

【解析】该笔经济业务的发生，一方面使公司银行存款增加 15 000 元，记入"银行存款"账户的借方；另一方面使公司的罚款收入增加 15 000 元，记入"营业外收入"账户的贷方。应编制的会计分录如下。

 借：银行存款   15 000
   贷：营业外收入   15 000

【例 6-57】东方公司清理长期无法支付的应付账款一笔，账面价值 2 000 元，经批准转作营业外收入。

【解析】该笔经济业务的发生，一方面使公司应付账款的账面价值减少 2 000 元，记入"应付账款"账户的借方；另一方面使公司的营业外收入增加 2 000 元，记入"营业外收入"账户的贷方。应编制的会计分录如下。

 借：应付账款   2 000
   贷：营业外收入   2 000

(四)利润总额的核算

1. 需要设置的账户

"本年利润"账户用来核算企业在一定时期内形成的净利润或发生的净亏损。该账户是所有者权益类账户，其贷方登记会计期末转入的各项收入，包括主营业务收入、其他业务收入、投资净收益和营业外收入等；借方登记会计期末转入的各项费用，包括主营业务成本、其他业务成本、税金及附加、销售费用、管理费用、财务费用、投资净损失、营业外支出和所得税费用等。期末余额如果在贷方，表示实现的累计净利润；期末余额如果在借方，表示累计发生的净亏损。年末应将该账户的余额转入"利润分配"账户，结转之后没有余额。"本年利润"账户的结构如图 6-51 所示。

2. 具体经济业务实例

【例 6-58】东方公司会计期末损益类收入账户余额(结转前)如表 6-13 第三列所示。将所有损益类收入转入"本年利润"账户。

【解析】该笔经济业务的发生，一方面使公司取得的收入减少(转出)了，包括主营业务收入、其他业务收入、投资收益、营业外收入分别减少 560 000、67 000、23 000、8 000元，分别记入相关损益类收入账户的借方；另一方面使公司的利润额增加了 658 000(560 000+67 000+23 000+8 000)元，记入"本年利润"账户的贷方。应编制的会计分录如下。

 借：主营业务收入   560 000
   其他业务收入   67 000

投资收益	23 000	
营业外收入	8 000	
贷：本年利润	658 000	

借方		本年利润		贷方
期末转入的各项费用：			期末转入的各项收入：	
主营业务成本	×××		主营业务收入	×××
其他业务成本	×××		其他业务收入	×××
税金及附加	×××		投资净收益	×××
销售费用	×××		营业外收入	×××
管理费用	×××			
财务费用	×××			
投资净损失	×××			
营业外支出	×××			
所得税费用	×××			
期末余额：累计净亏损	×××		期末余额：累计净利润	×××

图 6-51 "本年利润"账户的基本结构

表 6-13 东方公司收入、费用账户余额表

单位：元

账户名称	借 方	贷 方
主营业务收入		560 000
其他业务收入		67 000
投资收益		23 000
营业外收入		8 000
主营业务成本	230 000	
其他业务成本	45 000	
税金及附加	35 000	
销售费用	50 000	
管理费用	110 000	
财务费用	23 000	
营业外支出	9 000	

【例 6-59】东方公司会计期末损益类费用账户余额(结转前)如表 6-13 第二列所示。将所有损益类费用转入"本年利润"账户。

【解析】该笔经济业务的发生，一方面使公司取得的费用减少(转出)了，包括主营业务成本、其他业务成本、税金及附加、销售费用、管理费用、财务费用、营业外支出分别减少 230 000、45 000、35 000、50 000、110 000、23 000、9 000 元，分别记入相关损益类

费用账户的贷方；另一方面使公司的利润额减少了 502 000(230 000+45 000+35 000+50 000+110 000+23 000+9 000)元，记入"本年利润"账户的借方。应编制的会计分录如下。

借：本年利润   502 000
  贷：主营业务成本   230 000
    其他业务成本   45 000
    税金及附加   35 000
    销售费用   50 000
    管理费用   110 000
    财务费用   23 000
    营业外支出   9 000

通过简单计算可知，东方公司本期实现的利润总额为 156 000(658 000−502 000)元。

(五)所得税及税后净利润的核算

1. 所得税及税后净利润概述

企业所得税是指对我国境内的企业和其他取得收入的组织的生产经营所得和其他所得征收的一种税，是企业使用政府提供的各种服务而应尽的义务。企业净利润是由利润总额减去所得税后的净额，也称税后净利润。其具体的计算步骤如下。

(1) 按照会计法规计算确定的会计利润与按照税收法规计算确定的应税利润对同一个企业的同一个会计时期来说，其计算结果往往不一致，在计算口径和确认时间方面存在一定的差异，即计税差异，我们一般将这个差异称为纳税调整项目。即将会计利润总额按照税法规定调整为应纳税所得额。其具体的计算公式为

$$应纳税所得额=利润总额\pm纳税调整额$$

(2) 根据应纳税所得额和适用税率计算当期应交所得税。从 2008 年 1 月 1 日起至今，现行税制中的企业所得税基本税率为 25%；非居民企业适用税率 20%；符合条件的小型微利企业适用税率 20%；国家需要重点扶持的高新技术企业适用税率 15%。

$$应交所得税=应纳税所得额\times适用所得税税率$$

需要说明的是，企业所得税应当按照月度或者季度的实际利润额预缴。年终时，全年汇算清缴，按实际应该缴纳的所得税多退少补。

2. 需要设置的账户

"所得税费用"账户用来核算企业按照有关规定应在当期损益中扣除的所得税费用及其结转情况。该账户是损益类费用账户，其借方登记按照应纳税所得额和适用税率计算出的企业应承担的所得税费用；贷方登记期末转入"本年利润"账户的所得税费用。结转之后该账户期末没有余额。"所得税费用"账户的基本结构如图 6-52 所示。

3. 具体经济业务实例

企业所得税费用的核算涉及三类经济业务：①计算当期应该承担的所得税费费用；②将所得税费用转入"本年利润"账户；③实际缴纳(支付)所得税。当所得税费用转入"本年利润"账户后，"本年利润"账户的贷方余额就是扣除所得税后的净利润。所得税

费用的相关核算如图 6-53 所示。

借方	所得税费用	贷方
企业应承担的所 得税费用 ×××	期末转入"本年利润" 账户的所得税费用 ×××	
期末一般没有余额		

图 6-52 "所得税费用"账户的基本结构

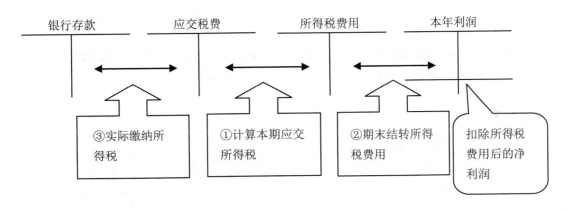

图 6-53 所得税费用相关核算

【例 6-60】东方公司本期实现的利润总额为 156 000 元,按照 25%的税率计算应承担的所得税。(假设无纳税调整项目)

【解析】该笔经济业务的发生,一方面使公司应承担的所得税费用增加 39 000 元,记入"所得税费用"账户的借方;另一方面使公司应该上交的税费增加 39 000 元,记入"应交税费——应交所得税"账户的贷方。应编制的会计分录如下。

借:所得税费用 39 000
    贷:应交税费——应交所得税 39 000

【例 6-61】会计期末,东方公司将计算出的所得税费用转入"本年利润"账户。

【解析】该笔经济业务的发生,一方面使公司的所得税费用减少(转出)39 000 元,记入"所得税费用"账户的贷方;另一方面使公司的利润额减少 39 000 元,记入"本年利润"账户的借方。应编制的会计分录如下。

借:本年利润 39 000
    贷:所得税费用 39 000

经过计算可知,东方公司税后净利润=156 000-39 000=117 000(元)。

【例 6-62】东方公司以银行存款 39 000 元缴纳应交的所得税。

【解析】该笔经济业务的发生,一方面使公司应交未交的所得税减少 39 000 元,记入"应交税费——应交所得税"账户的借方;另一方面使得公司的银行存款减少 39 000 元,记入"银行存款"账户的贷方。应编制的会计分录如下。

借：应交税费——应交所得税　　　　39 000
　　贷：银行存款　　　　　　　　　　　　　　39 000

三、利润分配业务的核算

利润分配是指企业按照国家规定的政策，对已实现的净利润在企业和投资者之间进行分配。根据《中华人民共和国公司法》等有关法律的规定，企业利润分配的步骤如下。

1. 计算可供分配的利润

可供分配的利润的计算公式如下。

可供分配的利润=当年实现的净利润(或净亏损)+年初未分配利润(或减年初未弥补亏损)+其他转入

根据我国财务和税务制度的规定，企业的年度亏损，可以由下一年度的税前利润弥补，下一年度税前利润尚不足以弥补的，可以由以后年度的利润继续弥补，但用税前利润弥补以前年度亏损的连续期限不超过 5 年。如果 5 年内的税前利润不足以弥补时，用税后利润弥补。

2. 提取法定盈余公积金

公司制企业应按净利润(减弥补以前年度的亏损)的 10%提取法定盈余公积。当法定盈余公积金已达注册资本的50%时可不再提取。盈余公积的主要用途是弥补亏损和转增资本。

3. 向投资者分配利润或者股利

(1) 支付优先股股利。优先股股利是指企业分配给优先股股东的现金股利。

(2) 提取任意盈余公积。任意盈余公积是企业按照公司章程或股东大会的决议，从可向投资者分配的利润中根据需要提取的盈余公积金，其提取金额与用途由公司自行决定。法定盈余公积和任意盈余公积的区别在于各自提取的依据不同。法定盈余公积的提取以国家的法律或行政规章为依据；而任意盈余公积的提取由企业自行决定。

(3) 支付普通股现金股利。普通股现金股利是指企业分配给普通股股东的现金股利。

(4) 支付普通股股票股利。普通股股票股利是指企业以分派股票股利的形式转作的资本(或股本)。

4. 形成年末未分配利润

未分配利润可留待以后年度分配。其计算公式为

年末未分配利润=可供分配的利润-提取的法定盈余公积-优先股股利-提取的任意盈余公积-普通股股利

(一)应设置的账户

为了核算企业利润分配的具体过程及结果，需设置以下几个账户。

1. 利润分配

"利润分配"账户用来核算企业一定时期内利润分配(或亏损弥补)以及历年结存的未

分配利润(或未弥补亏损)情况。该账户是所有者权益类账户,其借方登记实际已分配的利润额,如提取的盈余公积金、分配的股利或利润以及年末从"本年利润"账户转入的全年累计亏损额;贷方登记年末从"本年利润"账户转入的全年累计净利润额,以及用盈余公积弥补的亏损额等其他转入数。期末余额如果在贷方,表示企业历年积累的未分配利润;期末末余额如果在借方,表示历年积存的未弥补亏损。"利润分配"账户的基本结构如图 6-54 所示。

借方	利润分配		贷方
已分配的利润额:		弥补亏损转入的盈余公积	×××
提取法定盈余公积	×××	年末转入的全年累计利润	×××
应付优先股股利	×××		
提取任意盈余公积	×××		
应付普通股股利	×××		
年末转入的全年累计亏损	×××		
期末余额:		期末余额:	
历年累计未弥补亏损	×××	历年累计未分配利润	×××

图 6-54 "利润分配"账户的基本结构

2. 盈余公积

"盈余公积"账户用来核算企业从税后净利润中提取的盈余公积金的增减变动及其结余情况,包括法定盈余公积和任意盈余公积。该账户是所有者权益类账户,其贷方登记从净利润中提取的盈余公积金;借方登记实际使用的盈余公积金。期末余额在贷方,表示结余的盈余公积金。该账户按提取盈余公积金的不同类别进行明细分类核算。"盈余公积"账户的基本结构如图 6-55 所示。

借方	盈余公积		贷方
实际使用的盈余公积		年末提取的盈余公积	
金(减少)	×××	金(增加)	×××
		期末余额:结余的盈	
		余公积金	×××

图 6-55 "盈余公积"账户的基本结构

3. 应付股利

"应付股利"账户用来核算企业按照董事会或股东大会决议分配给投资人现金股利或利润的增减变动及其结余情况。该账户是负债类账户,其贷方登记应付给投资人的现金股利或利润;借方登记实际支付给投资人的现金股利或利润。期末余额在贷方,表示尚未支付的现金股利或利润的结余数额。需要说明的是，企业分配给投资人的股票股利不在本账户核算。"应付股利"账户的基本结构如图6-56所示。

借方	应付股利	贷方
实际支付的利润或股利　×××	应付未付的利润或股利　×××	
	期末余额：尚未支付的利润或股利的结余数额　×××	

图6-56　"应付股利"账户的基本结构

(二)具体经济业务实例

利润分配业务的核算，主要包括四类经济业务：①将当年实现的净利润转入利润分配，即从"本年利润"账户转入"利润分配"账户；②提取盈余公积，即实际进行利润分配，分配后记入"盈余公积"账户；③向投资者分配现金股利或利润，同样进行利润分配后记入"应付股利"账户；④向投资者分配股票股利，将利润进行分配后记入"股本"账户。

【例6-63】东方公司年终确认本年实现净利润680 000元，将其转入利润分配。

【解析】该笔经济业务的发生，一方面使公司的本年利润减少(转出)680 000元，记入"本年利润"账户的借方；另一方面使公司可供分配的利润增加680 000元，记入"利润分配——未分配利润"账户的贷方。应编制的会计分录如下。

借：本年利润　　　　　　　　　　680 000
　　贷：利润分配——未分配利润　　　　680 000

【例6-64】假定无须弥补以前年度的亏损，东方公司决定按全年净利润的10%提取法定盈余公积金。

【解析】该笔经济业务的发生，一方面使公司的利润实际分配出去68 000(680 000×10%)元，记入"利润分配——提取法定盈余公积"账户的借方；另一方面使公司提取的法定盈余公积增加68 000元，记入"盈余公积——法定盈余公积"账户的贷方。应编制的会计分录如下。

借：利润分配——提取法定盈余公积　　68 000
　　贷：盈余公积——法定盈余公积　　　　68 000

【例6-65】东方公司决定向投资者分配现金股利200 000元。

【解析】该笔经济业务的发生，一方面使东方公司利润实际分配出去200 000元，记入"利润分配——应付现金股利"账户的借方；另一方面使公司应付而未付的股利增加200 000元，记入"应付股利"账户的贷方。应编制的会计分录如下。

借：利润分配——应付现金股利　　　200 000
　　贷：应付股利　　　　　　　　　　200 000

【例6-66】承前例，东方公司以银行存款实际支付上述现金股利。

【解析】该笔经济业务的发生，一方面使东方公司应付而未付的股利减少200 000

元，记入"应付股利"账户的借方；另一方面使公司银行存款减少 200 000 元，记入"银行存款"账户的贷方。应编制的会计分录如下。

  借：应付股利   200 000
    贷：银行存款   200 000

  【例 6-67】海华公司是一家成立多年的股份公司，经股东大会批准向投资者发放股票股利 500 000 元。

  【解析】该笔经济业务的发生，一方面使海华公司利润实际分配出去 500 000 元，记入"利润分配——转作股本的股利"账户的借方；另一方面使公司股本增加 500 000 元，记入"股本"账户的贷方。应编制的会计分录如下。

  借：利润分配——转作股本的股利   500 000
    贷：股本   500 000

本 章 小 结

  (1) 制造业企业的生产经营是以产品的生产制造为核心的，主要由供应过程、生产过程和销售过程组成。在此基础上，将一般制造业企业会计核算的内容划分为：资金筹集业务的核算、供应过程的核算、生产过程的核算、销售过程的核算、利润形成与利润分配业务的核算。

  (2) 资金筹集是企业开展生产经营活动的前提，也是资金运动的起点。资金筹集业务的核算包括投入资金的核算和借入资金的核算，分别设置"实收资本""股本""资本公积"账户和"短期借款""长期借款""财务费用""应付利息"等账户。

  (3) 供应过程是为生产产品做各种准备的过程，具体涉及固定资产购置业务和材料采购业务。固定资产购置业务的核算需要设置的账户包括"固定资产"和"在建工程"等；材料采购业务的核算设置的账户包括"在途物资""原材料""应付账款""应付票据""预付账款""应交税费"等。

  (4) 生产过程主要经济业务的核算，是围绕着各种生产费用的发生、归集和分配，以及产品生产成本的形成和计算来进行的。生产过程应设置的账户包括"生产成本""制造费用""应付职工薪酬""累计折旧""库存商品"等。根据制造业企业生产活动的特点以及产品成本的主要构成，将生产过程的经济业务划分为：材料费用的核算、人工费用的核算、折旧费用的核算、其他制造费用的核算、产品成本的核算。

  (5) 销售过程按照经营业务的主次，分为主营业务收支和其他业务收支。制造业企业的主营业务包括销售商品、自制半成品、代制品、代修品以及提供工业性劳务等，设置的账户包括"主营业务收入""主营业务成本""销售费用""税金及附加""应收账款""预收账款""应收票据"等。其他业务是指企业在经营过程中发生的除主营业务以外的其他兼营的业务，包括销售材料、出租包装物、出租固定资产、提供非工业性劳务，设置的账户包括"其他业务收入""其他业务成本"等。

  (6) 期末，将企业所有的损益类收入转入"本年利润"账户的贷方，包括主营业务收入、其他业务收入、营业外收入和投资净收益等，将所有的损益类费用转入"本年利润"账户的借方，包括主营业务成本、其他业务成本、税金及附加、销售费用、管理费用、财务费用、营业外支出、投资净损失和所得税费用等。"本年利润"账户的期末余额如果在贷方，表示实现的累计净利润；如果在借方，表示累计发生的净亏损。年末将"本年利润"账户的余额转入"利润分配"账户，结转之后没有余额。

复习与思考题

1. 制造业企业的生产经营过程包括哪些内容？

2. 企业筹集资金经常会发生哪些经济业务？需要设置哪些账户？如何应用？

3. 供应过程经常会发生哪些经济业务？需要设置哪些账户？如何应用？

4. 生产过程经常会发生哪些经济业务？需要设置哪些账户？如何应用？

5. 销售过程经常会发生哪些经济业务？需要设置哪些账户？如何应用？

6. 材料采购成本包括哪些内容？如何计算？

7. 产品生产成本包括哪些内容？如何计算？

8. 产品销售成本包括哪些内容？如何计算？

9. 主营业务和其他业务如何区分？

10. 企业购置固定资产如果需要安装，要设置哪些账户？如何编制会计分录？

11. 生产费用和期间费用有何区别？

12. 什么是累计折旧？固定资产如何计提累计折旧？

13. 简述企业税后净利润的计算公式。

14. 简述"本年利润"账户及其应用。

15. 简述利润分配的基本步骤及会计核算过程。

单项选择题

1. 企业计算分配工资费用时，车间管理人员的工资应计入(　　)；厂部管理人员的工资应计入(　　)。

　　A. 制造费用　　　B. 生产成本　　　C. 管理费用　　　D. 销售费用

2. 企业短期借款的利息费用应计入(　　)。

　　A. 财务费用　　　B. 管理费用　　　C. 制造费用　　　D. 利息费用

3. 公司增资扩股时，如果有新的投资者加入，则新加入的投资者缴纳的出资额大于按约定比例计算的其在注册资本中所占份额部分应记入的账户是(　　)。

　　A. "实收资本"　　　　　　　　B. "股本"

　　C. "资本公积"　　　　　　　　D. "盈余公积"

4. 某制造业企业为增值税一般纳税人。本期外购原材料一批，发票上注明买价10 000元，增值税为1 300元，运杂费为1 000元。则该批原材料的入账价值为(　　)。

　　A. 10 000元　　　B. 11 300元　　　C. 12 300元　　　D. 11 000元

5. 下列项目中，不构成产品生产成本的有(　　)。

　　A. 生产产品人员的工资　　　　　　B. 车间管理人员的工资

C. 车间一般耗用的材料费　　　　　　D. 厂部固定资产折旧费

6. 下列项目中，属于管理费用的是(　　)。

　　A. 车间动力费　　　　　　　　　　B. 汇兑损益

　　C. 生产工人工资　　　　　　　　　D. 差旅费

7. 下列项目中，属于财务费用的是(　　)。

　　A. 财务部门电话费　　　　　　　　B. 汇兑损益

　　C. 管理人员工资　　　　　　　　　D. 广告费

8. 企业创办时收到投资者投入的无形资产，应贷记(　　)。

　　A. "无形资产"账户　　　　　　　　B. "实收资本"账户

　　C. "资本公积"账户　　　　　　　　D. "权益投资"账户

9. 以下账户中，属于负债类账户的是(　　)。

　　A. "预收账款"　　B. "其他应收款"　　C. "预付账款"　　D. "应收票据"

10. 企业在采购材料物资运输途中的合理损耗应(　　)。

　　A. 计入管理费用　　　　　　　　　B. 计入买价

　　C. 由责任人赔偿　　　　　　　　　D. 计入采购成本

11. 用来核算库存材料增减变化和结存情况的账户是(　　)。

　　A. "材料采购"　　B. "原材料"　　C. "在途物资"　　D. "库存商品"

12. 企业为维持正常的生产经营所需资金而向银行等金融机构临时借入的款项称为(　　)。

　　A. 长期借款　　　B. 短期借款　　　C. 长期负债　　　D. 应付账款

13. 企业设置"固定资产"账户是用来反映固定资产的(　　)。

　　A. 磨损价值　　　B. 累计折旧　　　C. 原始价值　　　D. 净值

14. 月末，企业将"制造费用"账户的合计发生额转入(　　)账户的借方。

　　A. "库存商品"　　　　　　　　　　B. "主营业务成本"

　　C. "生产成本"　　　　　　　　　　D. "本年利润"

15. 关于"制造费用"账户，下列说法不正确的有(　　)。

　　A. 借方登记实际发生的各项制造费用

　　B. 是成本类账户

　　C. 期末一般没有余额

　　D. 期末转入"本年利润"账户后没有余额

16. 下列项目中，属于制造业企业其他业务收入的是(　　)。

　　A. 罚款收入　　　　　　　　　　　B. 出售材料收入

　　C. 出售固定资产收入　　　　　　　D. 接受捐赠

17. 下列关于"累计折旧"账户的说法中，不正确的是(　　)。

　　A. 企业每月计提固定资产累计折旧

　　B. 该账户期末余额应在贷方

　　C. 经营性租入的设备也需要计提折旧

　　D. 该账户用来反映固定资产磨损价值

18. 销售费用不包括(　　)。

A. 销售人员职工薪酬
B. 广告费
C. 销售机构使用设备计提的折旧费
D. 汇兑损失

19. 会计期末结账时，应将本期发生的各项收入转入(   )，应将本期发生的各项费用转入(   )。

A. "本年利润"账户的借方
B. "本年利润"账户的贷方
C. "利润分配"账户的借方
D. "利润分配"账户的贷方

20. 关于"主营业务成本"账户，以下说法不正确的是(   )。

A. 主要核算企业已售出产品的生产成本
B. 是损益类费用账户
C. 期末一般没有余额
D. 是成本类账户

21. 关于企业的利润分配，以下说法不正确的是(   )。

A. 发放股票股利时，涉及"应付股利"账户
B. 发放现金股利时，涉及"应付股利"账户
C. 盈余公积可用来弥补亏损和转增资本
D. "利润分配"账户是所有者权益类账户

22. 以下项目中，应记入"税金及附加"账户的是(   )。

A. 增值税
B. 车辆购置税
C. 城建税
D. 所得税

23. 关于"投资收益"账户，以下说法正确的是(   )。

A. 是所有者权益类账户
B. 期末一定会转入"本年利润"账户的贷方
C. 发生投资损失时，记入"投资收益"的借方
D. 期末余额一般在借方

24. 企业销售一批商品，增值税专用发票上注明的价款是 20 000 元，适用增值税税率 13%，款项尚未收回，该企业确认的应收账款为(   )元。

A. 20 000
B. 22 600
C. 2 600
D. 17 400

综　合　题

1. 华海公司发生如下经济业务。

(1) 接受某单位的专利权投资，该专利权双方确认的价值为 180 000 元，公司发给每股面值 1 元的股票 160 000 股，超出面值部分作为股本溢价处理。

(2) 1 月 1 日向银行借入三个月期借款 10 000 元，款项直接存入银行；借款年利率为 6%，到期一次还本付息。

(3) 1—3 月，每月分别承担借款利息 50 元。

(4) 3 月末，以银行存款归还上述借款的本息共计 10 150 元。

(5) 经批准，将公司的资本公积 100 000 元转作实收资本。

要求：试编制相关的会计分录。

2. 丰达公司发生如下经济业务。

(1) 购入不需要安装的设备一台，买价为 50 000 元，增值税为 6 500 元，另发生运杂费 2 000 元，均以银行存款支付。

(2) 购入需要安装的设备一台，买价为 30 000 元，增值税为 3 900 元，运输费和装卸费共计 1 200 元，款项均已通过银行转账支付。安装设备时，领用原材料一批价值 3 000 元；其他安装费用 1 000 元，以库存现金支付。形成应付未付的安装工人工资 5 000 元。

(3) 上述需要安装的设备安装完毕，顺利地投入使用。

(4) 当月需计提的折旧费 16 000 元。其中，车间应计提折旧 9 000 元，管理部门应计提折旧 7 000 元。

要求：试编制相关的会计分录。

3. 田丰公司发生如下经济业务。

(1) 购入甲材料 4 000 千克，每千克 8 元；乙材料 2 000 千克，每千克 4 元，共计 40 000 元，进项增值税税率为 13%。货款以商业汇票支付。

(2) 购入丙材料 5 000 千克，每千克 10 元，共计 50 000 元，进项增值税税率为 13%。货款以银行存款支付。

(3) 以银行存款支付甲、乙、丙三种材料运输费用 2 400 元，以现金支付三种材料装卸费 900 元。(均按重量分摊)

(4) 商业汇票到期，以银行存款 45 200 元归还。

(5) 企业以银行存款预付东兴工厂购买材料款 8 000 元。

(6) 月末结转(材料验收入库)三种材料实际采购总成本 93 300 元，并计算单位材料采购成本。

要求：试编制相关的会计分录。

4. 星海公司发生如下经济业务。

(1) 仓库发出材料 50 000 元，其中生产 A 产品领用 20 000 元，生产 B 产品领用 22 000 元，车间一般耗用 5 000 元，管理部门领用 2 000，销售部门领用 1 000 元。

(2) 本月生产车间发生共用水电费 800 元，其他间接费用 1 200 元，均以银行存款支付。

(3) 经计算，本月生产 A 产品的工人工资 16 000 元，生产 B 产品的工人工资 24 000 元，车间管理人员工资 12 000 元，厂部管理人员工资 28 000 元。

(4) 本月应计提固定资产折旧共 30 000 元，其中车间用固定资产折旧 11 000 元，厂部用固定资产折旧 14 000 元，销售部门用固定资产折旧 5 000 元。

(5) 本月生产车间只生产了 A 产品、B 产品，所有发生的制造费用均在(1)～(4)中述及，月末按生产工人工资分配制造费用。

(6) 已知 A 产品、B 产品都是本月投产本月完工，所有发生的生产费用均在(1)～(4)中述及，月末计算并结转完工产品的生产成本。

要求：试编制相关的会计分录。

5. 白云公司发生如下经济业务。

(1) 销售 A 产品 40 件，每件售价 800 元，共计 32 000 元，适用增值税税率 13%，款项收到并存入银行，产品已交付购货方使用。

(2) 销售 B 产品 20 件，每件售价 1 000 元，共计 20 000 元，适用增值税税率 13%，货款尚未收到，对方承诺一个月之内付款。

(3) 以银行存款支付销售过程中的包装费和装卸费共 1 000 元。

(4) 提供工业性劳务，价值 5 000 元，销项税额为 650 元，收到对方开出的三个月不带息商业汇票一张。

(5) 出售闲置原材料一批，卖价为 5 000 元，增值税为 650 元，款项收到并存入银行。

(6) 月末，结转本月已销售产品生产成本。共销售 A 产品 40 件，单位成本为 350 元；销售 B 产品 20 件，单位成本为 500 元。

(7) 月末，按规定计算本月应交消费税 2 000 元。

(8) 月末，结转本月销售材料的成本 4 000 元。

要求：试编制相关的会计分录。

6. 海泰公司发生如下经济业务。

(1) 行政人员张某预借差旅费 5 000 元，以现金支付。

(2) 张某出差归来，报销差旅费 4 600 元，余款以现金交回。

(3) 开出支票支付董事会成员津贴 6 000 元。

(4) 收到准备持有至到期债券的利息收入 1 000 元，划入企业账户。

(5) 收到往来单位的违约罚款 2 000 元，存入银行。

(6) 向地震灾区捐赠 5 000 元，已开出转账支票支付。

(7) 月末将本期各项收入发生额结转至本年利润。其中：主营业务收入 250 000 元，其他业务收入 34 000 元，投资收益 1 000 元，营业外收入 2 000 元。

(8) 月末将本期各项费用发生额结转至本年利润。其中：主营业务成本 160 000 元，其他业务成本 30 000 元，税金及附加 2 000 元，销售费用 4 000 元，管理费用 50 000 元，财务费用 6 000 元，营业外支出 5 000 元。

(9) 计算本期应承担的所得税费用，适用所得税税率 25%。

(10) 将所得税费用结转至本年利润，计算本期税后净利润。

要求：试编制相关的会计分录。

7. 天海公司发生如下经济业务。

(1) 公司当年 1～11 月累计实现净利润 1 200 000 元，12 月份实现净利润 300 000 元。将当年实现的净利润从"本年利润"账户转入"利润分配"账户。

(2) 经股东大会批准，按照当年实现净利润的 10% 提取法定盈余公积金。

(3) 经股东大会批准，按照当年实现净利润的 5% 提取任意盈余公积金。

(4) 经股东大会批准，决定向股东分配现金股利 100 000 元。

(5) 公司以银行存款支付上述现金股利。

要求：试编制相关的会计分录。

第七章 会计凭证

【教学目的与要求】

通过本章的学习，要求学生了解会计凭证的概念和作用；了解会计凭证的传递与保管；理解原始凭证和记账凭证的概念及种类，并会举例说明；掌握原始凭证和记账凭证的填制方法和填制要求；掌握会计凭证的基本内容；掌握会计凭证的审核。

【关键词】

会计凭证　原始凭证　记账凭证　自制原始凭证　外来原始凭证　一次凭证　累计凭证　汇总原始凭证　收款凭证　付款凭证　转账凭证　审核　传递　保管

【引导案例】

会计核算必须规范

1. 小张在实习过程中发现，所在公司的会计核算非常不规范：经常发生记账金额和发票金额不一致；"白条抵库""借条抵库"的现象也时有发生；某些明明已经发生的经济业务在账本上体现不出来；材料领用、产品入库的手续不齐备、不完善；会计账户的账面结存数和实物结存数大批量地对不上来；甚至公司老总还想违规套取资金给管理人员发放奖金。

2. 小李根据所学的知识对业务员报销的票据进行了分类整理，将为推销产品支付的差旅费、住宿费、餐费等归类为销售费用，将为签订购销合同支付的差旅费、电话费等归类为管理费用，将为购买账簿支付的交通费和买价归类为财务费用。然后他拿到出纳处准备领取现金，但出纳人员认为这些票据未经过严格审核，小李的归类不完全合理，因此不能领取现金。

3. 马主任是东海公司财务部门的负责人，在一次复核时发现会计小 A 不小心弄丢了三张记账凭证，马主任随即批评小 A 工作不认真，同时让他补充编制三张记账凭证。这时，马主任又发现出纳小 B 编制银行存款付款凭证所附的 10 万元现金支票的存根丢失，同时还有几张现金付款凭证所附的原始凭证与凭证所记的附件张数不符。马主任马上批评了小 B 并暂停其工作。小 B 非常不高兴，认为马主任平时就和他关系不好，停止自己工作属于公报私仇、小题大做。

4. 小王是某公司的出纳，还是公司总经理的亲戚。他仗着自己有"靠山"，在报销业务招待费时，对同样是领导批准、主管会计审核无误的业务招待费报销单，区别对待。小王对和自己私人关系不错的人随来随报，但对和自己不和睦、私人关系较为疏远的人则以账面无款、库存无现金等理由无故拖欠。

思考题:
1. 小张实习的公司在会计核算上存在哪些问题？应该如何改正？
2. 小李拿着原始凭证直接去领取现金的行为有何不妥？应该如何改正？
3. 马主任的行为是否妥当？
4. 小王的行为是否违背了会计职业道德规范？为什么？

(资料来源: 王前锋. 基础会计[M]. 2版. 北京: 化学工业出版社，2018.)

第一节　会计凭证概述

一、会计凭证的概念

会计凭证简称凭证，是记录经济业务、明确经济责任并据以登记账簿的书面证明文件。会计凭证还是进行会计监督的重要依据。经济管理工作要求会计核算提供真实的资料，强调记录经济业务必须有依据。填制和取得会计凭证是会计核算的起点和不可缺少的基础性工作。所有的企业、事业和行政单位在从事任何一项经济活动时，都必须由经办人员根据有关规定和程序填制或取得会计凭证，并在上面签名或盖章，通过这一过程对整个经济活动作出书面记录，并对会计凭证的真实性、合法性、正确性、完整性负责。会计人员必须对已取得的会计凭证进行严格的审核，只有准确无误的会计凭证才能作为登记账簿的凭据。

二、会计凭证的作用

会计凭证的主要作用如下。

(一)会计凭证是提供原始资料、传导经济信息的工具

会计信息是经济信息的重要组成部分。它一般通过数据，以凭证、账簿、报表等形式反映出来。随着生产的发展，及时准确地提供会计信息在企业管理中的作用越来越重要。任何一项经济业务的发生，都要编制和取得会计凭证。会计凭证是记录经济活动的最原始资料，是经济信息的载体。通过会计凭证的加工、整理和传递，可以客观及时地反映经济业务的发生及完成情况，传导有用的经济信息，既协调了会计主体内部各部门、各单位之间的经济活动，保证生产经营各个环节的正常运转，又为会计分析和会计检查提供了基本资料。

(二)会计凭证是登记账簿的依据

任何单位，每发生一项经济业务，如现金的收付、商品的进出以及往来款项的结算等，都必须通过填制会计凭证来如实记录经济业务的具体内容，审核无误后，才能及时登

记入账。如果没有合理合法的凭证作为基础，任何经济业务都不能登记到账簿中去，当然也不能体现在报表中。因此，做好会计凭证的填制和审核工作，是登记账簿的依据，也是保证会计账簿真实性、准确性的重要条件。

(三)会计凭证是加强经济责任制的手段

由于会计凭证记录了每项经济业务的内容，并要由有关单位、部门和经办人员签章，这就要求这些单位和个人对经济活动的真实性、准确性、合法性负责。这样，无疑会增强经办单位和个人的责任感，促使他们严格按照相关政策、法规、制度、计划或预算办事。如果发生违法乱纪或经济纠纷事件，也可借助会计凭证确定各经办单位和个人所负的经济责任，并据以进行正确的裁决和处理，从而加强经济管理的岗位责任制。

(四)会计凭证是实行会计监督的条件

通过会计凭证的审核，可以查明各项经济业务是否符合相关法律法规、规章制度的规定，有无贪污盗窃、铺张浪费和损公肥私等行为，从而发挥会计的监督作用，保护会计主体所拥有资产的安全与完整，保护投资者、债权人和其他利益相关者的合法权益。

第二节　会计凭证的分类

【引导案例】

"丰富多彩"的会计凭证

张甜是某大学会计学专业的学生，寒假期间到东方服装厂实习。实习过程中她接触到的凭证多种多样，比如购货发票、销货发票、领料单、限额领料单、产品入库单、银行汇款单、借款单、工资计算单、折旧计算表、制造费用计算单等，还有出差人员报销时交回的火车票、飞机票、出租车票、住宿费发票、会议费发票等。根据张甜在课堂上所学的知识，她知道上述证明文件都是会计凭证中的原始凭证，还有一种书写会计分录的记账凭证，也有多种类别。

思考题:

1. 会计凭证是什么？
2. 原始凭证和记账凭证的主要区别和联系是什么？
3. 原始凭证按照取得的来源和途径的不同分为哪几类？
4. 专用记账凭证按其反映经济内容的不同分为哪几类？

会计凭证的种类多种多样，按照填制程序和用途的不同，可以分为原始凭证和记账凭证两类，每一类又可根据不同的分类标准进一步细分。

一、原始凭证概述

原始凭证又称单据，是在经济业务发生或完成时取得或填制的，用以记录或证明经济业务发生或完成情况的凭据。原始凭证在法律上具有证明效力，我们在现实生活中经常见到的发票、银行汇款单、差旅费报销单等都属于原始凭证,企业内部的领料单、产品入库单、工资计算单、制造费用分配表等也属于原始凭证。原始凭证的分类如图 7-1 所示。

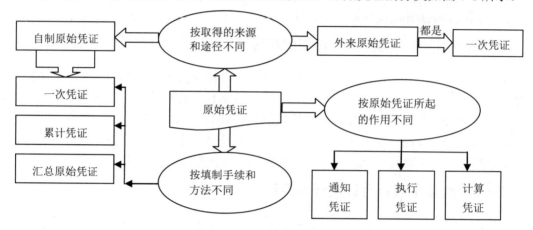

图 7-1　原始凭证的分类

(一)按取得的来源和途径分类

按取得的来源和途径的不同,原始凭证分为自制原始凭证和外来原始凭证。

1. 自制原始凭证

自制原始凭证是由本单位经办业务的部门和人员在执行或完成经济业务时自行填制的凭证,如领料单(见表 7-1)、收料单(见表 7-2)、出库单、销货发票等。

表 7-1　领料单

领料单位:生产车间　　　　　　　　20××年××月××日　　　　　　　　凭证编号:××
用　　途:生产产品　　　　　　　　　　　　　　　　　　　　　　　　　发料仓库:××

材料编号	材料名称及规格	计量单位	数　量		单　价	金　额	备　注
			请　领	实　发			
合　　计							

仓库保管员:　　　　　　领料人:　　　　　　发料人:　　　　　　制单:

2. 外来原始凭证

外来原始凭证,是指企业在同外单位或者个人发生经济往来时,从外单位或个人那里直接取得的凭证。如企业购买材料或商品时,从供货单位取得的增值税普通发票或增值税专用发票(见表 7-3);运输部门开来的运费收据;企业向银行借款时填写的借款合同等。增值税普通发票和增值税专用发票的主要区别在于：增值税专用发票一般是三联式的，其中，发票联，作为购买方核算采购成本和增值税进项税额的凭证；抵扣联，作为购买方报送主管税务机关认证和留存备查的凭证；记账联，作为销售方核算销售收入和增值税销项税额的凭证。增值税普通发票一般是两联式的，只有记账联和发票联。只有增值税一般纳税人和具有自开专用发票资格的小规模纳税人才能开具增值税专用发票。

表7-2　收料单

供货单位：××　　仓库：××　　　　20××年××月××日　　　　　　　　编号：××

收料类别	材料编号	材料名称及规格	计量单位	数　量		金　额/元			
				应收	实收	单价	买价	运杂费	合计

备注：　　　　　　　　　　　　　　　　　　　合计

仓库保管员：　　　　　　经手人：　　　　　　审批人：

表7-3　××市增值税专用发票

购货单位	名　　　称：		密码区
	纳税人识别号：		
	地址、　电话：		
	开户行及账号：		

货物或应税劳务名称	规格型号	单位	数量	单价	金额	税率	税额
合　　　计							

| 价税合计(大写) | (小写)￥ |

销货单位	名　　　称：		备注
	纳税人识别号：		
	地址、　电话：		
	开户行及账号：		

收款人：　　　　　复核：　　　　　　开票人：　　　　　　销货单位：

(二)按填制手续和方法分类

按照填制的手续和方法的不同，原始凭证分为一次凭证、累计凭证和汇总原始凭证。

1. 一次凭证

一次凭证是指在一张凭证上只记载一项经济业务，或者同时记载若干经济业务但填制手续一次完成的原始凭证。如现金收据、银行结算凭证、收料单、领料单、销货发票等原始凭证都是一次凭证。

2. 累计凭证

累计凭证是指在一张凭证上连续记载一定期间内不断重复发生的同类经济业务，需要分次完成填制手续的原始凭证。这种业务不是一次完成的，因此需要在一张凭证上多次记载。累计凭证可以简化核算手续，减少凭证数量，便于控制管理。限额领料单(见表 7-4)就属于累计凭证。在每月开始前，由生产计划部门根据生产作业计划和材料消耗定额，按照每种材料，分用途编制限额领料单。领取材料时，仓库应按单内所列材料品名、规格在限额内发放。月末，计算出结存数量和金额，交由会计部门据以记账。

表 7-4 限额领料单

领料部门：生产车间 　　　　　　　　　　　　　　　　　　发料仓库：3 号
用　　途：生产产品　　　　　　　　20××年 11 月　　　　　编　　号：006

材料类别	材料编号	材料名称及规格	计量单位	领用限额	实际领用	单　价	金额/元	备　注
圆钢	2310	15 mm	kg	1 200	1 140	5 元/kg	5 700	
日期	请　领		实　发			限额结余	退　库	
	数量	签章	数量	发料人	领料人		数量	退库单
11.2	200	××	200	××	××	1 000		
11.6	180	××	180	××	××	820		
11.12	300	××	300	××	××	520		
11.20	220	××	220	××	××	300		
11.25	240	××	240	××	××	60		
合计	1 140		1 140			60		

供应部门负责人：×× 　　　　　生产计划部门负责人：×× 　　　　　仓库负责人：××

3. 汇总原始凭证

汇总原始凭证，是指根据一定时期内反映同类经济业务的多张原始凭证，按照一定标准汇总填制的凭证，也被称为原始凭证汇总表。如领料单汇总表、发料凭证汇总表(见表 7-5)、工资结算汇总表、差旅费报销单(见表 7-6)等都是汇总原始凭证。

(三)按原始凭证所起的作用分类

按原始凭证所起的作用不同，原始凭证分为通知凭证、执行凭证和计算凭证。

1. 通知凭证

通知凭证是指企业用于对某项经济业务进行通知或指示的凭证。其目的在于作为不同部门之间经济业务的纽带，以加强部门之间的沟通合作。这类凭证不能完全等同于其他原始凭证，因为其不能证明经济业务已经完成。如银行进账单(见表 7-7)、物资订货单及扣款通知等都是通知凭证。

表 7-5 发料凭证汇总表

20××年××月××日　　　　　　附件：××张　　　单位：元

应贷科目	应借科目	生产成本	制造费用	管理费用	在建工程	合 计	备注
原材料	原料及主要材料						
	辅助材料						
	修理用备件						
	燃料						
	合 计						
周转材料							
总 计							

财务主管：　　　　　　制表：　　　　　　审核：

表 7-6 差旅费报销单

报销日期：20××年××月××日

部 门		姓 名		电话			
项 目 名 称		职称		职务			
		出差事由				附单据	张
出 差 地 点	起 止 日 期	天 数	交　通　费				住宿 费	补　贴		其他

出 差 地 点	起 止 日 期	天 数	飞机	火车	其他	市内	住宿费	伙食	其他	其他

核准报销金额	
合计人民币(大写)	(小写)￥

审批：　　　　　　复核人：　　　　　　部门负责人：　　　　　　经办人：

2. 执行凭证

执行凭证是指用来证明某项经济业务已经完成的原始凭证，又称为证明凭证。如发货单、领料单、增值税专用发票、各种收据等都是执行凭证。

3. 计算凭证

计算凭证是指对已完成的经济业务为了一定的目的，经过加工、整理、计算而编制的凭证。这种凭证是有关人员根据需要计算后编制的一种自制原始凭证。如制造费用分配表

(见表7-8)、折旧计算表、产品成本计算单、工资分配计算表等都是计算凭证。

表7-7　中国工商银行进账单(回单)

年　　月　　日　　　　第　　号

出票人	全　称		收款人	全　称	
	账　号			账　号	
	开户银行			开户银行	

金额				亿	千	百	十	万	千	百	十	元	角	分

票据种类		票据张数		开户银行签章

此联是开户银行交给持票人的回单

表7-8　制造费用分配表

车间：生产车间　　　　　　　　20××年××月

分配对象 (产品名称)	分配标准 /(生产工时)	分配率 /(元/工时)	分配金额 /元
A 产品	1 200	0.5	600
B 产品	3 000	0.5	1 500
C 产品	3 800	0.5	1 900
合　计	8 000	0.5	4 000

会计主管：××　　　　　　　审核：××　　　　　　　制表：××

二、记账凭证概述

记账凭证是指会计人员根据审核无误的原始凭证或原始凭证汇总表填制的，反映经济业务内容，指明应记账户名称、方向、金额，并直接作为记账依据的证明文件。经济业务发生后，会计人员填制、取得并审核原始凭证，然后选择一定的记账凭证编制会计分录。原始凭证上记载的是原始的经济信息，记账凭证上记载的是经过加工处理后的会计信息。记账凭证的分类方法如下所示。

(一)按用途分类

按照用途不同，记账凭证分为专用记账凭证和通用记账凭证两类。

1. 专用记账凭证

专用记账凭证是指用来专门记录和反映某一特定经济业务的记账凭证。按照其反映的经济内容不同，即所记录的经济业务与现金和银行存款的收付关系，专用记账凭证分为收款凭证、付款凭证和转账凭证。

(1) 收款凭证是用来记录现金和银行存款等货币资金收款业务的凭证。它是根据现金和银行存款收款业务的原始凭证填制的，是登记现金日记账、银行存款日记账以及有关明细分类账和总分类账的依据，也是出纳人员收讫款项的依据。收款凭证的借方科目只有库存现金和银行存款，因而在凭证格式设置上，将借方科目设在左上方，如表7-9所示。

表7-9 收款凭证

借方科目：银行存款　　　　　　　　×× 年 ×× 月 ×× 日　　　　　　　　凭证编号：××

摘　要	结算方式	票号	贷方科目		金　额	记账符号
			总账科目	明细科目		
附单据		张	合计			

会计主管人员：　　记账：　　稽核：　　制单：　　出纳：　　缴款人：

(2) 付款凭证是指用来记录现金和银行存款等货币资金付款业务的凭证。它是根据现金和银行存款付款业务的原始凭证填制的，是登记现金日记账、银行存款日记账以及有关明细分类账和总分类账的依据，也是出纳人员支付款项的依据。付款凭证的贷方科目只有库存现金和银行存款，因而在凭证格式设置上，将贷方科目设在左上方。如果是银行存款和现金之间相互划拨的业务，如将现金存入银行，或者从银行提取现金的业务，按照我国会计实务的惯例应编制付款凭证，一般不编制收款凭证，更不能将一笔业务编制出两张凭证。付款凭证的格式如表7-10所示。

表7-10 付款凭证

贷方科目：库存现金　　　　　　　　×× 年 ×× 月 ×× 日　　　　　　　　凭证编号：××

摘　要	结算方式	票号	借方科目		金　额	记账符号
			总账科目	明细科目		
附单据		张	合计			

会计主管人员：　　记账：　　稽核：　　制单：　　出纳：　　领款人：

(3) 转账凭证是指用来记录与现金、银行存款等货币资金收付款业务无关的转账业务(即在经济业务发生时不需要收付现金和银行存款的各项业务)的凭证，它是根据有关转账业务的原始凭证填制的。其格式如表7-11所示。

2. 通用记账凭证

通用记账凭证的格式，不再区分对应哪一类业务，而是以一种统一的格式记录全部的经济业务。因此通用记账凭证适用于规模较小且业务量不多的企业。通用记账凭证的名称一般简称为"记账凭证",如表 7-12 所示。

表 7-11　转账凭证

××年××月××日　　　　　　　　　　　凭证编号:××

摘　要	借方科目		贷方科目		金　额	记账符号
	总账科目	明细科目	总账科目	明细科目		
附单据　　张	合计					

会计主管人员:　　　　　　记账:　　　　　　　稽核:　　　　　　　制单:

表 7-12　记账凭证

××年××月××日　　　　　　　　　　　凭证编号:××

摘　要	结算方式	票号	借方科目		贷方科目		金　额	记账符号
			总账科目	明细科目	总账科目	明细科目		
附单据　　张		合计						

会计主管人员:　　　　记账:　　　　稽核:　　　　制单:　　　　出纳:　　　　缴款人:

(二)按包含的会计科目分类

按照包含的会计科目不同,记账凭证分为单式记账凭证和复式记账凭证两类。

1. 单式记账凭证

单式记账凭证是指在一张凭证上只填列一个会计科目,比如借方或贷方,另一方只作参考。一笔经济业务涉及几个会计科目,就填制几张单式记账凭证,同一笔业务由若干张记账凭证共同反映。如果在凭证上列出的是借方则称为借项记账凭证,如果列出的是贷方则称为贷项记账凭证。这种凭证的优点在于便于根据会计科目进行汇总;缺点是工作量太大且不能在一张凭证上记录和反映一笔完整的经济业务。其格式如表 7-13、表 7-14 所示。

表 7-13　借项记账凭证

对应科目：银行存款　　　　　20××年××月××日　　　　　编号：1-1/2

摘　要	一级科目	二级或明细科目	金额/元	记　账
从银行提取现金	库存现金		3 000	√

会计主管：×× 　　　记账：×× 　　　复核：×× 　　　出纳：×× 　　　填制：××

表 7-14　贷项记账凭证

对应科目：库存现金　　　　　20××年××月××日　　　　　编号：1-2/2

摘　要	一级科目	二级或明细科目	金额/元	记　账
从银行提取现金	银行存款	××银行××支行	3 000	√

会计主管：×× 　　　记账：×× 　　　复核：×× 　　　出纳：×× 　　　填制：××

2. 复式记账凭证

复式记账凭证，是指将一笔经济业务所涉及的应借、应贷的各个会计科目，都集中填列在一张凭证上的记账凭证。复式记账凭证中能反映出整个经济业务的全貌，和单式记账凭证相比不便于分工记账和后续的汇总整理。收款凭证、付款凭证、转账凭证等都属于这一范畴，如表 7-9～表 7-12 所示。

(三)按汇总情况分类

按照汇总情况不同，记账凭证分为单一记账凭证、汇总记账凭证和科目汇总表。

1. 单一记账凭证

单一记账凭证是指在凭证上只记录和反映一项经济业务的一种记账凭证。前面讲的收款凭证、付款凭证、转账凭证等除了都属于复式记账凭证外，还都属于单一记账凭证，如表 7-9～表 7-12 所示。

2. 汇总记账凭证

汇总记账凭证是指将一定时期内的记账凭证，按照相同的会计科目汇总整理而成的记账凭证。汇总记账凭证可以明确地反映账户的对应关系，而且简化了凭证的归类整理工作和登账工作，但定期汇总增加了会计的工作量。汇总记账凭证按其汇总的内容可以分为汇总收款凭证、汇总付款凭证和汇总转账凭证，如表 7-15、表 7-16、表 7-17 所示。

3. 科目汇总表

科目汇总表是指定期对全部记账凭证进行汇总，按各个会计科目列示其借方发生额和贷方发生额的一种汇总凭证。依据借贷记账法的基本原理，科目汇总表中各个会计科目的借方发生额合计与贷方发生额合计应该相等，因此，科目汇总表具有试算平衡的作用。科目汇总表的格式如表 7-18 所示。

表 7-15　汇总收款凭证

借方科目：银行存款　　　　　　　　　20××年××月　　　　　　　　　汇收字第 2 号

贷方科目	金　额				记　账	
	1—10 日	11—20 日	21—30 日	合　计	借　方	贷　方
应收票据						
应收账款						
主营业务收入						
短期借款						
合　　计						

表 7-16　汇总付款凭证

贷方科目：库存现金　　　　　　　　　20××年××月　　　　　　　　　汇付字第 1 号

借方科目	金　额				记　账	
	1—10 日	11—20 日	21—30 日	合　计	借　方	贷　方
其他应收款						
管理费用						
应付职工薪酬						
合　　计						

表 7-17　汇总转账凭证

贷方科目：主营业务收入　　　　　　　20××年××月　　　　　　　　　汇转字第 3 号

借方科目	金　额				记　账	
	1—10 日	11—20 日	21—30 日	合　计	借　方	贷　方
应收账款						
应收票据						
预收账款						
合　　计						

表 7-18　科目汇总表

20××年××月 1—10 日　　　　　　　　　　　　　　　　科汇字第 1 号

会计科目	本期发生额		总账页数
	借　方	贷　方	
库存现金			
银行存款			
应收账款			
其他应收款			
在途物资			

续表

会计科目	本期发生额		总账页数
	借　方	贷　方	
库存现金			
原材料			
库存商品			
周转材料			
固定资产			
累计折旧			
在建工程			
工程物资			
短期借款			
应付账款			
应付职工薪酬			
应交税费			
其他应付款			
略			
合计			

会计主管：　　　　　　复核：　　　　　　记账：　　　　　　制证：

第三节　原始凭证的填制和审核

【思政课堂】

电子发票的审核

场景一：员工 A 前几个月的电子发票已经报销过了，这个月又打印了一次拿来报销。这可能是故意的，也可能是无意的。

场景二：员工 A 购买办公用品取得的电子发票，A 报销了一次，A 又把电子发票的 PDF 文件发给员工 B，B 把电子发票打印出来，又报销了一次。

场景三：员工 A 通过 PS 软件把前几个月已经报销过的电子发票，修改信息后生成一张新的电子发票，又报销了一次。

思考题： 如何解决电子发票使用不当或者重复报销问题？

(资料来源：杭晴霞. 电子发票重复报销问题，怎么解决？[EB/OL].(2019-05-09)[2024-01-22]. https://baijiahao.baidu.com/s?id=1633035138012844587&wfr=spider&for=pc)

一、原始凭证的基本内容

原始凭证(见图 7-2)所要记录和反映的经济业务多种多样，所以各类原始凭证的格式、名称及繁简程度都不尽相同。其基本内容或者构成要素如下。

(1) 原始凭证名称，如"领料单""发货单"等。

(2) 填制日期和凭证编号等。

(3) 原始凭证接收单位的名称及其他相关信息。

(4) 经济业务具体内容，包括涉及的数量、单价和金额等。

(5) 填制单位和填制人员相关信息。

(6) 经办部门和人员的签字盖章。

此外，企业还可以根据自身需要，在会计凭证上适当地补充一些内容。

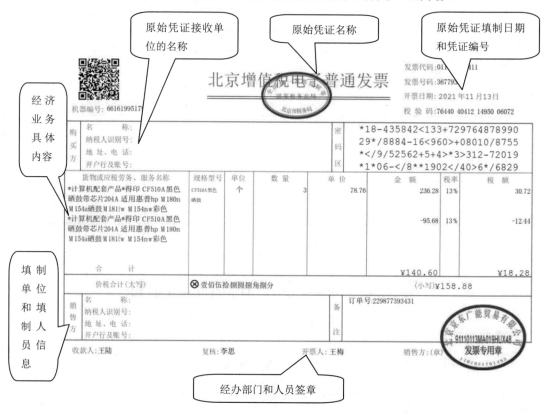

图 7-2 原始凭证的基本内容

二、原始凭证的填制方法和要求

原始凭证的填制有三种形式，一是根据实际发生或完成的经济业务，由经办人员直接填列；二是根据已经入账的经济业务，由会计人员利用账簿资料进行加工整理填制，如制造费用分配表等；三是根据若干张反映同类经济业务的原始凭证定期汇总填制原始凭证汇总表。原始凭证的种类不同，其具体的填制方法和填制要求也不尽相同，但都应符合下列规范。

(一)记录真实

每一项经济业务发生或者完成时，都必须填制原始凭证，不得随意拖延。凭证中所填列的与经济业务有关的内容、数字等，必须根据实际情况填写，确保原始凭证所反映的经济业务真实可靠，符合国家有关法律、法规、制度的要求，不得弄虚作假。

(二)内容完整

原始凭证中应填写的项目要逐项填写，不得缺漏；凭证编号要按顺序编排，如已预先印定编号，在填写错误作废时，需加盖"作废戳记"，并妥善保管；如果是一式多联的原始凭证，要保证各联次一次填写完成并且内容一致；凭证日期要按照经济业务发生的实际日期填写；交易内容要完整，不能简化；品名或者用途要填写明确，不能含糊不清。

(三)书写规范

财务人员在填制原始凭证时，除一式几联的用圆珠笔复写之外，其他原始凭证都必须用蓝黑墨水的钢笔或碳素笔书写，不得任意采用铅笔或者红色墨水笔填写(红色金额有特定的意义)。文字、数字应书写正确，文字简要、数字清晰，易于辨认，数量、金额应计算准确，各种凭证不得随意刮擦、涂改、挖补。

(四)手续完备

单位自制的原始凭证必须附有经办业务的部门和人员的签章；对外开出的原始凭证必须加盖本单位公章或财务专用章；从外部取得的原始凭证，必须盖有填制单位的公章或财务专用章；从个人处取得的原始凭证，必须有填制人员的签章。

【知识链接】

原始凭证的书写

阿拉伯数字应当一个一个地写，不得连笔写。阿拉伯金额数字前面应当书写货币币种符号或者货币名称简写和币种符号。币种符号与阿拉伯金额数字之间不得留有空白。凡阿拉伯数字前写有币种符号的，数字后面不再写货币单位。

所有以元为单位的阿拉伯数字，除表示单价等情况外，一律填写到角分；无角分的，角位和分位可写"00"，或者符号"-"；有角无分的，分位应当写"0"，不得用符号"-"代替。

汉字大写数字金额如零、壹、贰、叁、肆、伍、陆、柒、捌、玖、拾、佰、仟、万、亿等，一律用正楷或者行书体书写，不得用 0、一、二、三、四、五、六、七、八、九、十等简化字代替，不得任意自造简化字。大写金额数字到元或者角为止的，在"元"或者"角"字之后应当写"整"字或者"正"字；大写金额数字有分的，分字后面不写"整"或者"正"字。

大写金额数字前未印有货币名称的，应当加填货币名称，货币名称与金额数字之间不得留有空白。

阿拉伯金额数字中间有"0"时，汉字大写金额要写"零"字；阿拉伯数字金额中间连续有几个"0"时，汉字大写金额中可以只写一个"零"字；阿拉伯金额数字元位是"0"，或者数字中间连续有几个"0"、元位也是"0"但角位不是"0"时，汉字大写金额可以只写一个"零"字，也可以不写"零"字。

(资料来源：中华人民共和国财政部. 会计基础工作规范[EB/OL]. (2022-04-19)[2024-01-22].
http://jdjc.mof.gov.cn/fgzd/202204/t20220419_3803834.htm)

三、原始凭证的审核

为了保证原始凭证的真实性、完整性和合法合规性，防止不符合填制要求的原始凭证影响会计信息的质量，必须由会计部门对一切外来的和自制的原始凭证进行严格审核。原始凭证种类繁多，格式各异，但在审核时都要重点关注以下几个方面。

(一)真实性审核

原始凭证作为会计信息的最初源头，其真实性对会计信息的质量至关重要。要确定原始凭证是否真实，就要审核原始凭证所记载的与经济业务有关的当事单位和当事人是否真实，原始凭证的填制日期、经济业务内容包括数量、单价、金额等是否与实际情况相一致。

(二)完整性审核

所谓完整性，是指原始凭证具备的要素应该完整且齐备。完整性具体包括：审核原始凭证的内容是否全部填列，有关经办人员是否都已签章，手续是否完备；日期和数字是否清晰可辨，文字是否工整；凭证联次是否正确，原始票据是否齐全等。

(三)合法合规性审核

合法合规性是指审核原始凭证所记录的经济业务是否符合国家的法律法规、部门规章制度和企业有关规范的要求，有无违反财经纪律等违法乱纪的行为，是否履行了规定的凭证传递和审核的必要程序，是否符合企业有关的经营计划和支出限制等。

原始凭证的审核是一项十分细致和严肃的工作，必须坚持原则，依法办事。对于不真实、不合法的原始凭证，会计人员有权不予接受，并向单位负责人报告；对于记载不准确、不完整的原始凭证予以退回，并要求按照国家统一的会计制度规定更正、补充。原始凭证经审核无误后，才能作为编制记账凭证和登记会计账簿的依据。

第四节　记账凭证的填制和审核

【思政课堂】

疏忽还是故意？

审计人员小田在抽查 A 公司会计凭证时发现，2021 年 7 月 8 日第 364 号记账凭证记录的职工医药费报销业务，记账凭证上的金额是 5 348 元，所附原始凭证 9 张，经过计算实际总金额是 3 548 元。小田分析，一是会计人员在汇总编制记账凭证时，错误地将 3 548 写成了 5 348，系 5 和 3 颠倒，属于工作疏忽造成的差错；二是会计人员故意进行多汇总，目的是贪污公款。进一步检查发现，公司的记账凭证与原始凭证不符的有 15 笔，且都是现金付款业务，记账凭证记录金额均大于所附原始凭证记录金额，不符金额总计 82 150 元。后经过调查询问相关人员，查阅、检查、核对各类资料，证实了上述判断。

思考题: A 公司会计人员的这种行为符合会计职业道德和会计伦理要求吗?是否涉嫌犯罪?应该如何处罚?

(资料来源: 整理改编自张宏萍主编. 基础会计[M]. 2 版. 北京: 清华大学出版社, 2021.)

一、记账凭证的基本内容

记账凭证是指根据原始凭证填制,记载经济业务简要内容,确定会计分录,作为记账依据的会计凭证。记账凭证种类繁多,格式不一,但各种记账凭证的主要功能在于对原始凭证进行归类整理。为了满足会计核算的要求,单位所使用的记账凭证,必须具备以下基本内容。

(1) 记账凭证的名称及填制单位名称。

(2) 填制记账凭证的日期。

(3) 记账凭证的编号。

(4) 经济业务的内容摘要。

(5) 经济业务所涉及的会计分录即会计科目(包括一级科目、二级或明细科目)及其记账方向和金额。

(6) 所附原始凭证张数和其他附件资料。

(7) 相关人员的签章,包括会计主管、复核人员、记账人员、制证人员的签名或盖章;收付款凭证还要有出纳人员的签名盖章。

记账凭证的基本内容如图 7-3 所示。

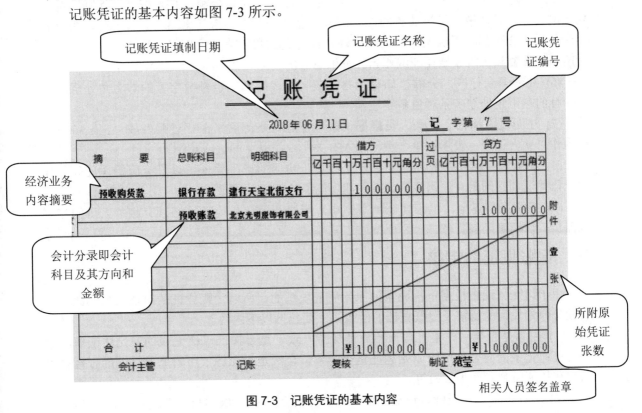

图 7-3　记账凭证的基本内容

二、记账凭证的填制方法和要求

记账凭证可以根据每一张审核无误的原始凭证单独填制，也可以根据反映若干张同类经济业务的汇总原始凭证填制，对于期末损益结转(结账业务)和更正错账的业务，记账凭证还可以根据有关的账簿记录进行填制。记账凭证填制的基本要求如下。

(1) 选用正确的记账凭证。单式记账凭证和复式记账凭证的格式有所不同；复式记账凭证中的收款凭证、付款凭证、转账凭证也对应不同格式甚至不同类型的业务。凭证选择应保持相对稳定，在同一会计年度内不得随意更换凭证的种类和格式。

(2) 准确书写日期。记账凭证日期一般按填制日期填写，但期末转账业务的日期应写期末日期。记账凭证和对应原始凭证的日期不一定相同，因原始凭证的日期是取得该凭证的日期，但凭证传递需要一定的时间，从而导致记账凭证日期往往要滞后于原始凭证日期。

(3) 按顺序规范编号。应按经济业务发生的先后顺序并区分不同种类的记账凭证连续编号。比如，将全部记账凭证作为一类统一编号，编为记字第××号；或者分别按现金和银行存款收入、现金和银行存款付出以及转账业务三类进行编号，分别编为收字第××号、付字第××号、转字第××号。

(4) 概括归纳摘要。摘要是会计记录每一笔经济业务点明中心要义的标题，"简明扼要"为最佳效果，同时还需要注意重点突出、无歧义；避免简而不明或者过于烦琐。

(5) 正确编制会计分录，包括会计科目的名称、方向和金额。必须按照会计制度统一规定的会计科目，根据经济业务的性质，编制会计分录；不得任意简化科目名称，账户的对应关系和金额都应正确无误；记账凭证合计行金额数字前必须填写人民币符号；记账凭证所填金额要和所附原始凭证或原始凭证汇总表的金额一致。

(6) 注销多余行次。金额栏如有空行，应当自最后一笔金额数字下的右上角处至最底下一行的左下角处划一条对角斜线注销。

(7) 注明过账标记。记账人员根据记账凭证登记账簿后，在"过账"或"记账符号"栏内作"√"记号，表示该笔金额已记入有关账户，以免漏记或重记。

(8) 准确填写附件张数。除期末转账和更正错误的记账凭证可以没有原始凭证外，其他记账凭证都必须附有原始凭证，并注明所附原始凭证的张数。

(9) 签章完整齐全。记账凭证填写完毕，应进行复核与检查，必须有相关人员的签字或盖章，以明确经济责任。

三、记账凭证的审核

由于记账凭证是根据审核无误的原始凭证填制的，所以记账凭证的审核包括对此项经济业务原始凭证的复核及记账凭证的检查，主要包括以下内容。

(1) 内容是否全面完整且与原始凭证保持一致。是否按已审核无误的原始凭证填制记账凭证；记录的内容与所附原始凭证是否一致，金额是否相等；所附原始凭证的张数是否与记账凭证所列附件张数相符。

(2) 会计分录是否正确。记账凭证所列会计科目(包括一级科目、明细科目)及应借应贷方向和金额是否正确；借贷双方的金额是否平衡；明细科目金额之和与相应的总账科目的金额是否相等。

(3) 书写是否规范，项目是否齐全。记账凭证中的记录是否文字工整、数字清晰、容易辨认；日期、凭证编号、附件张数、人员签章等是否符合规范、应填尽填。

(4) 摘要是否准确并简明。即摘要栏的填写是否清楚，是否简明扼要、准确无误地说明了所附原始凭证反映的经济内容。

(5) 手续是否完备。这包括出纳人员根据收款凭证收款或者根据付款凭证付款时，是否已在凭证上加盖"收讫"或"付讫"戳记。

在审核记账凭证的过程中，如发现记账凭证填制有误，应当按照规定的方法及时加以更正。只有经过审核无误的记账凭证，才能作为登记账簿的依据。

第五节　会计凭证的传递与保管

一、会计凭证的传递

会计凭证的传递，是指各种会计凭证从填制、取得、归档，到整理、保管为止的全部过程。正确组织会计凭证的传递，对于及时处理和记录经济业务，明确经济责任，实行会计监督，具有重要作用。会计凭证的传递包括传递路线、传递时间和传递手续三方面。

(一)传递路线

凭证的传递路线是指单位根据经济业务的特点和具体情况，制定的合理的会计凭证流经环节及先后次序。企业应根据经济业务的具体内容及处理上的要求，确定合理有序的凭证传递路线，使会计凭证沿着最合理的流向运行和流转。在会计凭证传递过程中，必要的环节必须经过，以便能够让相关人员对凭证进行审核和处理，同时又要实现会计凭证传递的快捷性和合理性。

(二)传递时间

凭证的传递时间是指会计凭证在各经办单位和环节停留的最长时间。企业应根据自身情况设置凭证在每一个环节停留的最长时间，要求传递凭证在各环节不能停留太久，要在规定的时间内完成相关的会计处理工作，以便能够快速传递给下一个环节，保证会计工作的正常运转。

(三)传递手续

凭证的传递手续是指会计凭证在传递过程中的衔接手续。一方面要求会计凭证的传递衔接手续完备严密，另一方面要求传递手续简便易行。

二、会计凭证的保管

会计凭证保管是对会计凭证的保护与管理。会计凭证保管的基本要求如下。

(1) 整理归类。企业应定期将会计凭证进行归类整理，以便进行查阅或使用。在归类整理时需要做到以下几点：第一，将记账凭证连同所附的原始凭证或者原始凭证汇总表，按编号顺序进行整理；第二，整理无误装订成册后加上封面、封底，封面上标明单位名称、凭证种类、所属日期、起讫日期、起讫号码和凭证张数等基本信息(见图 7-4)；第三，在装订处应有相关人员的签名或盖章。另外，对于一些数量较多且需要经常借阅的凭证，可以单独装订保管，在记账凭证上注明"附件另订"。

会 计 凭 证 封 面

单位名称：××公司　　　凭证种类：××凭证

会计凭证起讫日期	自　　年　　月　　日至　　年　　月　　日
会计凭证起讫编号	自第　　　号至第　　　号
记账凭证页数	共　　　页
会计凭证册数	第　　册　共　　册

会计主管人员：　　　　　　　　　　　装订：

图 7-4　会计凭证装订封面

(2) 造册归档。按照会计凭证归档的要求，会计凭证应在每个会计年度终了时由会计部门进行装订或整理立卷。一般情况下，当年的会计凭证可以由会计部门保管一年，之后会计凭证应交由档案部门进行保管。

(3) 借阅。会计凭证原则上不能外借，如本单位人员需要借阅，必须办理借阅手续。外单位人员需要使用会计凭证时经本单位批准后可以复制，提供复印件时应在专设的登记簿上作出登记，同时需要会计凭证的提供人员和外单位的收取人员共同签名或盖章。

(4) 处置。会计凭证的保管期限为 30 年。在保管期限内，任何人不能随意对会计凭证进行处置或销毁。在保管期满后，可以按照规定对会计凭证进行销毁或作出其他处理。

本 章 小 结

(1) 会计凭证，是指记录经济业务、明确经济责任并据以登记账簿的书面证明文件。会计凭证的作用包括：会计凭证是提供原始资料、传导经济信息的工具；会计凭证是登记账簿的依据；会计凭证是加强经济责任制的手段；会计凭证是实行会计监督的条件。

(2) 会计凭证按照填制程序和用途的不同，分为原始凭证和记账凭证两类。原始凭证又称单据，是指在经济业务发生或完成时取得或填制的，用以记录或证明经济业务发生或完成情况的凭据。记账凭证是指会计人员根据审核无误的原始凭证或原始凭证汇总表填制的，反映经济业务内容，指明应记账户名称、方向、金额，并直接作为记账依据的证明文件。

(3) 原始凭证按取得的来源和途径的不同，分为自制原始凭证和外来原始凭证；按照填制手续和方法的不同，分为一次凭证、累计凭证和汇总原始凭证；按原始凭证所起的作用不同，分为通知凭证、执行凭证和计算凭证。

(4) 记账凭证按照用途不同，分为专用记账凭证和通用记账凭证；按照包含的会计科目不同，分为单式记账凭证和复式记账凭证；按照汇总情况不同，分为单一记账凭证、汇总记账凭证和科目汇总表。其中，专用记账凭证按照其反映的经济内容不同，即所记录的经济业务与现金和银行存款的收付关系，分为收款凭证、付款凭证和转账凭证。

(5) 原始凭证在填制时要求做到：记录真实、内容完整、书写规范、手续完备。原始凭证的审核包括真实性审核、完整性审核、合法合规性审核。

(6) 记账凭证在填制时要求做到：选用正确的记账凭证；准确书写日期；按顺序规范编号；正确编制会计分录；概括归纳摘要；注销多余行次；注明过账标记；准确填写附件张数；签章完整齐全。记账凭证的审核包括：内容是否全面完整且与原始凭证保持一致；会计分录是否正确；书写是否规范，项目是否齐全；摘要是否准确并简明；手续是否完备。

(7) 会计凭证的传递，是指各种会计凭证从填制、取得、归档，到整理、保管为止的全部过程。会计凭证的传递包括传递路线、传递时间和传递手续。会计凭证保管是对会计凭证的保护与管理。会计凭证保管的基本要求包括整理归类、造册归档、借阅和处置。

复习与思考题

1. 什么是会计凭证？会计凭证的作用有哪些？
2. 什么是原始凭证？原始凭证是如何分类的？
3. 什么是记账凭证？记账凭证是如何分类的？
4. 原始凭证的基本内容有哪些？
5. 原始凭证应该如何填写？填写时有哪些要求？
6. 原始凭证的审核有哪些注意事项？
7. 记账凭证的基本内容有哪些？
8. 记账凭证应该如何填制？
9. 审核记账凭证时有哪些注意事项？
10. 什么是会计凭证的传递？它包含哪些内容？
11. 会计凭证应如何保管？
12. 什么是科目汇总表？应如何编制科目汇总表？

单项选择题

1. 以下不属于外来原始凭证的是( )。
   A. 火车票　　　　　　　　　　B. 领料单
   C. 银行收款通知单　　　　　　D. 购买材料取得的发票
2. 限额领料单属于( )。
   A. 一次凭证　　　　　　　　　B. 累计凭证
   C. 汇总原始凭证　　　　　　　D. 外来原始凭证
3. 把记账凭证分为专用记账凭证和通用记账凭证的依据是( )。

  A. 用途   B. 格式   C. 来源   D. 填制手续和方法

4. 企业销售产品一批，货款已收到，存入银行，应该填制的凭证为(　　)。

  A. 收款凭证   B. 付款凭证   C. 转账凭证   D. 汇总凭证

5. 企业采购原材料 4 000 元，未付款，应填制的凭证为(　　)。

  A. 收款凭证   B. 付款凭证   C. 转账凭证   D. 汇总凭证

6. 用银行存款 50 000 元购买机器设备一台，应填制的凭证为(　　)。

  A. 收款凭证   B. 付款凭证   C. 转账凭证   D. 汇总凭证

7. 下列业务中，需要编制转账凭证的是(　　)。

  A. 销售产品收到货款   B. 用银行存款购买原材料

  C. 从银行提取现金   D. 月末分配制造费用

8. 以下不属于原始凭证基本内容的是(　　)。

  A. 原始凭证名称   B. 填制单位和填制人信息

  C. 填制日期和凭证编号   D. 会计科目的名称和记账方向

9. "发出材料汇总表"是(　　)。

  A. 汇总原始凭证   B. 汇总记账凭证

  C. 累计凭证   D. 转账凭证

10. 从银行提取现金，一般应填制的记账凭证是(　　)。

  A. 现金收款凭证   B. 现金付款凭证

  C. 银行存款付款凭证   D. 分别填制现金收款凭证和银行存款付款凭证

11. 自制原始凭证按其填制手续和方法的不同可以分为(　　)。

  A. 一次凭证和汇总凭证

  B. 单式凭证和复式凭证

  C. 收款凭证、付款凭证、转账凭证

  D. 一次凭证、累计凭证、汇总原始凭证

12. 记账凭证中不应该有(　　)。

  A. 接受单位的名称   B. 记账凭证的编号

  C. 记账凭证的日期   D. 记账凭证的名称

13. 填制原始凭证时应做到数字符合规范，填写正确。如大写金额"壹仟零壹元伍角整"，其小写应为(　　)。

  A. 1001.50 元   B. ￥1001.50   C. ￥1001.50 元   D. ￥1001.5

14. 原始凭证的审核不包括(　　)。

  A. 真实性审核   B. 完整性审核

  C. 合法合规性审核   D. 会计分录正确性审核

15. 关于会计凭证的传递，以下表述错误的是(　　)。

  A. 会计凭证的传递是指凭证从取得到登记账簿的过程中，在企业内部有关部门和人员之间进行传递的过程

  B. 要实现会计凭证传递的快捷性和合理性

  C. 企业应根据自身情况设置凭证在每一个环节停留的最长时间

  D. 传递手续要求简便易行

综 合 题

1. 资料：东海公司 11 月份发生如下经济业务。(不考虑增值税)

(1) 1 日，收到某企业投入的货币资金 5 000 元，存入银行。

(2) 2 日，购买不需要安装机器设备一台，价值 100 000 元，用银行存款支付。

(3) 4 日，购买原材料 1 000 千克，每千克 10 元，直接验收入库，款项尚未支付。

(4) 6 日，从银行取得短期借款 10 000 元，款项已收到。

(5) 7 日，从银行提取现金 3 000 元。

(6) 18 日，车间生产产品领用原材料一批，价值 10 000 元。

(7) 19 日，用银行存款 10 000 元归还原购买材料的欠款。

(8) 20 日，用现金 500 元购买办公用品。

假定企业采用专用记账凭证记录经济业务，要求：

(1) 根据上述资料确定应填制的记账凭证的类型。

(2) 根据记账凭证的填制要求填制相应的记账凭证。

2. 资料：天联公司 7 月份发生如下经济业务。(不考虑增值税)

(1) 3 日，用银行存款偿还前欠货款 5 000 元。

(2) 4 日，收到投资者投入的原材料一批，价值 5 000 元，直接验收入库。

(3) 7 日，开出支票一张 5 000 元，支付广告费。

(4) 9 日，将资本公积 40 000 元转增资本。

(5) 12 日，用银行存款归还到期的短期借款本金和当月利息共 5 200 元。

(6) 15 日，购入设备一台，不需要安装，买价 4 000 元，运杂费等 200 元，均以银行存款支付。

(7) 16 日，预借给业务员小李差旅费 4 000 元，以银行存款支付。

(8) 20 日，收到购货单位归还的欠款 10 000 元，存入银行。

(9) 24 日，从银行取得长期借款 30 000 元，款项已收到。

(10) 27 日，小李报销差旅费 3 000 元，余款 1 000 元以现金形式交回。

(11) 28 日，将现金 1 000 元送存银行。

要求：

(1) 根据以上经济业务编制会计分录。

(2) 根据经济业务的种类，编制专用记账凭证。

3. 市审计局对生产水泥的 A 公司进行年度财务检查，查阅记账凭证时发现，一张记账凭证上的会计分录为

借：原材料——石灰石　　　　　　 88 000

　　贷：应收账款——B 公司　　　　　　　 88 000

但是购入的石灰石没有购货发票，也没有验收入库单。经进一步核查，A 公司仓库中也没有该批石灰石的踪影。通过调查了解，A 公司是以购买石灰石为名，行以车抵债之实。原来，B 公司欠 A 公司货款 88 000 元，双方协商后以一辆货车抵还欠款。A 公司老板要求会计人员不要将这辆抵债车记入固定资产，于是就作为原材料石灰石处理了。

要求：查找资料回答下列问题。

(1) 什么是会计凭证的审核？如何进行会计凭证的审核？

(2) 审计人员发现上述情况应该如何处理？

4. 20×1 年至 20×3 年间，被告人 A 与 B 等人共谋，由 B 先后将从本单位小金库支付给业务单位和个人工程回扣款及违规报销的费用支出等原始凭证销毁，销毁金额达 60 余万元。公诉机关指控上述行为构成故意销毁会计凭证罪。辩护人指出，被告人销毁的小金库账上的白条及部分发票并非法律规定应当保存的会计资料，不能认定其构成销毁会计凭证罪。

要求：查找资料分析如下问题。

(1) 辩护人提出的理由是否成立？为什么？

(2) 什么是故意销毁会计凭证罪？应如何处罚？

第八章 会计账簿

【教学目的与要求】

通过本章的学习，要求学生了解会计账簿的作用；了解会计账簿的启用规则和基本内容；理解会计账簿的设置原则和登记方法；理解会计账簿的记账规则；掌握会计账簿的概念；掌握会计账簿的分类，并会举例说明；掌握错账更正的方法；掌握对账的概念和内容；掌握结账的概念、基本步骤和方法。

【关键词】

会计账簿 序时账 分类账 备查账 订本账 活页账 卡片账 总分类账 明细分类账 账簿启用及经管人员一览表 现金日记账 银行存款日记账 划线更正法 红字更正法 补充登记法 对账 账证核对 账账核对 账实核对 结账 月结 季结 年结

【引导案例】

礼来(上海)公司违规遭财政部处罚　未按规定设置会计账簿

2019 年，财政部会同国家医保局对 77 家医药企业实施会计信息质量检查。经查，部分医药企业存在使用虚假发票、票据套取资金使用，虚构业务事项或利用医药推广公司套取资金，账簿设置不规范等会计核算问题。本次检查发现，礼来(上海)管理有限公司在使用电子计算机进行会计核算时，未按照国家统一的会计制度的规定设置总账、明细账等会计账簿。财政部依法对礼来(上海)管理有限公司处以 3 万元罚款。礼来(上海)管理有限公司成立于 2005 年 11 月 1 日，注册资本为 2.96 亿美元，是 LILLY CAYMAN HOLDINGS 的全资子公司。

思考题： 礼来(上海)管理有限公司作为一家规模较大的公司，竟然未设置总账和明细账等会计账簿，这涉嫌违反哪些会计法律法规？应该如何处罚？

解答思路：

《中华人民共和国会计法》第九条规定：　"各单位必须根据实际发生的经济业务事项进行会计核算，填制会计凭证，登记会计账簿，编制财务会计报告。任何单位不得以虚假的经济业务事项或者资料进行会计核算。"

《中华人民共和国会计法》第四十二条规定：　"违反本法规定，有下列行为之一的，由县级以上人民政府财政部门责令限期改正，可以对单位并处三千元以上五万元以下的罚款；对其直接负责的主管人员和其他直接责任人员，可以处二千元以上二万元以下的罚款；属于国家工作人员的，还应当由其所在单位或者有关单位依法给予行政处分：

(一)不依法设置会计账簿的；

(二)私设会计账簿的；

(三)未按照规定填制、取得原始凭证或者填制、取得的原始凭证不符合规定的；

(四)以未经审核的会计凭证为依据登记会计账簿或者登记会计账簿不符合规定的；

(五)随意变更会计处理方法的；

(六)向不同的会计资料使用者提供的财务会计报告编制依据不一致的；

(七)未按照规定使用会计记录文字或者记账本位币的；

(八)未按照规定保管会计资料，致使会计资料毁损、灭失的；

(九)未按照规定建立并实施单位内部会计监督制度或者拒绝依法实施的监督或者不如实提供有关会计资料及有关情况的；

(十)任用会计人员不符合本法规定的。

有前款所列行为之一，构成犯罪的，依法追究刑事责任。"

(资料来源：中国经济网. 礼来子公司违规遭财政部处罚 未按规定设置会计账簿[EB/OL]. (2021-04-13) [2024-01-22]. https://baijiahao.baidu.com/s?id=1696913480550587094&wfr=spider&for=pc)

第一节　会计账簿概述

一、会计账簿的概念及作用

(一)会计账簿的概念

会计账簿又称账簿，是指以审核无误的会计凭证为依据，由具有一定格式并相互联结的账页组成，用来全面、连续、系统、分类地记录和核算各项经济业务活动的簿籍。会计凭证提供的信息是大量的、分散的、零散的，不能完整、全面地核算和监督一个会计主体的所有经济业务，也难以直接用来编制会计报表。通过会计账簿可以把凭证提供的大量而分散的会计资料系统地归类整合，以满足会计信息使用者的需要。会计账簿是会计资料的重要载体，在会计核算方法体系中居于核心地位，是连接会计凭证和会计报表的中间环节，也是编制会计报表的依据。通过设置和登记会计账簿，建立起账证、账账、账表之间的钩稽关系，可以检查并核对会计信息。

(二)会计账簿的作用

1. 提供全面系统的会计信息

通过设置和登记会计账簿，可以全面、系统地记录和反映企业日常发生的大量的经济业务，记录各项资产、负债、所有者权益等会计要素的增减变动情况，从而为正确地计算费用、成本、利润提供总括和明细资料，为改善经营管理、加强经济核算、合理使用资金服务。

2. 保护财产物资的安全完整

根据会计账簿中登记的信息，可以随时掌握企业各项财产物资的变动，及时结算各会计账户的发生额及余额，并将账面结存数与实际结存数进行对比，检查账实是否相符。在此基础上，加强企业内部的控制，杜绝浪费和贪污盗窃等行为，保障财产物资的安全完整。

3. 考核经营成果，进行会计监督

在复式记账法下，会计账簿设置的账户体系是非常全面的。通过设置损益类收入和费用账户，可以计算并考核企业的经营成果，为分析计划和预算完成情况提供数据资料。同时，会计账簿是最重要的经济档案，提供的信息资料必须长期保存，便于日后查阅，有助于进行会计监督。

4. 据以编制会计报表

会计账簿记录资料是对会计凭证的系统化、条理化、综合化，是定期编制会计报表的最主要和直接的依据。账簿记录是否全面、及时、详尽，数字是否真实、可靠、完整，直接关系到会计报表的质量高低。

二、会计账簿的分类

(一)按用途分类

按照会计账簿的用途，会计账簿可分为序时账、分类账和备查账三类。

1. 序时账

序时账即序时账簿，也称为日记账，是指根据各项经济业务发生和完成的时间顺序，逐日逐笔连续登记的账簿。按照记录内容的不同，序时账又分为普通日记账和特种日记账两类。普通日记账是登记所有经济业务的一种序时账簿。通常把每天发生的经济业务，按照时间的先后顺序，编成会计分录记入账簿中，所以普通日记账又称为分录账。特种日记账是用来登记某一类比较重要的经济业务的序时账簿，如现金日记账和银行存款日记账。

2. 分类账

分类账即分类账簿，是指对企业发生的全部经济业务，按总分类账户和明细分类账户进行分类登记的账簿，具体包括总分类账和明细分类账。总分类账也称为总账，是根据总分类科目开设账户，用来登记全部经济业务，进行总分类核算并提供总括核算资料的账簿。明细分类账也称为明细账，是根据总账科目下设的明细科目开设账户，登记某一类经济业务，进行明细分类核算并提供明细核算资料的账簿。

3. 备查账

备查账即备查账簿，是指对某些不能在序时账和分类账中记载或者记载不全的经济业务进行补充登记的账簿，也称为辅助账簿。因备查账不是根据会计科目设置的，所以没有统一的账簿设置格式，可由企业根据自身需要设置。常见的备查账包括租入固定资产登记

簿、发出商品登记簿、代为保管材料登记簿、受托加工来料登记簿等。

会计账簿按用途分类，如图 8-1 所示。

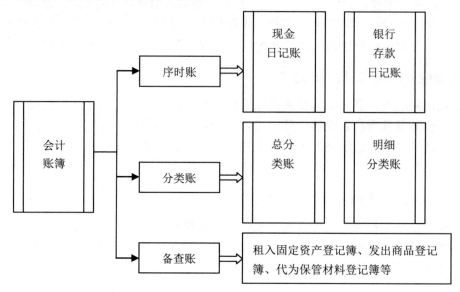

图 8-1　会计账簿按用途分类

(二)按外表形式分类

按照会计账簿的外表形式，会计账簿可分为订本账、活页账和卡片账。

1. 订本账

订本账，即订本式账簿，是指在启用前就把若干账页按顺序编号并装订成册的一种账簿。订本账的优点是：可以避免账页的散失，防止账页被人为抽换，安全性较高，便于控制和管理。其缺点是：在登记前就已经把账簿的页数和页码固定好，因此在使用时无法根据业务的需要增减账页，也不便于不同的会计人员同时记账，灵活性较差。该账簿主要适用于对安全性要求较高的总账、现金日记账和银行存款日记账。

2. 活页账

活页账，即活页式账簿，是指在启用前账页未装订并放置在活页夹中的账簿，会计人员根据需要取用、登记和放回，当一页账页记满时，可随时补充空白账页。活页账的优点是：账页使用灵活方便，可由不同的会计人员同时登记，根据需要增减账页，避免账页使用上的浪费，提高账簿的登记效率。其缺点是：安全性相对较差，账页容易散失或者被抽换，难以保证足够的安全。这类账簿一般适用于登记比较频繁、对安全性要求相对较低的明细账。

3. 卡片账

卡片账，即卡片式账簿，是指将一定数量的卡片式账页存放于专设的卡片箱中，可以根据需要随时增添账页的账簿。在我国，企业一般只对固定资产的核算采用卡片账形式，也有少数企业在材料核算中使用材料卡片。

第二节　会计账簿的设置与登记

【思政课堂】

会计检查发现"不规范的会计"

2021 年 10 月，某市财政人员在对一家小型企业进行会计检查的过程中发现如下问题。

1. 2021 年 8 月份入账的记账凭证所附原始凭证上的出票日期是 2019 年 10 月 16 日。

2. 企业没有专设的会计人员，只有一名出纳人员兼任所有的会计工作，包括编制工资单、提取现金、发放工资、日常记账等。

3. 虽然设置了总账，但其中设置的账户不全面，记录也不完整。

4. 财务报告由出纳人员编制并签章后报送。

5. 企业设置的现金日记账和银行存款日记账有跳行、隔页和多处修改、擦拭痕迹。现金日记账的期末余额为 2 800 元，出纳员处保管的现金只有 680 元，其中还有一张副总经理 2020 年签发的"白条" 4 000 元。

思考题：这家公司的会计工作、岗位设置、凭证和账簿的登记等存在哪些问题？应该如何改正？

（资料来源：张航，等.基础会计学[M].杭州：浙江大学出版社，2021.）

一、账簿的设置原则与基本内容

(一)账簿的设置原则

每一个会计主体都应当根据本单位经济业务的特点和经营管理的要求，设置一套适合自己需要的会计账簿。设置账簿应当遵循下列原则。

(1) 账簿的设置要能保证全面系统地核算和监督各单位的经济活动情况，为经营管理提供系统分类的核算资料。

(2) 设置账簿要在满足实际需要的前提下，考虑人力和物力的节约。既保证形成严密的账簿系统，又力求避免漏设重要账簿或者重复设账。

(3) 账页的格式，要按照所记录经济业务的内容和需要提供的核算指标进行设计，力求简便实用，避免烦琐重复。

(二)账簿的启用规则与基本内容

1. 账簿的启用规则

(1) 新创立的企业及其他经济单位，应依法建账，并启用新账簿。

(2) 持续经营的单位，在每个新的会计年度开始时，除固定资产明细账等少数明细分类账簿和备查账簿可以继续使用旧账外，其他的分类账簿和日记账均要在新年度开始时启用新账，不能跨年度使用。

(3) 启用新账时，记账人员应在账簿封面上写明单位名称和账簿名称；在账簿扉页的"账簿启用及经管人员一览表"上详细注明与账簿有关的信息及管理账簿人员的签章和交接记录。填写完毕后，交由会计机构负责人(会计主管人员)审核后签名盖章，并加盖单位公章和法人名章。账簿启用及经管人员一览表如表8-1所示。

表8-1　账簿启用及经管人员一览表

单 位 名 称							单 位 印 鉴			
账 簿 名 称										
账 簿 编 号	共计　　册，第　　册，本账簿共计　　页									
启 用 日 期	年　　月　　日至　年　　月　　日									
经管人员	负责人		财务主管		复　核			记　账		
	姓名	盖章	姓名	盖章	姓名		盖章	姓名		盖章
接交记录	负责人		监交人签名		接 管 签 名			交 出 签 名		
	姓名	职务			年	月	日	盖章	年	月	日	盖章
备注											

(4) 总分类账还应填列"账户目录(科目索引)"，类似于书籍的目录。账户目录由记账人员在账簿中根据会计科目开设户头后，按顺序将每个账户的名称和页数登记上，便于查阅账簿中登记内容的科目索引。账户目录如表8-2所示。

表8-2　账户目录(科目索引)

科　目	页　数	科　目	页　数	科　目	页　数
库存现金	1—3	短期借款	42—44	其他业务收入	80—81
银行存款	4—6	应付账款	45—47	其他业务成本	82—83
其他货币资金	7—9	应付职工薪酬	48—50	税金及附加	84—85
应收账款	10—12	应交税费	51—53	销售费用	86-87
应收票据	13—15	应付票据	54—56	管理费用	88—89
其他应收款	16—18	长期借款	57—59	财务费用	90—91
预付账款	19—21	实收资本	60—61	营业外收入	92—93
坏账准备	22—24	资本公积	62—63	营业外支出	94—95
原材料	25—27	盈余公积	64—65	资产减值损失	96—97
库存商品	28—30	本年利润	66—67	所得税费用	98—99
固定资产	31—32	利润分配	68—69	累计折旧	33—34
生产成本	70—71	固定资产清理	35-36	制造费用	72-73
无形资产	37-39	主营业务收入	74-76	累计摊销	40-41
主营业务成本	77-79				

(5) 对于活页式账簿，由于在账簿启用时无法确定页数，可先将账户名称填好，待年终装订归档时，再统一填写页数。

2. 账簿的基本内容

在实际工作中，各种会计账簿记录的经济业务不同，账簿的格式也多种多样，但应具备的基本内容如下。

(1) 封面：封面(含封底)起到保护账页的作用，封面上一般注明账簿名称及单位名称。

(2) 扉页：主要包括"账簿启用和经管人员一览表"和"账户目录"，明确账簿启用日期、记账人员和账户登记的顺序。

(3) 账页：账页的格式不止一种，但都包括账户名称、登记账户的日期栏、凭证种类及号数栏、摘要栏(简要说明所记录经济业务的内容)、金额栏(包括借贷方金额栏及余额栏)等。

二、日记账的格式与登记

(一)现金日记账的格式与登记

现金日记账是由出纳人员根据审核无误的现金收、付款凭证和从银行提现的银行存款付款凭证，按顺序逐日逐笔登记的一种账簿。现金日记账的账页格式一般采用三栏式和多栏式。

1. 三栏式现金日记账

三栏式现金日记账的基本格式如表 8-3 所示。在"凭证号数"一栏中分为"收"和"付"两种或者"现收""现付""银收""银付"四种，填写对应的凭证编号，同时在"摘要"栏中登记必要的信息，然后在"对方科目"栏中填写会计分录中与库存现金相对的科目，在"收入""支出"和"余额"栏中分别填写对应的金额。每日收、付款登记完毕后，应计算出合计数和余额，并将当日账面结存数与现金实存数相核对。

表 8-3 三栏式现金日记账

单位：元

2021 年		凭证号数	摘 要	对方科目	收 入	支 出	余 额
月	日						
12	1		期初余额				1 380
12	1	付 1	报销差旅费	管理费用		1 200	180
12	1	付 2	从银行提取备用金	银行存款	2 000		2 180
12	1	付 3	购买办公用品	管理费用		130	2 050
12	1	收 1	出售废旧物资	其他业务收入	120		2 170
略							

2. 多栏式现金日记账

当企业规模较大、货币资金收付款业务较多时，现金日记账的格式可采用多栏式。多栏式现金日记账将收入和支出按对方科目分设专栏，现金收入按应贷科目分设，现金支出按应借科目分设，其基本格式如表 8-4 所示。在实务中，可以在同一账页上将现金收入和支出分设多栏，在篇幅较大的情况下，也可分别设置多栏式现金收入日记账和现金支出日记账。

表 8-4　多栏式现金日记账

单位：元

2021年		凭证号数	摘　要	收入(贷记下列科目)			支出(借记下列科目)			余　额
月	日			银行存款	营业外收入	收入合计	其他应收款	管理费用	支出合计	
6	1		期初余额							1 000
6	2	付1	支付水电费					500	500	500
6	2	付2	提现	3 000		3 000				3 500
6	2	收1	罚款收入		500	500				4 000
6	2	付3	预借差旅费				2 000		2 000	2 000
略										

(二)银行存款日记账的格式与登记

银行存款日记账是由出纳人员根据银行存款的收、付款凭证，按顺序逐日逐笔登记的一种账簿。银行存款日记账应按企业在银行开立的账户和币种分别设置，每个银行账户设置一本日记账。同现金日记账的格式一样，银行存款日记账也有三栏式和多栏式两种。

1. 三栏式银行存款日记账

三栏式银行存款日记账如表 8-5 所示，其登记方法与现金日记账基本一致。需要说明的是，其中的结算凭证是指银行为企业办理转账结算或收付现金时运用的凭证，不同的银行结算方式采用不同的结算凭证，包括现金支票、转账支票等。

表 8-5　三栏式银行存款日记账

单位：元

2021年		凭证号数	结算凭证	摘　要	对方账户	收　入	支　出	余　额
月	日							
11	1			期初余额				9 800
11	1	付1	××	从银行提取现金	库存现金		3 000	6 800
11	1	收1	××	收入存银行	主营业务收入	20 000		26 800
11	1	付2	××	购买设备	固定资产		10 000	16 800
略								

2. 多栏式银行存款日记账

多栏式银行存款日记账按照银行存款收、付的每一对应科目分设专栏进行序时、分类的登记,月末根据各对应科目的本月发生额一次记入总账有关账户,可以清晰地反映银行存款收、付的来龙去脉,还可以简化总分类账的登记工作。多栏式银行存款日记账如表 8-6 所示。为避免账页篇幅过大,也可分设多栏式银行存款收入日记账和银行存款支出日记账。

表 8-6　多栏式银行存款日记账

单位:元

2021 年		凭证号数	摘　要	收入(贷记下列科目)			支出(借记下列科目)			余　额
月	日			应收账款	其他应收款	合计	管理费用	销售费用	合计	
9	1		期初余额							10 000
9	2	收 1	收到货款	6 000		6 000				16 000
9	2	收 2	收到职工还款		2 000	2 000				18 000
9	2	付 1	支付管理费用				2 000		2 000	16 000
9	2	付 2	支付销售费用					5 000	5 000	11 000
略										

(三)普通日记账的格式与登记

普通日记账是指按照时间的顺序对每一笔经济业务都要登记的一种账簿。普通日记账一般设置借方和贷方两个栏目,又被称为分录账,与现金日记账和银行存款日记账不同的是没有余额这一栏。对于普通日记账,应按照经济业务发生的先后顺序逐日逐笔进行登记,依次登记经济业务发生的时间、经济业务的简要说明(摘要)、会计科目、借方和贷方的金额等信息。其中,对应借方金额的是借方科目,对应贷方金额的是贷方科目,每一笔经济业务至少对应两个行次的记录。普通日记账的格式如表 8-7 所示,其中的分类账页是记入总分类账所在的账页。

表 8-7　普通日记账

单位:元

2021 年		凭　证	摘　要	对应科目	分类账页	借　方	贷　方
月	日						
8	1	××号发票	购入材料	在途物资	18	20 000	
				应交税费	45	2 600	
				银行存款	4		22 600
略							

三、分类账的登记

(一)总分类账的格式与登记

总分类账的格式差异较大,最常见是三栏式总分类账,即在账页上设置借方栏、贷方

栏和余额栏，分别登记账户的增减变动额和余额。根据企业所采用的账务处理程序，总分类账的登记有两种方式：一是逐笔登记，即根据记账凭证按照经济业务发生的先后顺序逐笔登记；二是汇总登记，即将记账凭证定期汇总，根据汇总金额登记。三栏式总分类账的基本格式如表8-8所示。

表8-8　三栏式总分类账

会计科目：原材料　　　　　　　　　　　　　　　　　　　　　　　　　单位：元

2021年		凭证号	摘　要	借　方	贷　方	借或贷	余　额
月	日						
9	1		期初余额			借	20 000
9	1	转2	材料入库	7 500		借	27 500
9	2	转5	发出材料		6 000	借	21 500
9	4	转9	发出材料		4 000	借	17 500
略							
9	30	本月合计		45 000	40 000	借	25 000

(二)明细分类账的格式与登记

明细分类账的账页格式主要有三栏式、多栏式和数量金额式三种。

1. 三栏式明细分类账

三栏式明细分类账只设置借方、贷方和余额三个栏目，与三栏式总分类账的账页格式基本相同，此处不再详述。

2. 数量金额式明细分类账

数量金额式明细分类账，是指在账页上的借方、贷方和余额三栏中，进一步设置"数量""单价"和"金额"三个专栏，在登记金额的同时登记数量和单价。这种账簿适用于既反映价值量指标，又反映实物量指标的原材料、库存商品等。数量金额式明细分类账如表8-9所示。

3. 多栏式明细分类账

多栏式明细分类账，是指在一张账页内按某一总账科目的明细项目分设专栏，集中反映该类经济业务的详细情况。这种账簿适用于只记录金额、不记数量，且在管理上需要了解其构成内容的成本、收入、费用、利润等账户，如"生产成本""制造费用""主营业务收入""本年利润""管理费用"等账户。在实际工作中，成本费用类明细账可以只按借方发生额设置专栏，贷方发生额较少，可在借方有关栏内用红字登记，表示应从借方发生额内冲减，如表8-10所示。相应的，"主营业务收入"明细分类账因其发生额主要在贷方，可只设置贷方多栏，如表8-11所示。而"本年利润"账户可以在借、贷都设置多栏。

表 8-9 数量金额式明细分类账

材料名称：甲材料
编号：××
规格：××

数量计量单位：千克
单价/金额计量单位：元
储备定额：3 000 千克

2021 年		凭证号	摘 要	借 方			贷 方			借或贷	余 额		
月	日			数量	单价	金额	数量	单价	金额		数量	单价	金额
10	1		期初余额							借	2 000	1.2	2 400
10	8	转 1	入库	1 000	1.2	1 200				借	3 000	1.2	3 600
10	13	转 5	发出				1 200	1.2	1 440	借	1 800	1.2	2 160
10	18	转 7	发出				800	1.2	960	借	1 000	1.2	1 200
10	25	转 12	入库	1 500	1.2	1 800				借	2 500	1.2	3 000
0	31		本月合计	2 500	1.2	3 000	2 000	1.2	2 400	借	2 500	1.2	3 000

表 8-10 管理费用明细账

(按借方发生额设置多栏)

单位：元

2021 年		凭证号数	摘 要	借 方					合 计
月	日			工资	办公费	折旧费	差旅费	修理费	
11	7	转 6	分配工资	12 000					12 000
11	11	付 5	购买办公用品		2 000				2 000
11	20	转 18	报销差旅费				3 000		3 000
11	25	付 12	支付修理费					4 000	4 000
11	30	转 35	提取折旧			5 000			5 000
11	30	转 38	月末结转	12 000	2 000	5 000	3 000	4 000	26 000

注释：表中数字外加框表示红字。

表 8-11 主营业务收入明细账

(按贷方发生额设置多栏)

单位：元

2021 年		凭证号数	摘 要	贷 方					合 计
月	日			A 产品	B 产品	C 产品	D 产品	E 产品	
10	6	转 6	销售商品	40 000					40 000
10	13	收 6	销售商品			28 000			28 000
10	15	转 19	销售商品					42 000	42 000
10	18	收 8	销售商品		12 000				12 000
10	22	转 37	销售商品				55 000		55 000
10	31	转 48	月末结转	40 000	12 000	28 000	55 000	42 000	177 000

注释：表中数字外加框表示红字。

第三节　会计账簿的记账规则与错账更正方法

　　登记账簿是加工会计信息的一项重要工作，是会计核算的中心环节，账簿登记是否正确、完整，关系到企业会计核算的整体质量。为了向会计信息使用者提供准确可靠的信息，必须认真负责地做好记账工作。一旦发生错账，要采用科学、合理、符合规范的方法进行更正。

一、账簿的记账规则

　　没有规矩，不成方圆。登记账簿需要遵循以下规则。

　　(1) 依据正确。即必须根据审核无误的记账凭证及所附原始凭证及时地登记账簿，登记的内容包括日期、编号、摘要、借贷方的金额及其他相关内容。要做到数字准确、文字清晰、摘要简明扼要、登记及时。

　　(2) 注明记账符号。账簿登记完毕后，记账人员在所依据记账凭证上签名或盖章，并在记账凭证上的记账栏注明所记账簿的页数或者作出记账符号"√"，表示已经记账，避免重登或者漏登。

　　(3) 书留空白。具体登记账簿时，不要写满行，在文字和数字上方要留有适当空距，以便在更改错账时为填写正确的文字和数字留有余地。

　　(4) 选择合适墨水笔书写。在会计上，数字的颜色是重要的语素之一，不能搞错。登记账簿要用蓝黑钢笔或碳素墨水笔书写，不得使用圆珠笔(银行复写账簿除外)或者铅笔书写。特殊记账可以使用红色墨水笔书写，比如：冲销错账的记账凭证，用红字金额表示冲销原记录；不设借贷栏的多栏式账页中，登记减少数；三栏式账页未印余额方向的，在余额栏登记负数金额；会计制度规定用红色登记的其他记录。

　　(5) 顺序连续登记。各种账簿均应按事先编订的页码逐行逐页进行登记，不能跳行隔页。如果发生跳行或者隔页，应将空行或空页用红色对角线注销，然后标明"此行空白"或"此页空白"，并由记账人员和会计主管在注销处签名或盖章。

　　(6) 结出余额。需要结出余额的会计账户，应当在"借或贷"等栏内写明"借"或者"贷"等字样，表示借方余额或者贷方余额。余额为 0 的账户，应当在"借或贷"等栏内写"平"字，并在余额栏内"元"的位置上用"θ"表示。

　　(7) 过次承前。每一页账页登记完毕结转下页时，应在本页最后一行结出当页发生额合计数及余额，在摘要栏中标注"过次页"；同时将该合计数及余额记入下一页的第一行，并在摘要栏中标注"承前页"。

　　(8) 发现错账及时更正。如果发现账簿记录出现错误，不能随意刮擦、涂改、挖补修正，应按照错账更正的方法进行处理，具体方法见本节下一部分。

二、错账更正方法

【知识链接】

错账的查找

一般情况下，账簿记录错误有两种：一种是凭证错误而导致的账簿错误；另一种是账簿本身登记错误。会计人员在查找账簿记录错误时，最初可以按照顺查法或逆查法进行全面系统地检查，即按照会计核算程序，从经济业务→原始凭证→记账凭证→会计账簿→试算平衡表，按顺序查找，或者按照上述顺序相反的步骤，逐步缩小错误的范围，直到找出错误为止。限于人力物力，还可采用抽查的方法，对局部内容进行重点检查。

除了上述方法，有时还会采用技术方法查找错账。即根据错账的数字，结合数字之间的某些规律，运用数学知识来查找错误的方法。其具体包括以下几种方法。

1. 差数法

差数法是指直接从账账之间的差额数字来查找错误的方法，主要适用于因漏记或重记而导致的差错。其主要原因是会计人员在过账时重记或者漏记了记账凭证的借方或者贷方其中一方，从而造成试算平衡表的不平衡。如果借方金额遗漏，就会使该金额在贷方超出。如果贷方金额遗漏，则会使该金额在借方超出。对于这样的差错，可由会计人员通过搜索相关金额的记账凭证来查找。

2. 除 2 法

除 2 法是指用差数除以 2 来查找错账的方法。若记账时将借方金额错计入贷方(或者相反)时，出现错账的差数就会表现为错误的 2 倍，因此将此差数用 2 去除，得出的商就应该是反向的正确金额。例如，某月总分类账户借贷方试算不平衡，其错账差数是 4 280.24 元，存在"反向"的可能，那我们可以将 4 280.24÷2=2 140.12 元，这样只要去查找 2 140.12 元这笔账是否记账反向就行了。

3. 除 9 法

除 9 法是指用差数除以 9 来查找错账的方法。它适用于以下三种情况。

第一，将数字写大。例如将 40 写成 400，错误数字大于正确数字 9 倍。查找的方法是：用差数除以 9 得出的商为正确的数字，商乘以 10 后所得的积为错误数字。上例中差数 360(400-40)除以 9 以后，所得的商 40 为正确数字，40 乘以 10 等于 400 为错误数字。

第二，将数字写小。例如将 600 写成 60，两数之差是错误数字的 9 倍。查找的方法是：以差数除以 9 得出的商即为写错的数字，商乘以 10 即为正确的数字。上例中差数 540(600-60)除以 9，商 60 即为错数，扩大 10 倍后即可得出正确的数字 600。

第三，邻数颠倒。如将 72 误记为 27，或将 27 误记为 72，两个数字颠倒后，就造成了差额为 9 的倍数。如果前大后小，则颠倒后是前小后大，正确数与错误数的差额就是一个正数，这个差数除以 9 所得商的有效数字便是相邻颠倒两数的差值。如将 72 错记为 27，差数 45 除以 9 的商数为 5，这就是相邻颠倒两数的差值(7-2)。依次类推，这样就可以逐个查找出颠倒错误。

4. 尾数法

尾数法是指对于发生的差错只查找末位数，以提高查错效率的方法。这种方法适用于借贷方金额其他位数都一致，而只有末位数出现差错的情况。如试算平衡时，发现借方的合计比贷方多 0.36 元，可查找是否有尾数是 0.36 元的业务，进一步核对是否有误。

（资料来源：丁增稳，等. 基础会计[M]. 2 版. 大连：东北财经大学出版社，2019.）

如果发现账簿记录有误，应按规定的方法及时予以更正，根据产生错账的不同原因，使用不同的更正方法。

(一)划线更正法

划线更正法适用于在期末结账前发现账簿记录中文字或者数字有误，而其所依据的记账凭证并无错误的情况。其具体做法是：将错误的文字或数字划一条单红线注销，但必须保持原有字迹清晰可辨；然后，在划线字体的上方填写正确文字或数字，并由会计人员和会计机构负责人在更正处签名或盖章，以明确责任。对于文字错误，可只划去错误的部分，不必将相关联的其他文字划去；而对于错误的数字，应全部划线更正，不能只划掉其中个别数字。

【例 8-1】华海公司记账人员根据记账凭证登记账簿时，将 53 200 记成了 52 300，该如何更正？

【解析】更正时，应用红色单红线将错误数字全部划掉，不能只划掉其中的 3 和 2，然后在其上方书写正确的数字，并由相关人员签章。

(二)红字更正法

红字更正法也叫红字冲销法，适用于记账凭证错误而导致账簿记录有误的情况。红字更正法又分为以下两类。

(1) 根据凭证登记账簿后，发现记账凭证中的会计科目名称或者方向有误，致使账簿记录错误。更正的方法是：①先用红字金额填制一张与原错误记账凭证内容(账户名称、记账方向和金额)一致的记账凭证，在摘要栏注明"冲销×年×月×号凭证错误"，填制日期为错账的更正日期，凭证编号按本月本日已编凭证顺序编号；②根据上述冲销凭证登记账簿，以冲销原来错误记录；③用蓝字填制一张完全正确的记账凭证，在摘要栏注明"更正×年×月×号凭证错误"；④根据更正凭证登记账簿，以实现更改错账的目的。

【例 8-2】小赵出差，预借差旅费 4 000 元，开出现金支票支付。记账时本应贷记"银行存款"科目，却误记"库存现金"科目，并已登记入账。其错误的会计分录如下。

借：其他应收款　　　　　　　 4 000
　　贷：库存现金　　　　　　　　 4 000

试分析该错误并加以更正。

【解析】当发现该记账错误时，先填制一张金额为红字其他内容为蓝字的冲销凭证(数字带外框表示红色字体，下同)，会计分录如下。

借：其他应收款　　　　　　　　　4 000
　　贷：库存现金　　　　　　　　　　4 000

根据上述冲销凭证用红色金额登记入账，冲销原错误记录。然后用蓝字填制一张正确的记账凭证，并据以登记入账。其会计分录如下。

借：其他应收款　　　　　　　　　4 000
　　贷：银行存款　　　　　　　　　　4 000

根据以上三张记账凭证登记会计账户的记录如图8-2所示。

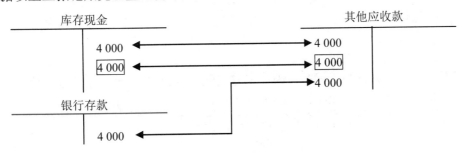

图8-2　红字更正法一

(2) 根据凭证登记账簿后，发现记账凭证中的应借、应贷会计科目无误，但所记金额大于应记金额，致使账簿记录错误。更正的方法是：①将多记金额用红字填制一张与原错误记账凭证内容(账户名称和记账方向)一致的记账凭证，在摘要栏注明"冲销×年×月×号凭证多记金额"；②根据上述凭证登记账簿，以冲销原多记金额。

【例8-3】小赵出差，预借差旅费4 000元，开出现金支票支付。记账时记录的会计科目正确，但金额记成了40 000元，并已登记入账。其错误的会计分录如下。

借：其他应收款　　　　　　　　　40 000
　　贷：银行存款　　　　　　　　　　40 000

试分析该错误并加以更正。

【解析】当发现该记账错误时，应用红字金额36 000(40 000-4000)填制一张冲销凭证，并记入相应账户中，原有的错误记录(多记金额)就被冲销掉了，错账得以更正。其会计分录如下。

借：其他应收款　　　　　　　　　36 000
　　贷：银行存款　　　　　　　　　　36 000

根据以上两张记账凭证登记会计账户的记录如图8-3所示。

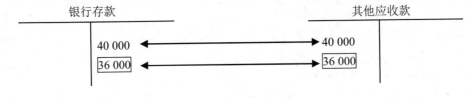

图8-3　红字更正法二

(三)补充登记法

根据凭证登记账簿以后，如果发现记账凭证上应借、应贷的会计科目并无错误，但所记金额小于应记金额，在期末结账之前发现上述错误，可采用补充登记法来更正。更正的方法是：①将少记金额用蓝字填制一张与原错误记账凭证内容(账户名称和记账方向)一致的记账凭证，在摘要栏注明"补记×年×月×号凭证少记金额"；②根据上述凭证登记账簿，以补记原少记金额。

【例 8-4】企业销售商品一批，收到购货方开出并承兑的商业汇票 25 000 元。(不考虑增值税)记账时记录的会计科目正确，借记"应收票据"，贷记"主营业务收入"，但金额记成了 2 500 元，少记了"22 500"元，并已登记入账。其错误的会计分录为

借：应收票据　　　　　　　　　2 500

　　贷：主营业务收入　　　　　　　　2 500

试分析该错误并加以更正。

【解析】当发现该记账错误时，为补记有关账户少记的 22 500 元，应用蓝字金额填制一张补充登记的记账凭证，并记入相应账户中，原有的错误记录(少记金额)就被补充登记上了，错账得以更正。其会计分录如下。

借：应收票据　　　　　　　　　22 500

　　贷：主营业务收入　　　　　　　　22 500

根据以上两张记账凭证登记会计账户的记录如图 8-4 所示。

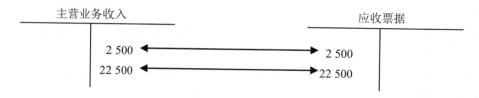

图 8-4　补充登记法

第四节　对账与结账

【知识链接】

限制"经济间谍"股东查阅会计账簿

在股东知情权体系中，公司会计账簿一方面为股东知情的核心对象，另一方面也包含公司的重要敏感信息，涉及商业秘密，故为股东知情与公司保密之间对立利益的冲突要地。平衡利益最重要的制度设计是赋权公司以提出查阅请求的股东具有不正当目的相抗辩，公司法第 33 条第 2 款表述为"公司有合理根据认为股东查阅会计账簿有不正当目的，可能损害公司合法利益的"。但这一规定抽象且原则，导致各级法院的裁判立场与适用标准陷入了不统一与模糊之困境。

为此，最高人民法院罗列了几类情形对公司法第 33 条第 2 款中不正当目的加以具体化、类型化，便利法院对不正当目的的抗辩事由的认定。其中，第 8 条第(2)项、第(3)项分别规定为"股东为了向他人通报有关信息查阅公司会计账簿，可能损害公司合法利益的""股东在向公司提出查阅请求之日前的三年内，曾通过查阅公司会计账簿，向他人通报有

关信息损害公司合法利益的"，有学者将其喻为"经济间谍"。根据《公司法解释四》第8 条第(2)项的表述，公司为此需要证明：股东查账的目的是向他人通报；股东的经济间谍行为有损害公司合法利益的可能性。此外，由于为了向他人通报有关信息而查账，与公司合法利益可能受损之间应有法律上的因果关系，公司还需要证明因果关系的存在。他人在此处主要指有可能滥用信息、攫取不正当竞争优势的企业以及损人不利己的第三人，不包括被告公司的其他股东。证明经济间谍行为与公司合法利益可能受损之间存在因果关系的突破口在于所通报的有关信息。有关信息是指股东欲查阅的会计账簿中包含的公司信息，其中包含了商业秘密、客户信息等重要敏感信息，股东通过查账将获知的信息通报就有泄密之嫌，公司可由此主张合法利益有受损之可能。

(资料来源：李建伟，江蔼.经济间谍股东查阅会计账簿的目的限制研究[J].人民司法，2020(28):99-105.)

一、对账

(一)对账的概念

对账，就是核对账目，是指在会计核算中，为保证账簿记录正确可靠，对账簿中的有关数据进行检查和核对的工作。按照《会计基础工作规范》等的要求，各单位应当定期将会计账簿记录的有关数字进行核对。对账的主要目的在于保证账户记录的真实性、准确性和完整性。严密有序的账户组织体系为经济业务的记录提供了可靠保障，但多种因素影响下会导致账户记录内容与实际情况不相一致，通过对账工作可及时发现并改正问题，以实现账证相符、账账相符、账实相符的理想状态。

(二)对账的内容

对账的主要内容如图 8-5 所示。

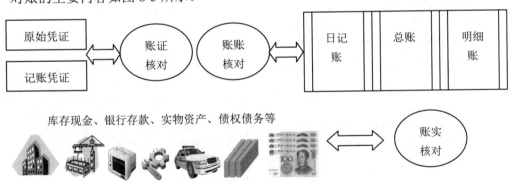

图 8-5　对账的主要内容

1. 账证核对

账证核对就是将各种账簿记录与记账凭证及所附原始凭证进行核对。会计账簿是根据会计凭证的内容填制的，两者关系非常紧密，必须保证完全相符。账证核对的方法有逐笔核对和抽查核对两种。

2. 账账核对

企业设置的账簿之间存在一定数量上的钩稽关系或者对应关系。账账核对是指对各种会计账簿之间的相关数字进行核对。其具体包括以下几个方面。

(1) 总分类账的核对。通过编制总分类账发生额和余额试算平衡表进行。

(2) 总分类账与明细分类账的核对。通过编制总账和明细账的试算平衡表进行。

(3) 总分类账与库存现金、银行存款日记账核对。

(4) 会计部门的财产物资明细账与财产物资保管和使用部门的有关明细账定期核对。

3. 账实核对

账实核对是在账证核对、账账核对的基础上，对各项财产物资等的账面余额与实存数额相核对，以保证账实相符。它具体包括以下几个方面。

(1) 库存现金日记账的账面余额与现金实存数相核对。这一工作每天都要进行。

(2) 银行存款日记账的账面余额与开户银行对账单相核对。一般每月核对一次。

(3) 各种财产物资明细分类账的账面结存数与保管或使用部门的实存数相核对。

(4) 各种债权、债务明细分类账的账面余额与有关往来单位、个人等的账目相核对。

二、结账

(一)结账的概念及具体步骤

结账，是指在将本期内所发生的经济业务全部登记入账的基础上，按照规定的方法对该期内的账簿记录进行小结，计算出本期发生额合计数和期末余额，并将其余额结转下期或者转入新账的过程。在一定会计期间结束时(如月末、季末或者年末)，为了编制会计报表，需要进行结账工作。通过结账，一方面结清各种损益类账户，并据以计算确定本期利润；另一方面，结清各资产、负债、所有者权益账户，分别计算出本期发生额合计数及余额并结转下期。结账的具体步骤如图8-6所示。

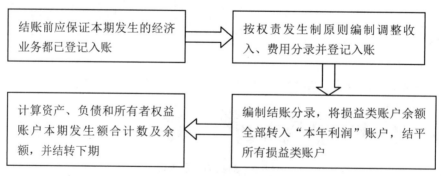

图 8-6　结账的具体步骤

(二)结账的方法

根据会计分期假设，会计期间一般按日历时间划分为月度、季度和年度，结账于各会计期末进行，所以分为月结、季节和年结。其具体介绍如下。

1. 月结

按月进行的期末结账称为月结。办理月结，先在本月最后一笔经济业务记录下面通栏划一道单红线，在红线下面一行计算出本月发生额及月末余额，在摘要栏中注明"本月合计"字样。对于一些需要结计累计发生额的会计账户，可在"本月合计"栏下面再增加一栏"本年累计"，结出年初至本月月末为止的累计发生额。然后在"本月合计"和"本年累计"栏下再划一道通栏单红线，表示月结完毕。

2. 季结

按季进行的期末结账称为季结。办理季结，应在本季度最后一个月的月结下面结算出本季度的发生额和季末余额，并在摘要栏中注明"本季合计"字样，然后在下面划一道通栏单红线，表示季结完毕。

3. 年结

按年进行的期末结账称为年结。办理年结，应在 12 月份月结和第四季度季结记录的下一行，结算出全年的发生额及年末余额，并在摘要栏内注明"本年合计"字样，然后在下面划一道通栏双红线，表示完成年结工作，已经"封账"。年度"封账"后，有余额的账户，要将余额结转到下一年度的新账中，并在摘要栏内注明"结转下年"字样。在下一个年度的新账中有关账户的第一行摘要栏内注明"上年结转"字样，将上一年的年末余额记入新账的余额栏内。

【知识链接】

会计档案保管期限

2015 年 12 月 11 日，财政部、国家档案局联合发布新的《会计档案管理办法》。国家机关、社会团体、企业、事业单位和其他组织管理会计档案适用本办法。其中所称会计档案是指单位在进行会计核算等过程中接收或形成的、记录和反映单位经济业务事项的、具有保存价值的文字、图表等各种形式的会计资料，包括通过计算机等电子设备形成、传输和存储的电子会计档案。会计档案的保管期限，从会计年度终了后的第一天算起。企业和其他组织会计档案保管期限如表 8-12 所示。

表 8-12　会计档案保管期限表

档案名称	保管期限
会计凭证	原始凭证：30 年。记账凭证：30 年
会计账簿	总账：30 年。明细账：30 年。日记账：30 年。固定资产卡片账：固定资产报废清理后保管 5 年。其他辅助性账簿：30 年
财务报告	月度、季度、半年度财务报告：10 年。年度财务报告：永久
其他会计资料	银行存款余额调节表：10 年。银行对账单：10 年。纳税申报表：10 年。会计档案移交清册：30 年。会计档案保管清册：永久。会计档案销毁清册：永久。会计档案鉴定意见书：永久

（资料来源：中华人民共和国财政部. 会计档案管理办法[EB/OL]. (2022-04-08)[2024-01-22].
http://jdjc.mof.gov.cn/fgzd/202204/t20220408_3801693.htm）

本 章 小 结

(1) 会计账簿是以审核无误的会计凭证为依据，由具有一定格式并相互联结的账页组成，用来全面、连续、系统、分类地记录和核算各项经济业务活动的簿籍。会计账簿的作用包括：提供全面系统的会计信息；保护财产物资的安全完整；考核经营成果，进行会计监督；据以编制会计报表。

(2) 按照用途的不同，会计账簿分为序时账、分类账和备查账。序时账是指根据各项经济业务发生和完成的时间顺序，逐日逐笔连续登记的账簿。按其记录内容的不同，序时账又分为普通日记账和特种日记账。分类账是对企业发生的全部经济业务，按总分类账户和明细分类账户进行分类登记的账簿，具体包括总分类账和明细分类账。备查账是对某些不能在序时账和分类账中记载或者记载不全的经济业务进行补充登记的账簿。

(3) 按照外表形式的不同，会计账簿分为订本账、活页账和卡片账。订本账是指在启用前就把若干账页按顺序编号并装订成册的一种账簿。活页账是指在启用前账页未装订并放置在活页夹中的账簿，会计人员根据需要取用、登记和放回。卡片账是指将一定数量的卡片式账页存放于专设的卡片箱中，可以根据需要随时增添账页的账簿。

(4) 每一个会计主体都应当根据本单位经济业务的特点和经营管理的要求，设置一套适合自己需要的会计账簿。启用新账时，记账人员应在账簿封面上写明单位名称和账簿名称，详细填写账簿扉页的"账簿启用及经管人员一览表"等。

(5) 现金日记账是由出纳人员根据审核无误的现金收、付款凭证和从银行提现的银行存款付款凭证，按顺序逐日逐笔登记的一种账簿。银行存款日记账是指由出纳人员根据银行存款收、付款凭证，按顺序逐日逐笔登记的一种账簿。总分类账的格式差异较大，最常见的是三栏式总分类账，即在账页上设置借方栏、贷方栏和余额栏，分别登记账户的增减变动额和余额。明细分类账的账页格式主要有三栏式、多栏式和数量金额式三种。

(6) 会计账簿登记需要遵循如下规则：依据正确；注明记账符号；书留空白；选择合适墨水笔书写；顺序连续登记；结出余额；过次承前；发现错账及时更正。错账更正的方法包括划线更正法、红字更正法和补充登记法。

(7) 对账是指在会计核算中，为保证账簿记录正确可靠，对账簿中的有关数据进行检查和核对的工作。对账包括账证核对、账账核对和账实核对。结账是在将本期内所发生的经济业务全部登记入账的基础上，按照规定的方法对该期内的账簿记录进行小结，计算出本期发生额合计数和期末余额，并将其余额结转下期或者转入新账的过程。结账的具体步骤包括：结账前应保证本期发生的经济业务都已登记入账；按权责发生制原则编制调整收入、费用分录并登记入账；编制结账分录，将损益类账户余额全部转入"本年利润"账户，结平所有损益类账户；计算资产、负债和所有者权益账户本期发生额合计及余额，并结转下期。结账的方法包括月结、季结和年结。

复习与思考题

1. 什么是会计账簿？会计账簿有哪些作用？

2. 设置账簿时应遵循哪些原则？账簿的基本内容有哪些？

3. 会计账簿有哪些不同的分类方法？分别是哪几类？

4. 日记账应该如何登记？

5. 总分类账和明细分类账应如何登记？

6. 会计账簿的记账规则是什么？

7. 错账更正的方法有哪些？分别适用于哪类错误？

8. 什么是对账？如何进行对账？

9. 什么是结账？结账的具体步骤是怎样的？结账有哪几种方法？

10. 账簿在启用时应该遵循哪些规则？

单项选择题

1. 会计账簿分为序时账、分类账和备查账的依据是(　　)。

　　A. 账簿的用途　　　　　　　　B. 账簿的外表形式

　　C. 账簿登记的内容　　　　　　D. 账簿登记的格式

2. 新的会计年度开始，可继续使用，不必更换新账的是(　　)。

　　A. 日记账　　　　　　　　　　B. 总账

　　C. 产成品明细账　　　　　　　D. 固定资产明细账

3. 企业从银行提取现金，登记库存现金日记账的依据是(　　)。

　　A. 银行存款收款凭证　　　　　B. 银行存款付款凭证

　　C. 库存现金收款凭证　　　　　D. 库存现金付款凭证

4. 对某些不能在日记账和分类账中记录或者记录不全的经济业务进行补充登记的账簿是(　　)。

　　A. 序时账　　　　B. 分类账　　　　C. 备查账　　　　D. 明细账

5. 明细分类账一般可采用(　　)。

　　A. 订本式账簿　　B. 活页式账簿　　C. 备查账簿　　　D. 序时账簿

6. 多栏式明细分类账适用于(　　)。

　　A. 应收账款明细账　　　　　　B. 库存商品明细账

　　C. 原材料明细账　　　　　　　D. 管理费用明细账

7. 数量金额式账页一般适用于(　　)。

　　A. 主营业务收入明细账　　　　B. 原材料明细账

　　C. 固定资产明细账　　　　　　D. 应付账款明细账

8. 银行存款日记账属于(　　)。

　　A. 序时账　　　　B. 备查账　　　　C. 分类账　　　　D. 明细账

9. 如果账簿记录有错误，且尚未结账，而其所依据的记账凭证没有错误，应采用(　　)来更改错账。

　　　　A. 划线更正法　　B. 红字更正法　　C. 补充登记法　　D. 划掉重新填写

10. 记账以后，如果发现记账凭证上应借应贷的会计科目并无错误，但所填金额小于应填金额，可采用(　　)来更正。

　　　　A. 划线更正法　　B. 红字更正法　　C. 补充登记法　　D. 划掉重新填写

11. 核对会计账簿记录与财产物资实有数额是否相符的对账方法属于( )。

    A. 账证核对   B. 账账核对   C. 账实核对   D. 账表核对

12. 关于期末结账的方法，以下说法错误的是( )。

    A. 月结的标志是通栏单红线

    B. 年终结账时，对有余额的账户应编制记账凭证，从而使该账户的余额结转下年

    C. 年结的标志是通栏双红线

    D. 期末结账前应保证本期发生的经济业务都已登记入账

13. 记账凭证上记账栏中的"√"表示( )。

    A. 已经登记入账   B. 不需登记入账

    C. 此凭证作废   D. 此凭证编制正确

综 合 题

1. 东海公司 11 月 1 日银行存款日记账的余额为 110 000 元，当月发生了如下与银行存款有关的经济业务。(不考虑增值税)

(1) 1 日，以银行存款 30 000 元归还前欠东方公司的货款。

(2) 5 日，从银行借入短期借款 20 000 元，款项已到账。

(3) 15 日，用银行存款 1 000 元支付当月管理部门水电费。

(4) 16 日，购买原材料一批共计 9 000 元，以银行存款支付，材料已验收入库。

(5) 20 日，出售产品一批价值 20 000 元，款项收到并存入银行。

(6) 25 日，用银行存款 34 000 元支付应付而未付的职工薪酬。

(7) 29 日，现金 2 000 元送存银行。

要求：根据上述经济业务编制会计分录，并登记银行存款日记账。

2. 江汉公司 9 月份在有关账簿记录中发现如下问题。

(1) 开出现金支票 1 520 元购买办公用品，编制的会计分录如下。

借：管理费用   1 250

    贷：银行存款   1 250

并已登记入账。

(2) 结转已售出原材料的成本 5 500 元，编制的会计分录如下。

借：主营业务成本   5 500

    贷：原材料   5 500

并已登记入账。

(3) 用现金 980 元支付销售部门水电费，编制的会计分录如下。

借：销售费用   980

    贷：库存现金   980

但在登记账簿时，将"销售费用"账户借方金额记为 890 元。

(4) 管理人员张某出差，预借差旅费 2 300 元，以现金支付，编制的会计分录如下。

借：其他应收款   3 200

    贷：库存现金   3 200

并已登记入账。

要求：上述经济业务分别犯了哪些错误？应采用何种方法更正错账？如何更正？

3. 华夏工厂 10 月 31 日银行存款日记账余额为 800 000 元，现金日记账余额为 8 000 元。11 月份发生如下与现金和银行存款有关的经济业务。(不考虑增值税)

(1) 1 日，投资者投入银行存款 80 000 元，款项已经收到。

(2) 3 日，以银行存款 50 000 元归还短期借款。

(3) 4 日，出售原材料一批，收到现金 3 000 元。

(4) 6 日，将现金 2 000 元送存银行。

(5) 7 日，张某预借差旅费 3 000 元，以库存现金支付。

(6) 10 日，收到应收账款 20 000 元，存入银行。

(7) 12 日，用银行存款 35 000 元支付广告费。

(8) 15 日，以银行存款 48 000 元支付材料款，材料尚未验收入库。

(9) 16 日，以现金 1 000 元支付材料运费。

(10) 18 日，以银行存款 2 800 元支付本月管理部门水电费。

(11) 20 日，开出转账支票 100 000 元支付应付未付的职工薪酬。

(12) 23 日，销售产品一批，货款 84 000 元收到后直接存入银行。

(13) 25 日，以现金 2 000 元支付在建工程临时聘用人员劳务费。

(14) 26 日，从银行提取现金 5 000 元备用。

(15) 28 日，用银行存款 6 500 元缴纳应交消费税。

(16) 30 日，报销前预借差旅费 2 500 元，收到送回的现金 500 元。

要求：编制会计分录并登记库存现金日记账和银行存款日记账。

4. 20××年 3 月份，某厂发生如下事项。

(1) 该厂出纳人员 A 脱产学习半个月，会计科长指定会计人员 B 接管出纳工作，但未办理交接手续。

(2) 一批会计凭证和账簿已经保管 20 年，档案科管理人员认为时间已经足够长，在未申请也未通知其他人的情况下，擅自销毁上述档案。

(3) B 接管出纳工作过程中，私下借款给要出差的 C 现金 3 000 元，未办理借款手续。

(4) A 学习期满，直接回来上班，发现储存现金的保险柜里有"借条"，他也没当一回事，也没有和 B 沟通相关情况，更没有办理正式的交接手续。

要求：上述事项存在哪些问题？应该如何改正？

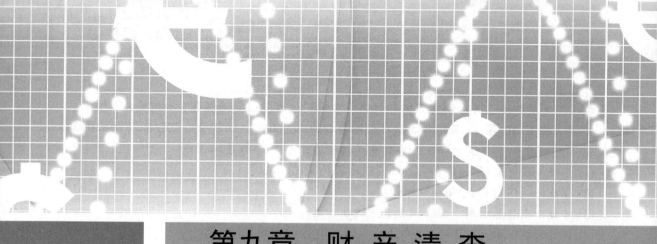

第九章 财产清查

【教学目的与要求】

通过本章的教学，要求学生了解财产清查的概念和意义；理解财产清查的分类；理解财产清查前的准备工作；理解财产物资的盘存制度；掌握财产清查的内容与方法；掌握财产清查结果的处理。

【关键词】

财产清查 全面清查 局部清查 定期清查 不定期清查 内部清查 外部清查 实地盘存制 永续盘存制 实地盘点法 技术推算法 抽样盘点法 函证核对法 未达账项 银行存款余额调节表 盘亏 盘盈 待处理财产损益

【引导案例】

财产清查中发现违规问题

1. 某企业的副总刘某，将企业正在使用的机器设备借给亲属使用，但未办理任何手续。年底清查人员盘点时发现盘亏了一台设备，原值 10 000 元，已提折旧 2 000 元，净值为 8 000 元。经过调查得知是刘副总所为，于是派人向其亲属索要，但借方称该设备已被偷走，无法归还。刘副总给出的处理意见是按照正常报废处理。

2. 采购员小王利用到外地出差的机会，擅自将住宿费发票从单价 100 元共 10 天，修改为单价 200 元共 10 天。报销后，贪污 1 000 元。

思考题：

1. 盘亏的设备按正常报废处理是否符合规定？企业应该如何处理盘亏的设备？刘副总及其亲属的行为违反了哪些规定？

2. 对于小王这种更改发票的行为，出纳员如何审核？如果财产清查时发现此类问题，应该如何处理？

第一节 财产清查概述

一、财产清查的概念

财产清查是通过对企业的现金、银行存款、实物资产和往来款项的实地盘点或核对，查明其账面结存数和实际结存数是否相符，并对清查结果作出相应处理的一种会计核算专门方法。根据《中华人民共和国会计法》的规定，各单位都应当建立财产清查制度，以此来保证账簿的记录与实际相符合。财产清查的目的是保证账实相符，提供真实准确、高质量的会计信息。

造成账实不符的原因是多方面的：①收发过程中计量、检验不准确造成的不一致；②运输保管过程中，由于发生物理变化或者化学反应等，造成数量上的增减变动；③登记手续不全或者计算错误；④管理不善造成财产损失或者损毁变质等；⑤因贪污盗窃、营私舞弊等行为造成的不符；⑥因自然或意外灾害带来的损失；⑦未达账项的存在。

二、财产清查的分类

财产清查是企业内部控制制度的一部分，它的功能在于定期确定内部控制制度是否被有效执行。在考虑成本和效益的前提下，应选择合适的范围和时机进行财产清查。财产清查的分类如下。

(一)按照清查的范围进行分类

按照清查范围的不同，财产清查分为全面清查和局部清查。

1. 全面清查

全面清查是指对企业的货币资金、存货、固定资产等各项财产物资和往来款项等进行逐一盘点和核对，查证其实存数和账存数是否相符。由于全面清查涉及的范围广、时间长，需要耗费较多的人力、物力和财力，因此只在以下情况进行全面清查：①年终决算之前，主要是为了保证年终决算所提供会计信息的真实性和准确性；②企业发生关停并转或改变隶属关系时，主要是为了防止企业资产的流失；③企业更换主要负责人时；④开展清产核资时；⑤中外合资、国内联营时。

2. 局部清查

局部清查是企业根据自身需要，对企业的部分财产进行盘点、核对。比如：①库存现金，应由出纳人员在每日业务终了时清点核对；②银行存款，应通过银行对账单每月和银行核对一次；③各种原材料、在产品、自制半成品、库存商品等流动性较大的存货，应轮流进行盘点或重点抽查；④各种贵重物资，应每月清查盘点一次；⑤各种往来款项，每年要同对方核对一到两次。

(二)按照清查的时间进行分类

按照清查时间的不同，财产清查分为定期清查和不定期清查。

1. 定期清查

定期清查是指在规定的时间内对企业的财产物资进行的全面清查或局部清查，这种清查时间一般是事先计划安排好的。比如在年末编制年度财务报告时需要进行全面清查；在季度和月度结束时对重要的财产物资或者货币资金进行的清查。

2. 不定期清查

不定期清查是指根据需要临时进行的清查，没有固定的清查时间。如果出现以下情况，需要进行不定期清查：①更换负责保管财产物资的人员时；②发生自然灾害或意外损失时；③上级主管部门对本单位开展临时性检查时；④会计主体隶属关系改变时。

(三)按照清查执行人进行分类

按照清查执行人的不同，财产清查分为内部清查和外部清查。

1. 内部清查

内部清查是指由本企业有关人员自行组织对企业内部财产物资等进行的清查，这种清查不涉及外单位人员。内部清查可以是全面的也可以是局部的，可以是定期的也可以是不定期的。

2. 外部清查

外部清查是指由企业外部的单位或人员按照国家规定对本企业进行的清查，清查执行单位包括上级主管部门、审计机关、司法部门等。

三、财产清查的作用

(一)保证会计核算资料的真实可靠

通过财产清查，可以确定各项财产物资的实存数额，将其同账面结存数相核对，查明账实是否相符以及产生差异的原因，通过调整账面记录实现账实相符。在此基础上编制的会计报表，能够切实反映企业的财务状况和经营成果等情况，为会计信息使用者提供真实、可靠的信息。

(二)保护财产物资的安全完整

通过财产清查，不但可以确定某项财产物资是否存在，还需明确其完整性和有效性，有无短缺、变质、损坏、贪污、挪用、盗窃等情况，以发现企业管理和内部控制上存在的问题，建立健全财产物资的保管和内部控制制度，确保财产物资的安全与完整。

(三)完善财务制度，确保财经法规的执行

通过财产清查，可以查明企业的现金、银行存款和往来款项的收支结算等方面是否严

格遵守财经纪律和结算制度，针对存在的问题采取相应的措施，以保证企业和其他单位的正常往来；还可查明企业财产物资的收发保管等制度是否遵循相关的法律和规章，以提高企业的管理水平。

(四)挖掘资金潜力，提高资金周转速度

通过财产清查，可以查明财产物资有无积压、浪费、储备过多或不能满足需求等情况。对无法满足需求的物资，利用各种渠道购买并运输至企业中，满足日常经营管理的需要；对多余的物资及时进行使用或者变卖等处理，以加速资金的流转，提高资金的利用效率和周转速度。

第二节　财产清查的内容和方法

一、财产清查前的准备工作

财产清查是一项非常复杂细致的工作，牵涉面广，工作量大。为确保财产清查工作保质保量地完成，企业需做两方面的准备工作，即组织上的准备和业务上的准备。

(一)组织上的准备

组织上的准备是指为保证财产清查工作的顺利进行，在清查之前成立专门的清查小组，该小组受本单位负责人的领导，成员包括财会部门、技术部门、生产部门、实物保管部门等和财产清查相关的人员。该小组的任务主要有：①制订详细的财产清查计划，明确在多大范围内实施清查，是全面清查还是局部清查，配备必要的清查人员，制定详细的清查步骤；②按照制订的清查计划，组织人员开展具体的清查工作，并对清查过程中出现的问题及时解决；③在清查工作结束后，对本次清查结果进行汇总，总结经验和教训，撰写清查报告，对财产清查的结果提出相应的处理意见并报请批准。

(二)业务上的准备

业务上的准备是指财产清查有关部门为进行清查提供必要的条件，包括会计部门和物资保管部门等。它主要有：①会计部门在清查前将企业发生的所有经济业务登记入账，确保所有入账金额和结出余额真实准确，实现账证相符、账账相符，这是保证财产清查工作顺利进行的重要前提；②物资保管部门应对保管的财产物资进行分类整理并挂上标签，标明品种规格和结存数量，以便盘点核对；③与相关人员提前联系，保证取得银行借款、银行存款和各种往来款项的对账单以备清查核对；④准备好各种校对好的计量器具和清查登记使用的表册。

财产清查的一般程序如图9-1所示。

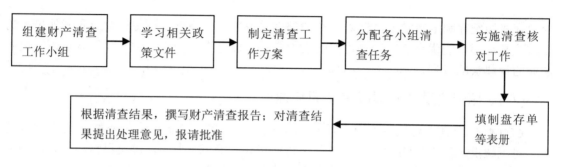

图 9-1 财产清查的一般程序

二、财产物资的盘存制度

【引导案例】

存货"不翼而飞"

农林牧渔业的存货与其他行业的存货相比有一定的不同，该行业企业的存货一般种类繁多，其中消耗性生物资产占存货的比重较大，不同种类的消耗性生物资产生长周期各异、生长环境特殊，极容易遭受不可分散的生态风险的影响。若在人工圈养的情况下，存货在确认与计量方面相对较方便一些。而獐子岛属于海洋牧场式养殖模式，对其消耗性生物资产进行的后续确认、计量和期末盘点等方面有一定的难度。

2014 年，獐子岛公司消耗性生物资产遇"冷水团"事件，使得公司底播水产品的存货异常。根据其抽检的结果显示，虾夷扇贝存在减值迹象，在当年计提跌价准备，致使经营业绩从盈利到巨额亏损。2018 年 1 月，獐子岛公司在进行消耗性生物资产年末存量盘点时再次遭受重大自然灾害，又核销资产及计提跌价准备约 6.38 亿元，计入了 2017 年度损益，引发公司的利润出现大变脸。2019 年 11 月，公司海洋牧场底播虾夷扇贝三度发生重大自然灾害，公司拟对底播虾夷扇贝存货成本进行核销和计提存货跌价准备，金额约为2.91 亿元；受可收获虾夷扇贝资源总量和市场竞品价格的影响，养殖产品销售收入大幅度减少。

獐子岛公司数次存货异常，对公司的利润造成了严重影响，并引发了全国股民的大讨论。

思考题：与制造业企业的存货不同，獐子岛存货以生物资产为主，这种存货有什么特点？一般采用哪种盘存制度？应如何监管？

(资料来源：证券之星. 獐子岛扇贝又出意外 部分海域死亡率逾八成[EB/OL]. (2019-11-12)[2024-01-22]. https://baijiahao.baidu.com/s?id=1649956518491445028&wfr=spider&for=pc)

财产物资的盘存制度是指在日常会计核算中采用什么方法确定各项财产物资的盘存数，包括永续盘存制和实地盘存制。

(一)永续盘存制

永续盘存制，又称账面盘存制，是指在日常会计核算中，根据会计凭证在账簿记录中进行连续登记，既登记财产物资的增加，又登记其减少，并随时结出账面结存数的一种方法。在永续盘存制下：期末结存数=期初结存数+本期增加数-本期减少数。

永续盘存制的优点：便于随时掌握企业财产物资的增减变动情况及其结存数，有利于加强财产物资的管理，以及实施有效的会计监督；随时将明细账上结存数与企业设置的最高库存限额和最低库存限额进行比较，了解库存积压或者不足的信息，及时采取相应的策略和措施。永续盘存制的缺点：存货的明细分类核算工作量较大，需要投入较多的人力和财力。绝大多数企业在财产物资的盘存中采用永续盘存制。

【例 9-1】华彩公司的财产物资采用永续盘存制。2021 年 9 月份该公司甲材料的期初结存数及变动情况如下所示。

9 月 1 日，期初结存 350 件，每件单价 12 元，共 4 200 元。

9 月 3 日，发出 150 件。

9 月 10 日，入库 300 件，每件单价 12 元，共 3 600 元。

9 月 16 日，入库 200 件，每件单价 12 元，共 2 400 元。

9 月 25 日，发出 400 件。

试填制甲材料的明细账并分析其本期发生额及余额。

【解析】因华彩公司采用永续盘存制，在甲材料明细账上的记录如表 9-1 所示。

表 9-1　甲材料明细账

数量单位：件　单价/金额单位：元

2021年		凭证号数	摘　要	借　方			贷　方			余　额		
月	日			数量	单价	金额	数量	单价	金额	数量	单价	金额
9	1	略	期初余额							350	12	4 200
9	3		发出				150	12	1 800	200	12	2 400
9	10		入库	300	12	3 600				500	12	6 000
9	16		入库	200	12	2 400				700	12	8 400
9	25		发出				400	12	4 800	300	12	3 600
9	30		本期发生额及余额	500	12	6 000	550	12	6 600	300	12	3 600

(二)实地盘存制

实地盘存制是指会计人员对于各项财产物资，平时根据会计凭证只登记增加数，不登记减少数，期末通过实地盘点确定其结存数量，然后倒推出本期减少数的一种方法。在实地盘存制下：本期减少数=期初结存数+本期增加数-期末结存数。

实地盘存制的优点：可以减少相关人员的工作量，核算简单。实地盘存制的缺点：不能及时掌控财产物资的收发和结存情况；倒推出的财产物资减少数缺乏严密的手续，其中可能存在一些非正常因素比如贪污、盗窃、管理不善等原因导致的减少，不便于实行会计监督。由于实地盘存制难以实施严格的会计监督，所以只有那些品种多、价值低、交易频繁、数量不稳定、损耗大且难以控制的存货，才采用这种方法，如鲜活商品的核算。

【例 9-2】乙材料月初余额 3 000 千克，单价为 2 元。本月购入两次共计 3 600 千克，单价为 2 元，月末经实地盘点确定结存数量为 2 800 千克。在实地盘存制下确定本月发出

乙材料的数量和成本。

【解析】发出存货数量=期初结存数+本期增加数-期末结存数

=3 000+3 600-2 800=3 800(千克)

发出存货成本=发出存货数量×确定的存货单价

=3 800×2=7 600(元)

【知识链接】

发出存货的计价方法

企业的各种存货，由于入库的批次不同，往往形成不同的入库单价。而发出存货时，就涉及采用哪个入库单价的问题。确定发出存货单价的方法主要有以下四种。

1. 个别计价法，又称个别认定法或具体辨认法，是假设存货具体项目的实物流转与成本流转完全一致，对发出存货通过一一辨认的方法确定其当初的实际入库成本，作为其发出成本的方法。这种方法适用于价值高、数量少的存货。

2. 先进先出法，是假定先入库的存货先出库，发出某类存货的单价按账面登记的最先入库的该类存货的单价计算。

3. 一次加权平均法，是以本月全部进货数量加上月月初存货数量作为权数，去除本月全部进货成本加上月月初存货成本，计算出存货的加权平均单位成本，以此为基础计算本月发出存货成本和期末存货成本的一种方法。

4. 移动加权平均法，是指以每次进货的成本加上原有库存存货的成本，除以每次进货数量加上原有库存存货的数量，据以计算加权平均单位成本，作为在下次进货前计算各次发出存货成本依据的一种方法。

发出存货的不同计价方法直接影响产品的生产成本，进而影响售出产品成本和当期利润以及所得税，还会影响期末存货的计价。在现实生活中，采用不同存货计价方法是企业纳税筹划的重要内容。

(资料来源：整理改编自崔九九，等. 基础会计学[M]. 上海：立信会计出版社，2020.)

三、财产清查的内容和方法

【思政课堂】

触目惊心的犯罪

小 D 原本是一名建行德州平原支行的普通柜员，23 岁的她有一份别人羡慕的工作，毕竟 2006 年的银行，还处于黄金时期。2006 年 8 月 23 日到 10 月 10 日，共计 49 天的时间，小 D 盗用、挪用银行资金共计 2 180 万元，全部用于购买彩票，她原本想买彩票挣了钱之后就把钱还上，当然她也中过 500 万元，但远远不够偿还她造成的损失。

小 D 的作案手段和方法极其简单，一是空存现金，二是直接盗取现金。通过监控发现：①小 D 自己存款，自己授权，随意空存，小 D 自己拿着主管的授权卡，给自己的业务授权，主任查库多次，竟然没有发现，每次登记都是账实相符；②营业终了，库存现金

2 000多万元，仅用一个小袋子装，竟没人怀疑，简直触目惊心。

2006年11月23日，建行德州分行在检查头寸时，发现平原支行的库存现金竟然超出限额10倍，随即进行了突击检查，发现了库存亏空，小D案才浮出水面。

思考题： 小D案是现实生活中发生的大案，各个银行都在把这个案子作为教育素材。请问这一案件暴露了银行管理中的哪些问题？应该如何解决？

(资料来源：只谈一二. 银行柜员，仅用49天，盗用2000万资金买彩票，却仅被判7年[EB/OL]. (2020-03-15)[2024-01-22]. https://baijiahao.baidu.com/s?id=1661234479158304144&wfr=spider&for=pc)

(一)库存现金的清查

库存现金的清查方法是实地盘点，即将现场清点的现金实有数与库存现金日记账的账面结存数进行核对，比较两者是否一致。具体分为以下两种情况。

1. 出纳员自查

在日常工作中，出纳员应每日清点库存现金实有数额，并与库存现金日记账余额进行核对，检查两者是否相符，这实际上是出纳员的工作职责。

2. 专门人员清查

为了明确经济责任，企业委派专门人员在对现金进行清查时，出纳员必须在场。清查的内容包括：对于现钞要逐张清点并做好登记，以便对比账实是否相符；是否有违反《现金管理暂行条例》规定的收支；有无白条抵库；是否有超限额库存等。

库存现金清查结束后，根据盘点结果填写"库存现金盘点报告表"，如表9-2所示，由盘点人员和出纳员共同签章认可，否则无效。该表具有双重作用，既具有实物财产清查"盘存单"的作用，又具备"实存账存对比表"的作用。

表9-2　库存现金盘点报告表

单位名称：　　　　　　　　　　年　月　日　　　　　　　　　　单位：元

实存金额	账存金额	实存与账存对比		备　注
		盘盈(长款)	盘亏(短款)	

盘点人签章：　　　　　　　　　　　　出纳员签章：

(二)银行存款的清查

1. 银行存款的清查方法

银行存款的清查主要采取与银行核对账目的方法，即将企业内部的银行存款日记账和开户银行提供的银行对账单逐笔进行核对，检查两者是否相符。为保证银行存款清查的准确性，应在与开户银行的对账单进行比对之前，先检查本企业银行存款日记账的正确性和完整性，然后按以下步骤进行清查。

(1) 核对企业银行存款日记账与银行对账单的余额，看其是否相符。

(2) 查找企业与银行之间的未达账项。具体核对时需要逐笔进行，一致的用"√"标注，不一致的需分析原因。

(3) 编制"银行存款余额调节表"，调整未达账项。

(4) 如果"银行存款余额调节表"调节后的余额仍不平衡，查找企业或银行账簿记录的错误，找出原因，进行处理。

2. 银行存款日记账和银行对账单余额不一致的原因

两者余额不一致的原因：一是未达账项的存在；二是一方或者两方都出现了记账错误。

所谓未达账项，是指对于同一笔经济业务，企业与银行之间一方已登记入账，另一方由于没有接到相关结算凭证而尚未登记入账的事项。未达账项包括以下四种类型。

(1) 企业已记增加，银行未记增加。如企业收到其他单位购货后开出的支票，但尚未到银行办理手续。

(2) 企业已记减少，银行未记减少。如企业开出转账支票，但持票人尚未到银行办理相关手续。

(3) 银行已记增加，企业未记增加。如企业委托银行代收的货款，银行收到该笔款项后已记录银行存款的增加，但企业尚未收到相应凭证而无法登记入账。

(4) 银行已记减少，企业未记减少。如企业委托银行代缴的费用，银行代缴费用后已记录银行存款的减少，但企业尚未登记入账。

上述任何一种未达账项的存在，都会导致企业银行存款日记账的余额与银行对账单的余额不一致。为消除未达账项的影响，需编制"银行存款余额调节表"进行调整。

3. 银行存款余额调节表的编制

银行存款余额调节表是指在企业银行存款日记账余额和银行对账单余额的基础上，分别考虑未达账项，将对方已记增加自己未记增加的加上，将对方已记减少自己未记减少的减去，以确定调节后余额，并分析双方账目是否正确的一种方法。如果调节后的余额是相等的，表明企业和银行的账目没有差错，否则需进一步查明原因，予以更正。具体的调节公式如下。

企业银行存款日记账余额+银行已收企业未收的账项-银行已付企业未付的账项

=银行对账单的余额+企业已收银行未收的账项-企业已付银行未付的账项

【例 9-3】2021 年 8 月 31 日，亿达公司银行存款日记账余额为 150 000 元，银行对账单余额为 160 000 元，经核对，发现有如下四笔未达账项。

(1) 公司收到转账支票一张 12 000 元存入银行，企业已入账，银行尚未办理有关手续而未入账。

(2) 公司开出 5 000 元的转账支票一张，企业已入账，持票人尚未到银行办理转账手续。

(3) 银行代公司缴付水电费 3 000 元，银行已入账，企业尚未接到银行的通知。

(4) 受公司委托，银行代收一笔销货款 20 000 元，银行已入账，企业尚未收到相应的凭证因此未入账。

【解析】根据上述资料，编制"银行存款余额调节表"，如表 9-3 所示。

表 9-3　银行存款余额调节表

2021 年 8 月 31 日　　　　　　　　　　　　　　　　　　单位：元

项　　目	金　　额	项　　目	金　　额
企业银行存款日记账余额	150 000	银行对账单余额	160 000
加：银行已收企业未收	20 000	加：企业已收银行未收	12 000
减：银行已付企业未付	3 000	减：企业已付银行未付	5 000
调节后的余额	167 000	调节后的余额	167 000

可见，调节后的余额是相等的，调节前两者的余额不一致完全是未达账项导致的，而不是记账错误。需要指出的是：①调节后余额反映了企业可以实际动用的银行存款数额；②调节表是用来核对银行存款的工具，它不是原始凭证，不可以作为企业银行存款核算的依据。企业应等待结算凭证实际到达后，再进行相应的账务处理。

(三)实物资产的清查

实物资产的清查是指对原材料、在产品、产成品、固定资产等具有实物形态的资产进行的清查，包括其数量和质量两方面的清查。由于不同资产的实物形态、体积、重量、堆放方式等完全不同，对于实物资产的清查应采用不同的方法。实物资产清查的方法有以下几种。

1. 实地盘点法

实地盘点法主要是通过实地点数、过磅、量尺等方法来确定实物的现存数量。该方法适用范围较广，大部分实物资产都可以采用这种方法进行盘点。

2. 技术推算法

技术推算法是不通过逐一清点计数，而利用一定的技术方法对实物财产的现存数量进行推算的方法。该方法比较适合推算一些散装的、大量成堆且难以清点的物资，比如堆存的煤炭、沙子、石子等。

3. 抽样盘点法

抽样盘点法是通过抽样盘点，根据样品中单位体积或单位重量实物资产的个数，然后测定总体积或总重量，再换算出全部个数的方法。这种方法适用于数量多、重量和体积比较均衡的小型零件等实物资产的清查。

4. 函证核对法

函证核对法是通过向外单位发函的方式对实物资产进行清查的一种方法，即对于在外单位加工或保管的实物资产，通过向外单位发送函证，向对方核实本企业的物资实有数。该方法的适用范围较窄。

在进行实物资产清查时，有关实物保管人员必须在场并且要参加对各项实物的盘点工作，目的是明确经济责任；对于各项实物的清查盘点结果，应填写"盘存单"，并且实物保管人和盘点人都需要在盘存单上签字或盖章。盘存单是财产盘点结果的书面证明，也是用来反映资产实有数额的原始凭证，如表 9-4 所示。

表 9-4　盘存单

单位名称：

财产类别：　　　　　　　　　　　　　　　　　　　　　编　　　号：

盘点时间：　　　　　　　　　　　　　　　　　　　　　存放地点：

编　　号	名　　称	规　　格	计量单位	实存数量	单　价	金　　额	备　注

盘点人签章：　　　　　　　　　　　　保管人签章：

　　盘存单填制完成后应与账面结存数进行核对，对比盘点的实存数额是否与账面结存数相符合。如发现实存数与账存数不符，应根据该盘存单和相关的账簿记录填写"实存账存对比表"。该表是非常重要的原始凭证，既是经批示后调整账簿记录的依据，也是分析差异原因、明确经济责任的依据。其具体格式如表 9-5 所示。

表 9-5　实存账存对比表

单位名称：　　　　　　　　　　　　年　　月　　日　　　　　　　　编号：

编号	类别及名称	计量单位	单价	实　存		账　存		对比结果				备注
								盘　盈		盘　亏		
				数量	金额	数量	金额	数量	金额	数量	金额	

主管人员：　　　　　　　　　　　会计：　　　　　　　　　　　制表：

(四)往来款项的清查

　　往来款项的清查又称债权债务的清查，是对各种应收款、应付款、预付款和暂收款等往来款项的清查，一般采用同对方单位核对账目的方法，具体可通过信函、电函等方式实现，因此又叫函证核对法。企业应先把本单位与对方的往来账目核对清楚，保证所有应收、应付款项正确、完整地登记入账。然后，按照往来单位分别填制一式两联的"往来款项对账单"，送交给对方核对。对方单位核对相符后，在回单上注明"核对无误"或"核对相符"并盖章后返回至本单位。如果核对后发现数字不符，应将不符合的具体情况在回单上注明或另抄对账单退回，作为进一步核对的依据。其具体格式如图 9-2 所示。

往来款项对账单

_____单位：

你单位于 20××年××月××日购入我单位×产品×台，已付货款×元，尚有×元货款未付，请核对后将回单联寄回。

核查单位：（盖章）

20××年××月××日

请沿此虚线裁开，将以下回单联寄回。

往来款项对账单（回单联）

_____核查单位：

你单位寄来的"往来款项对账单"已经收到，经核对相符（或不符）。

×××单位（盖章）

20××年××月××日

图 9-2　往来款项对账单

本单位在收到对方的回单后，应填写"往来款项清查表"，如表 9-6 所示。

表 9-6　往来款项清查表

单位名称：

总账名称：　　　　　　　　20××年××月××日　　　　　　　　单位：元

明细分类账户		清查结果		核对不符原因分析					备注
名　称	账面余额	核对相符金额	核对不符金额	未达账项	错误账项	拒付账项	有争议账项	其他	

清查人员：　　　　　　　　会计：　　　　　　　　经管人员：

对于往来款项的清查，一方面要及时催收应该收回的款项，偿还到期需支付的款项；另一方面要及时对有争议的款项作出处理，加强往来款项的管理。

第三节　财产清查结果的处理

【思政课堂】

宏泰加工厂的年终财产清查

宏泰加工厂于 2021 年年末进行财产清查时发现，库存现金账面上多出了 1 238 元，复查后找不到该现金款项多出来的原因；盘亏甲材料 200 千克，价值 2 400 元，其中 1 800

元为非常损失，200 元为定额内自然损耗，200 元为保管员责任，200 元由保险公司赔偿；盘盈乙材料 80 千克，价值 800 元，经核查是自然损益造成的；盘亏小型设备一台账面原值 8 000 元，已提折旧 6 000 元；在往来款项清查中，还发现 2018 年的一笔应付账款 1 600 元，一直没有结算，现已无法支付。

思考题：宏泰加工厂财产清查的结果应该如何处理？为什么？

一、财产清查结果处理的步骤

财产清查的结果有三种：一是账存数与实存数相符；二是盘盈，即账存数小于实存数；三是盘亏，即账存数大于实存数。无论盘亏还是盘盈，都属于账实不符，要严格按照国家法律法规和规章制度的规定进行处理，主要按以下步骤进行。

(一)进一步核实清查结果并查明原因

在财产清查过程中发现的各种财产物资的盘亏盘盈以及损失，应准确核对数字，认真调查产生差异的原因，明确经济责任和法律责任，并提出具体的处理建议，按规定程序报请领导批准。

(二)认真总结经验教训，建立健全财产管理制度

通过财产清查，可以检验企业的内部控制制度是否有效。大范围失效的内部控制制度已经不能满足企业的需要，应认真总结经验教训，制定严格的财产管理制度和改进措施，建立健全岗位责任制，促进各单位保管好财产物资，使财产清查工作发挥更大的作用。

(三)积极处理多余物资，清理长期不清的往来款项

在财产清查过程中如果发现多余和积压的物资，应分析原因，分别处理。盲目采购和生产造成的多余物资，应积极组织销售和变卖，或者挖掘潜力变废为宝；对长期拖欠有争议的往来款项，应指定专人对接谈判，彻底解决问题；对储备不足的财产物资，应及时补充满足需要。

(四)及时调整账簿记录，实现账实相符

在账实不符的情况下，必须通过调整账簿记录，才能实现账实相符。其具体包括：将已经查明属实的财产盘亏、盘盈或者损失等，先通过"待处理财产损益"等账户编制记账凭证并登记账簿，使各项财产物资的账存数和实存数完全一致；分析账实不符的具体原因并上报，根据批准的处理意见编制记账凭证，登记有关账簿，并追回由于责任人个人原因造成的财产损失。

二、财产清查结果的账务处理

(一)账户设置

"待处理财产损益"账户属于资产类账户，用来核算企业在财产清查过程中已经查明

的各种财产物资的盘盈、盘亏和毁损及其处理情况。该账户借方登记各项财产物资的盘亏、损毁数和经批准盘盈转销数；贷方登记各项财产物资的盘盈数和经批准后的盘亏、损毁转销数。期末余额如果在借方，表示尚未处理的财产损失；如果在贷方，表示尚未处理的财产溢余。为了进行明细核算，"待处理财产损益"账户一般设置两个明细账户，即"待处理固定资产损益"和"待处理流动资产损益"。该账户的基本结构如图9-3所示。

借方	待处理财产损益	贷方
各项财产发生的盘亏、损毁数　××× 各项财产发生的盘盈转销数　×××		各项财产发生的盘盈数　××× 各项财产发生的盘亏、损毁转销数　×××
期末余额： 尚未处理的财产损失　×××		期末余额： 尚未处理的财产益余　×××

图9-3 "待处理财产损益"账户基本结构

(二)库存现金清查结果的账务处理

1. 库存现金盘盈

库存现金盘盈时，借记"库存现金"账户，贷记"待处理财产损益——待处理流动资产损益"账户。查明原因报请批准后，属于应支付给有关人员或单位的，借记"待处理财产损益——待处理流动资产损益"账户，贷记"其他应付款"账户；如果是无法查明原因的金额，则借记"待处理财产损益——待处理流动资产损益"账户，贷记"营业外收入"账户。

本章后续例子均为根据经济业务编制会计分录。

【例9-4】东海公司在财产清查时发现库存现金盘盈100元。

【解析】审批前，根据"库存现金盘点报告表"确定的库存现金盘盈数，调整账面记录，编制会计分录如下。

借：库存现金　　　　　　　　　　　　　　　　　　　　100
　　贷：待处理财产损益——待处理流动资产损益　　　　　　　100

经查实，现金盘盈原因不明，报请批准后转作营业外收入，编制的会计分录如下。

借：待处理财产损益——待处理流动资产损益　　　　　　　100
　　贷：营业外收入　　　　　　　　　　　　　　　　　　　100

2. 库存现金盘亏

库存现金盘亏时，借记"待处理财产损益——待处理流动资产损益"账户，贷记"库存现金"账户。查明原因报请批准后，属于应由责任人赔偿的金额借记"其他应收款"账户，贷记"待处理财产损益——待处理流动资产损益"账户；因管理不善等原因造成净损失的金额借记"管理费用"账户，贷记"待处理财产损益——待处理流动资产损益"账户。

【例 9-5】安泰公司在财产清查中，发现库存现金盘亏 780 元。

【解析】审批前，根据"库存现金盘点报告表"确定的库存现金盘亏数，调整账面记录，编制会计分录如下。

  借：待处理财产损益——待处理流动资产损益   780

    贷：库存现金   780

经核查，上述库存现金盘亏中有 300 元应由出纳员张三赔偿，另外 480 元无法查明原因，报请批准后计入管理费用。编制的会计分录如下。

  借：其他应收款——张三   300

    管理费用   480

    贷：待处理财产损益——待处理流动资产损益   780

安泰公司收到出纳员张三赔偿的库存现金 300 元，编制的会计分录如下。

  借：库存现金   300

    贷：其他应收款——张三   300

(三)存货清查结果的账务处理

1. 存货盘盈

存货盘盈时，借记"原材料""库存商品"等账户，贷记"待处理财产损益——待处理流动资产损益"账户。查明原因报请批准后，如果是由于收发计量、自然损溢等原因造成的，借记"待处理财产损益——待处理流动资产损益"账户，贷记"管理费用"账户。

【例 9-6】东海公司在财产清查中，发现盘盈甲材料 600 千克，每千克 20 元，共计 12 000 元。

【解析】审批前，根据"账存实存对比表"确定的材料盘盈数，调整账面记录，编制会计分录如下。

  借：原材料——甲材料   12 000

    贷：待处理财产损益——待处理流动资产损益   12 000

经查实，上述材料的盘盈属于计量原因造成的，经批准冲减本月的管理费用。编制的会计分录如下。

  借：待处理财产损益——待处理流动资产损益   12 000

    贷：管理费用   12 000

2. 存货盘亏

存货盘亏或损毁时，借记"待处理财产损益——待处理流动资产损益"账户，贷记"原材料""库存商品"等账户。查明原因报请批准后，贷记"待处理财产损益——待处理流动资产损益"账户，借方根据不同情况作出如下处理。

(1) 应由过失人或保险公司赔偿的，记入"其他应收款"账户。

(2) 定额内自然损耗造成的，记入"管理费用"账户。

(3) 管理不善或者收发计量等原因造成的，扣除赔偿后的净损失记入"管理费用"账户。

(4) 自然灾害或者意外事故造成的，扣除赔偿后的净损失记入"营业外支出"账户。

【例 9-7】华海公司在财产清查中，发现盘亏乙材料 100 千克，每千克 20 元，共计

2 000 元。

【解析】审批前，根据"账存实存对比表"确定的材料盘亏数，调整账面记录，编制会计分录如下。

借：待处理财产损益——待处理流动资产损益   2 000
  贷：原材料——乙材料   2 000

经查实，上述材料的盘亏，其中 200 元属于定额内合理损耗，800 元可从保险公司获得赔偿，材料残值 100 元作为原材料入账，其余 900 元是意外事故造成的净损失，经批准记入"营业外支出"账户。编制的会计分录如下。

借：原材料   100
  管理费用   200
  其他应收款——保险公司   800
  营业外支出   900
  贷：待处理财产损益——待处理流动资产损益   2 000

(四)固定资产清查结果的账务处理

固定资产盘亏或损毁时，按该固定资产的账面净值，借记"待处理财产损益——待处理固定资产损益"账户；按照已提折旧额，借记"累计折旧"账户；按照固定资产的账面原值，贷记"固定资产"账户。按程序报请批准后，按照可收回的保险赔偿或者过失人赔偿，借记"其他应收款"账户；按盘亏造成损失的净额，借记"营业外支出"账户；按盘亏固定资产–净值，贷记"待处理财产损益——待处理固定资产损益"账户。固定资产盘盈的账务处理属于中级财务会计的内容，此处不过多涉及。

【例 9-8】华安公司财产清查中，发现盘亏机器一台，其账面原值为 40 000 元，已提累计折旧 18 000 元。

【解析】审批前，根据"账存实存对比表"确定的固定资产盘亏数额，调整账面记录，编制会计分录如下。

借：待处理财产损益——待处理固定资产损益   22 000
  累计折旧   18 000
  贷：固定资产   40 000

经查实，上述固定资产盘亏是由意外事故造成的，其中 2 000 元应由过失人赔偿，净损失 20 000 元经批准记入"营业外支出"账户。编制的会计分录如下。

借：其他应收款   2 000
  营业外支出   20 000
  贷：待处理财产损益——待处理固定资产损益   22 000

本 章 小 结

(1) 财产清查是通过对企业的现金、银行存款、实物资产和往来款项的实地盘点或核对，查明其账面结存数和实际结存数是否相符，并对清查结果作出相应处理的一种会计核算专门方法。财产清查按照清查范围的不同，分为全面清查和局部清查；按照清查时间的不同，分为定期清查和不定期清查；按照清查执行人的不同，分为内部清查和外部清查。

(2) 财产清查的主要作用包括：保证会计核算资料的真实可靠；保护财产物资的安全与完整；完善财务制度，确保财经法规的执行；挖掘资金潜力，提高资金周转速度。

(3) 为确保财产清查工作保质保量地完成，企业需要做组织上的准备和业务上的准备。财产物资的盘存制度是指在日常会计核算中采用什么方法确定各项财产物资的盘存数，包括永续盘存制和实地盘存制。

(4) 库存现金的清查方法是实地盘点法，即将现场清点的现金实有数与库存现金日记账的账面结存数进行核对，比较两者是否一致，具体包括出纳员自查和专门人员清查两种情况。

(5) 银行存款的清查主要采取与银行核对账目的方法，即把企业内部的银行存款日记账和开户银行提供的银行对账单逐笔进行核对，检查两者是否相符。当存在未达账项时，需编制"银行存款余额调节表"进行调整。

(6) 实物资产的清查是对原材料、在产品、产成品、固定资产等具有实物形态的资产进行的清查，具体清查方法包括实地盘点法、技术推算法、抽样盘点法、函证核对法等。

(7) 往来款项的清查是对各种应收款、应付款、预付款和暂收款等往来款项的清查，一般采用同对方单位核对账目的方法，具体可通过信函、电函等方式实现，因此又叫函证核对法。

(8) 财产清查的结果有三种：一是账存数与实存数相符；二是盘盈，即账存数小于实存数；三是盘亏，即账存数大于实存数。无论盘亏还是盘盈，都属于账实不符，要严格按规定进行处理，主要按以下步骤进行：进一步核实清查结果并查明原因；认真总结经验教训，建立健全财产管理制度；积极处理多余物资，清理长期不清的往来款项；及时调整账簿记录，实现账实相符。

复习与思考题

1. 什么是财产清查？财产清查是如何分类的？
2. 财产清查前应做好哪些准备工作？
3. 什么是永续盘存制和实地盘存制？各有什么优缺点？
4. 财产清查的内容有哪些？应如何进行清查？
5. 什么是未达账项？出现未达账项该如何处理？
6. 对财产清查结果的处理步骤有哪些？
7. 对不同的财产清查结果，应该如何进行账务处理？

单项选择题

1. 企业主要负责人变更时，如离任或调任，此时需要进行(　　)。
   A. 全面清查　　B. 局部清查　　C. 定期清查　　D. 综合清查
2. 库存现金清查后应及时填写的凭证是(　　)。
   A. 库存现金盘点报告表　　　　B. 库存现金日记账

C. 实存账存对比表   D. 盘存单

3. 关于未达账项，以下说法错误的为( )。

  A. 未达账项就是一种典型的错账

  B. 未达账项形成的原因是企业与银行取得凭证的时间不同

  C. 未达账项是常见情况，不是记账错误

  D. 如果出现了未达账项，应编制银行存款余额调节表进行调节

4. 对于一些散装的、大量成堆且难以清点的物资清查时可以采用( )。

  A. 实地盘点法 B. 技术推算法 C. 函证核对法 D. 对账单法

5. 对库存现金进行清查的方法是( )。

  A. 实地盘点法 B. 函证核对法 C. 对账单法   D. 抽样盘点法

6. 关于永续盘存制，以下说法不正确的是( )。

  A. 账簿中平时记录存货的收入和发出数

  B. 不能随时结出存货的余额

  C. 采用永续盘存制便于随时掌握存货的情况

  D. 采用该种方法耗费较多的人力

7. 对于库存现金盘盈，如果无法查明原因，则经过批准后应记入( )账户。

  A. "营业外收入"   B. "其他业务收入"

  C. "其他应收款"   D. "主营业务收入"

8. 对于存货盘亏，如果是管理不善或者收发计量等原因造成的，扣除赔偿后的净损失记入( )账户。

  A. "管理费用"   B. "营业外支出"

  C. "其他应付款"   D. "资产减值损失"

9. 公司收到上个月的货款，企业已登记入账，而银行尚未登记。这种情况属于( )。

  A. 银行已收而企业未收   B. 银行已付而企业未付

  C. 企业已收而银行未收   D. 企业已付而银行未付

10. 企业在编制年度财务报告前应进行( )。

  A. 全面清查   B. 局部清查

  C. 外部清查   D. 重点清查

11. 财产清查前企业应做的业务上的准备不包括( )。

  A. 计量器具和表册的准备

  B. 配备财产清查人员

  C. 提前联系，保证按时取得各种对账单

  D. 财产物资保管部门的实物整理与盘点

12. "银行存款余额调节表"是( )。

  A. 原始凭证   B. 盘存表的表现形式

  C. 可以据以调整账面记录   D. 银行存款清查采用的一种工具或方法

13. 以下不能通过实地盘点法进行清查的项目有( )。

  A. 固定资产   B. 原材料   C. 往来款项   D. 库存现金

综 合 题

1. 华海公司在财产清查过程中发现了如下事项。

(1) 库存现金盘盈 500 元。

(2) 盘亏机器设备一台，原价 10 000 元，已提折旧 3 000 元。

(3) 盘盈甲材料 100 千克，每千克 50 元。

(4) 盘亏乙材料 200 千克，每千克 20 元。

(5) 发现账外 A 产品 10 件，单位成本为 200 元。

经批准，作出以下处理。

(1) 盘盈的库存现金做营业外收入处理。

(2) 盘亏的机器设备由责任人赔偿 3 000 元，净损失列为营业外支出。

(3) 盘盈甲材料是计量原因造成，冲减管理费用。

(4) 盘亏乙材料，其中 1 000 元属于定额内的合理损耗，列入管理费用；其余属意外事故造成，由保险公司赔偿 1 000 元；剩下的是净损失，列入营业外支出。

(5) 盘盈 A 产品是日常收发计量错误导致的。

要求：根据财产清查的结果，编制审批前的会计分录；根据上级批准的结果，编制审批后的会计分录。

2. 2021 年 5 月 31 日，某企业银行存款日记账的账面余额为 31 200 元，银行对账单余额为 30 400 元。经逐笔核对，发现有下列未达账项。

(1) 企业送存银行转账支票一张，金额 1 280 元，银行尚未入账。

(2) 银行支付到期货款 9 800 元，企业尚未入账。

(3) 银行收到外单位汇来货款 3 200 元，企业尚未入账。

(4) 企业开出转账支票一张，金额 7 080 元，持票人尚未到银行办理转账手续。

要求：根据上述资料编制"银行存款余额调节表"，并对调节后的结果进行解释。

3. 利华公司 2021 年经估算亏损大约 8 万元，公司总经理为了其工作业绩，授意会计人员王某"扭亏为盈"。于是王会计在年底对一批刚采购验收入库但尚未付款，也未收到发票的原材料做盘盈处理。具体的会计分录如下。

借：原材料　　　　　　　　　　　　　100 000

　　贷：待处理财产损益　　　　　　　　　　　　100 000

借：待处理财产损益　　　　　　　　　100 000

　　贷：管理费用　　　　　　　　　　　　　　　100 000

要求：王会计所作的会计处理是否正确？为什么？这样处理会对当期利润产生什么影响？

第十章　编制财务报告

【教学目的与要求】

通过本章的教学，要求学生了解财务报告的概念及作用；了解现金流量表的概念及作用；理解财务报告/报表的分类；理解资产负债表的内容与格式；理解利润表的内容与格式；理解现金流量表的内容与格式；掌握财务报告的主要内容和编制的基本要求；掌握资产负债表的编制方法；掌握利润表的编制方法。

【关键词】

财务报告　财务报表　会计报表　资产负债表　利润表　现金流量表　所有者权益变动表　会计报表附注　左右账户式　上下报告式　单步式　多步式　经营活动　筹资活动　投资活动　现金等价物

【引导案例】

独立董事还那么"香"吗？

2021年11月12日，广州市中级人民法院对全国首例证券集体诉讼案作出一审判决，责令康美药业股份有限公司因年报等虚假陈述侵权赔偿证券投资者损失24.59亿元，原董事长、总经理马兴田及5名直接责任人员，正中珠江会计师事务所及直接责任人员承担全部连带赔偿责任，13名相关责任人员按过错程度承担部分连带赔偿责任。

根据判决书，江镇平、李定安、张弘为兼职的独立董事，不参与康美药业日常经营管理，相对过失较小，法院酌情判令其在投资者损失的10%范围承担连带赔偿责任(折合2.459亿元)；郭崇慧、张平为兼职的独立董事，过失相对较小，且仅在《2018年半年度报告》中签字，法院酌情判令其在投资者损失的5%范围承担连带赔偿责任(折合1.2295亿元)。

5位独立董事在诉讼案中辩称事前事后不知情且并未从中获益，但在小股东集体对独立董事提起的损失赔偿之诉中，独立董事需要证明其自身已经尽到勤勉履职之责，但这一点无法证明，早在2019年8月证监会行政处罚中，上述5位独立董事就已经被确认了履职过错。

有律师认为，"康美药业独立董事被判连带责任承担上亿元的赔偿，将使得越来越多人对担任独立董事更加谨慎，也引发对独立董事制度的思考和完善"。

思考题： 什么是独立董事？上市公司独立董事有哪些权利和义务？康美药业案对我国

独立董事制度的发展产生何种影响?

(资料来源: 钛媒体. 康美药业独立董事被判, 连带赔偿或达数亿元, 一窥中国 "独董生态" [EB/OL].
(2021-11-16)[2024-01-22]. https://new.qq.com/rain/a/20211116A05ZMJ00)

【思政课堂】

安然财务造假案与会计职业道德

世界 500 强企业美国安然能源公司, 连续多年荣获 "美国最具创新精神的公司" 称号, 曾有杂志评价安然公司是当今世上最受称赞的公司。2000 年, 其股价将近 100 美元, 甚至超过一些市场表现优异的企业, 比如 IBM 和 AT&T。但好景不长, 就在 2001 年年初, 一家老板名为吉姆·切欧斯的投资机构公开表示怀疑安然的盈利模式。他指出, 安然只是表面辉煌, 实际并没有盈利, 甚至安然连如何挣钱都说不清。他进一步分析指出, 安然 2000 年销售净利率为 5%, 转年年初就下降到了不足 2%。奇怪的是, 安然的 CEO 斯基林一直宣称安然股价持续上升, 转身却在抛售所持有的安然股票。而美国法律规定, 公司董事会成员在离开董事会之前不得抛售所持的公司股票。

2001 年安然股价一路下跌。2001 年 11 月 8 日, 安然最终承认财务造假, 宣称自 20 世纪 90 年代末以来, 虚报盈利达 6 亿美元。就在第二天, 安然被迪诺基宣布以 80 亿美元的价格收购, 当天安然股票的收盘价仅 0.16 美元。2001 年 11 月 28 日, 安然债券评级被调整为 "垃圾债券"。2001 年 12 月 2 日, 安然申请破产保护, 成为美国历史上最大的破产企业。

思考题: 请查找资料分析一下安然公司财务造假的手段有哪些? 在这个过程中, 公司高管、会计人员、注册会计师分别应该承担哪些责任?

(资料来源: 汪美林, 章洁倩. 关于会计政策选择的商业伦理与会计职业道德思考[J].
中国集体经济, 2021(19):135-136.)

第一节　财务报告概述

财务报告即财务会计报告, 是企业会计工作的最终成果。编制财务报告是会计核算的重要方法, 也是日常会计循环的最后一个环节, 是企业向信息使用者提供信息的最主要途径和方式。

一、财务报告的概念及作用

(一)财务报告的概念

财务报告, 是指企业对外提供的反映某一特定日期财务状况和某一会计期间经营成果、现金流量等会计信息的文件。通过日常的会计核算, 虽然可以借助会计凭证、会计账簿等方式提供会计信息, 但这种信息较为分散和粗糙, 难以满足会计信息使用者的需要。因此, 有必要在日常会计核算的基础上, 定期地对会计资料进行加工、整理和分类, 编制高度精练、概括、清晰地反映会计主体各方面情况的财务报告。企业不得编制和对外提供虚假的或隐瞒重要事实的财务报告；企业负责人对本企业财务报告的真实性、完整性负责。

(二)财务报告的作用

财务报告对内外会计信息使用者来说，具有以下作用。

1. 为投资者、债权人等信息使用者进行经济决策提供信息

包括投资者、债权人在内的会计信息使用者，不直接参与企业的经营活动，但与企业有着千丝万缕的经济利益关系。为了作出正确的投资、信贷等决策，他们随时关注企业财务报告提供的相关信息，进一步分析企业的偿债能力、营运能力、盈利能力等，为自己的决策服务。

2. 为企业管理者改善经营管理提供信息

企业管理者借助财务报告提供的信息，不仅可考核评价各项计划的执行和完成情况，分析企业的历史业绩及未来发展潜力，还可了解成本、费用的节约情况，及时发现经营活动中存在的问题，为未来经营目标和发展战略的制定实施提供重要的信息支持。

3. 为投资者评价企业管理层受托责任履行情况提供信息

企业接受了包括国家在内的各类投资者的投资，就有责任按照其预定的发展目标和要求，合理利用资源、提高资金使用效率，加强经营管理并随时接受监督。通过财务报告提供的信息，可为评价企业管理层受托责任的履行情况提供重要的信息支撑，同时也为企业进行管理薪酬与激励决策提供重要的依据。

4. 为主管部门和国家宏观管理部门制定政策提供重要依据

上级主管部门通过对财务报告的逐级汇总，及时了解企业各项政策的执行情况，强化对企业的指导；国家财政、税收、审计、金融管理等部门基于企业财务报告提供的信息，检查各项法律和规章的执行情况，评价方针政策是否科学合理，发现国民经济运行中存在的问题，并提出有效的解决措施。

【知识链接】

财务报告的局限性

众所周知，财务报告能反映企业财务状况和经营成果等方面的信息，但它毕竟是一种数字现象，企业经营状况的本质往往不容易暴露出来。财务报告本身存在一定的局限性，比如：财务报告的客观真实性会受人为因素影响；财务报告数据提供的滞后性；信息披露不够客观和完整；企业的人力资源、管理水平等未能在报告中反映；历史成本原则存在固有缺陷等。因此，对企业财务报告的全面分析与评价，除考虑货币因素外，还应注重非货币性因素，并加强信息使用者对误导信息的识别、判断和防范能力。

(资料来源：整理改编自王文红. 财务报表分析[M]. 上海：上海财经大学出版社，2020.)

二、财务报告的主要内容

《企业会计准则——基本准则》中规定，企业的财务报告由会计报表、会计报表附注和其他应当在财务报告中披露的相关信息和资料组成。企业对外提供的财务报表包括资产负债表、利润表、现金流量表、所有者权益(股东权益)变动表及其附注。上述主要报表会在后续章节中介绍，此处不再赘述。

会计报表附注是对在资产负债表、利润表、现金流量表和所有者权益变动表等报表中列示项目的文字描述或明细资料，以及对未能在这些报表中列示项目的说明等。附注应当披露财务报表的编制基础，相关信息应当与资产负债表、利润表等报表中列示的项目相互参照。

根据《企业会计准则——财务报表列报》的规定，会计报表附注一般应当按照下列顺序披露：①财务报表的编制基础；②遵循企业会计准则的声明；③重要会计政策的说明，包括财务报表项目的计量基础和会计政策的确定依据等；④重要会计估计的说明，包括下一会计期间很可能导致资产、负债账面价值重大调整的会计估计的确定依据等；⑤会计政策和会计估计变更以及差错更正的说明；⑥对已在资产负债表、利润表、现金流量表和所有者权益变动表中列示的重要项目的进一步说明，包括终止经营税后利润的金额及其构成情况等；⑦或有和承诺事项、资产负债表日后非调整事项、关联方关系及其交易等需要说明的事项。同时，企业应当在附注中披露在资产负债表日后、财务报告批准报出日前提议或宣布发放的股利总额和每股股利金额(或向投资者分配的利润总额)。

财务报告的构成如图 10-1 所示。

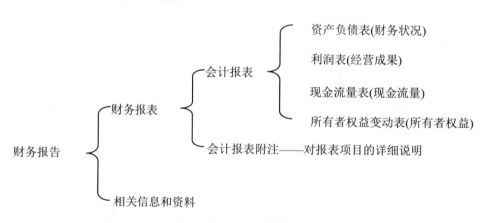

图 10-1　财务报告的构成

三、财务报告/报表的分类

【引导案例】

高鑫零售将并入阿里巴巴财务报表

2020 年 10 月 19 日，阿里巴巴集团控股有限公司发布公告称，已通过子公司淘宝中国控股有限公司投资总计约 280 亿港元(36 亿美元)向 Auchan Retail International S.A.及其附属公司收购吉鑫控股有限公司合计 70.94%的股权。后者持有高鑫零售约 51%的股权。

这意味着，购买股份后，阿里巴巴与其关联方将持有高鑫零售约 72%的经济权益，高鑫零售将并入阿里巴巴财务报表。不过，股份购买须待满足惯常完成条件后方告完成。高鑫零售是一家非常有名的零售公司，在中国以大润发及欧尚作为品牌经营大卖场。

(资料来源：新京报. 阿里投 36 亿美元收购吉鑫控股约 70%股权　高鑫零售将并表阿里.
https://baijiahao.baidu.com/s?id=1680939845512034968&wfr=spider&for=pc.2020-10-19.)

很多情况下，财务(会计)报告/财务报表/会计报表等相关概念在不同的文章中经常被混用。实际上，财务报表或会计报表可以理解成像资产负债表这种具体的报表，而财务报告的范畴更广泛，是包括多张报表和报表附注在内的文件。按照不同的分类标准，可以将财务报告/报表进行以下分类。

(一)按反映的经济内容不同

财务报表按反映的经济内容不同，分为资产负债表、利润表、现金流量表和所有者权益变动表。资产负债表是反映企业某一特定日期财务状况的报表。利润表是反映企业一定会计期间经营成果的报表。现金流量表是反映企业一定会计期间现金和现金等价物流入流出情况的报表。所有者权益变动表是反映构成所有者权益的各组成部分当期增减变动情况的报表。

(二)按资金运动状态的不同

财务报表按资金运动状态的不同，分为静态报表和动态报表。静态报表是指反映企业在某一时点资金相对静止状态下的报表。比如，资产负债表是反映企业在"特定日期"资产、负债和所有者权益具体情况的报表。动态报表是指反映企业在一定时期内资金绝对运动状态下的报表。比如，利润表是反映企业在"一定时期"利润或亏损情况的报表，现金流量表是反映企业在"一定期间"内现金及现金等价物变动结果的报表。就会计期间而言，静态报表处于两个相邻会计期间的起点和终点，动态报表包括了会计期间的全过程。

(三)按编报时间的不同

财务报表按编报时间的不同，分为中期财务报表和年度财务报表。中期财务报表是指以短于一个完整会计年度的报告期间为基础编制的财务报表，包括月报、季报和半年报。年度财务报表是指以年度为基础编制的，反映企业全年会计核算工作最终成果的文件。与年报相比，中期财务报表可在符合相关法规的前提下适当简略。

(四)按编报会计主体的不同

财务报表按其编报主体的不同，分为个别财务报表和合并财务报表。个别财务报表是由某企业单独编制的，各项数字反映的内容仅涉及该企业自身。合并财务报表是由母公司编制的，包括所有控股子公司财务数据的报表，该报表可向信息使用者提供公司集团整体的财务状况和经营成果等信息。

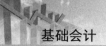

(五)按报送对象的不同

财务报表按报送对象的不同，分为内部报表和外部报表。内部报表，是指根据企业内部经营管理需要，自行设计、编制，向企业领导和各责任部门提供的报表，比如成本报表、费用报表等。内部报表一般不需要统一规定格式和指标体系。外部报表，是指企业根据会计准则和制度的要求，定期向信息使用者提供的统一规定格式的报表，比如资产负债表、利润表等。

四、编制财务报告的基本要求

为充分发挥财务报告的作用，保证报告提供信息的及时性、准确性、完整性，企业在编制财务报告时，必须遵循以下要求。

(一)真实可靠

会计核算应当以实际发生的经济业务为依据，如实反映企业的财务状况、经营成果和现金流量。财务报告所提供的会计信息必须真实可靠，不应有任何虚假、伪造，这是对会计工作的基本要求。错误的、虚假的财务报告会误导会计信息使用者，甚至导致经济决策的失误。在日常会计工作中，必须做到定期结账、认真对账，在账证、账账相符的基础上进行财产清查，保证实现账实相符，为编制报告提供可靠的依据。任何人不得自行篡改或授意、指示、强令他人篡改财务报告中的任何数字。

(二)计算准确、相关可比

财务报告应采用统一规定的格式和编制要求进行编制，报表中的指标必须按企业会计准则及会计制度规定的计算方法填列，不得随意删减或者取舍相关数字。报表之间、报表各项目之间，凡有对应或钩稽关系的数字，应当相互一致、计算准确；会计报表中本期与上期的有关数字应当互相衔接。为实现会计信息质量要求中的可比性，即同一企业不同期间和同一期间不同企业的财务报表相互可比，必须保持报表项目的统计口径和计算方法长期一致。企业一经采用某种会计政策或会计估计方法，不得轻易变更。确需变更的，需履行严格的审批手续并在附注中说明。

(三)编报及时

时过境迁的会计信息完全满足不了使用者的需要。企业的会计核算应当及时进行，不得提前或拖延，需按期编制财务报告并在规定期限内提供，以保证会计信息的时效性。根据《企业会计制度》的规定，月度财务报告应当于月度终了后 6 天内对外提供；季度财务报告应当于季度终了后 15 天内对外提供；半年度财务报告应当于年度中期结束后 60 天内(相当于两个连续的月份)对外提供；年度财务报告应当于年度终了后 4 个月内对外提供。

(四)手续完备

财务报告编制完成后，应依次编定页次，加具封面，装订成册，加盖公章。在封面上注明企业名称、企业统一代码、组织形式、所在地址、报告所属期间、报出日期等信息资料，并由企业负责人和会计机构负责人等签名并盖章，设置总会计师的企业，还应当由总会计师签名并盖章，以示对财务报告的真实性、完整性负责。

第二节　资产负债表

【思政课堂】

真实与粉饰的报表

王某于 2020 年 1 月 1 日投资开办了开联公司，经营房屋租赁业务。公司在会计核算过程中基于权责发生制确认损益。在 2020 年年末，公司由于业务的发展，需要筹集新的资金，于是，王某以开联公司的名义向银行申请贷款 100 万元，并吩咐公司的会计编制了相关的财务报表。银行对公司报送的报表进行了全面审查，认为这笔贷款风险过大，拒绝了王某提交的申请。

经过仔细分析，王某发现银行拒贷的主要原因是开联公司的财务状况、经营成果不是很好。比如公司债务过高，资产的流动性也不理想。于是，王某要求会计小夏重新编制一份财务报表。在这份财务报表中，将该公司以前已经收现(即收款)但没有实现的预收款转为本年的收入，还将公司与客户签署的意向性协议中所包含的协议款列为应收款，但协议实际生效是第二年。经过这样的调整，在重新编制的会计报表中出现了比较"理想"的数字。

思考题:

(1) 财务报表是可以随意更改与粉饰的吗? 请对王某的行为进行评述和讨论。

(2) 你认为第二家银行会怎样处理开联公司的申请要求?

(资料来源: 整理改编自陈国辉，等. 基础会计[M]. 5 版. 北京: 清华大学出版社，2020.)

一、资产负债表的内容与格式

资产负债表是在静态会计等式"资产=负债+所有者权益"基础上编制的，反映企业在某一特定日期(月末、季度末、半年末、年末)财务状况的报表。通过资产负债表我们可以了解到: ①企业在某一特定日期资产的总额及其内部构成，表明企业拥有或控制的经济资源及其分布情况; ②企业在某一特定日期的负债总额及其内部构成，表明企业未来需要用多少资产或劳务清偿债务以及清偿时间的长短; ③企业投资者在某一特定日期所拥有的净资产的所有权，据以判断资本保值、增值情况以及对负债的保障程度; ④通过资产负债表提供的数据可以计算各种财务指标，分析企业偿还债务和获取利润的能力及未来发展潜力等，有助于信息使用者作出正确的经济决策。

资产负债表一般由表头和表体两部分组成。其中，表头部分提供了报表名称、编制单位名称、编制日期、报表编号、计量单位等内容; 表体由资产、负债、所有者权益的各组成项目构成。资产负债表一般有两种格式: 左右账户式和上下报告式。左右账户式资产负债表的左侧列示资产，右侧列示负债和所有者权益，左边资产各项目的金额合计数等于右边负债和所有者权益各项目的金额合计数。上下报告式资产负债表上半部分列示资产，下半部分列示负债和所有者权益，具体排列方式又有两种：一是按"资产=负债+所有者权益"的原理排列；二是按"资产-负债=所有者权益"的原理排列。

在我国，资产负债表采用左右账户式来编制，即资产总计等于负债和所有者权益总计。其中，资产按照其流动性或者变现能力的强弱分项列示，变现能力较强的流动资产在前，变现能力较弱的非流动资产在后；负债按照其偿还期限的不同分项列示，偿还期限较短的流动负债在前，偿还期限较长的非流动(长期)负债在后；所有者权益按重要性或者永久性程度分项列示，包括实收资本(股本)、资本公积、盈余公积、未分配利润等。左右账户式资产负债表和上下报告式资产负债表分别如表 10-1 和表 10-2 所示。

表 10-1　左右账户式资产负债表

资　产	负债和所有者权益
资产：	负债：
流动资产	流动负债
非流动资产	非流动负债
	负债合计
	所有者权益合计
资产合计	负债和所有者权益合计

表 10-2　上下报告式资产负债表

资产：
流动资产
非流动资产
资产合计
负债：
流动负债
非流动负债
负债合计
所有者权益合计
负债和所有者权益合计

二、资产负债表的编制方法

根据《企业会计准则》和《企业财务会计报告条例》等的规定，资产负债表中各项目均需填列"年初余额"栏和"期末余额"栏。

(一)"年初余额"的填列方法

"年初余额"栏内各项目数字，通常根据上年年末资产负债表中有关项目的期末余额填列。如果本年度某项目的名称和内容与上年度不一致，应对上年年末资产负债表相关项目的名称和内容按本年度的规定进行调整，调整后的数字填入"年初余额"栏。

(二)"期末余额"的填列方法

此处的"期末"指的月末、季度末、半年末或年末。具体的"期末余额"可通过以下方式取得。

1．根据总账科目余额直接填列

资产负债表中有些项目的名称及内容与总账科目核算内容完全一致，可直接从账簿中找到相应的会计账户，将其期末余额拿来填列到报表中，比如，"短期借款""应付票据""实收资本""股本""资本公积""盈余公积""库存股"等。

2．根据总账科目余额计算填列

资产负债表中有些项目应根据相关总账科目期末余额的合计数计算填列。比如，"货币资金"项目，根据"库存现金""银行存款""其他货币资金"等总账科目的期末余额合计数填列；"其他应付款"项目，根据"应付利息""应付股利""其他应付款"总账科目的期末余额合计数填列。

3．根据明细科目余额分析计算填列

资产负债表中有些项目应根据相关明细科目期末余额分析后填列。比如，"预收款项"项目，根据"应收账款""预收账款"科目所属明细科目的期末贷方余额合计数填列；"应付账款"项目，根据"应付账款""预付账款"科目所属明细科目的期末贷方余额合计数填列。需要说明的是，在资产负债表中，没有"预收账款"项目，而是"预收款项"项目。

4．根据总账科目和明细科目余额分析计算填列

资产负债表中有些项目应根据相关总账科目和明细科目余额分析计算填列。比如，"长期借款"项目，根据"长期借款"总账科目期末贷方余额，扣除"长期借款"科目所属的明细科目中将在资产负债表日起一年内到期且企业不能自主地将清偿义务展期的长期借款后的金额填列。

5．根据总账科目期末余额减去其备抵科目余额后的净额填列

资产负债表中有些项目应根据总账科目期末余额减去其备抵科目余额后的净额填列。如"固定资产"项目，应根据"固定资产"科目的期末余额，减去"累计折旧""固定资产减值准备"科目的期末余额后的金额，以及"固定资产清理"科目的期末余额填列；"无形资产"项目，应根据"无形资产"科目的期末余额，减去"累计摊销""无形资产减值准备"科目期末余额后的金额填列。

6．综合上述方法计算填列

资产负债表中有些项目，可根据上述方法综合填列。比如，"存货"项目反映企业期末在库、在途和在加工中的各项存货的可变现净值或成本，应根据"原材料""库存商品""生产成本""低值易耗品""发出商品""委托代销商品""周转材料""委托加

工物资"等总账科目的期末余额合计数，减去"存货跌价准备"科目期末余额后的金额填列；"应收账款"项目，应根据"应收账款""预收账款"科目所属明细科目的期末借方余额合计数，减去"坏账准备"科目中有关应收账款计提的坏账准备期末余额后的金额填列；"预付款项"项目，应根据"应付账款""预付账款"科目所属明细科目的期末借方余额合计数，减去"坏账准备"科目中有关预付账款计提的坏账准备期末余额后的金额填列。需要说明的是，在资产负债表中，没有"预付账款"项目，而是"预付款项"项目。

【例 10-1】20××年 12 月 31 日，东方公司"库存现金"科目余额 0.28 万元，"银行存款"科目余额 83.6 万元，"其他货币资金"科目余额 34.4 万元，试填列"货币资金"项目。

【解析】东方公司当年年末的资产负债表中，"货币资金"项目期末余额的填报金额=0.28+83.6+34.4=118.28(万元)。

【例 10-2】20××年 12 月 31 日，东方公司有关总账科目和明细科目期末余额如表 10-3 所示。

表 10-3　东方公司有关科目期末余额

单位：元

科目名称	总账和明细账		借方余额	贷方余额
应收账款	总　账		50 000	
	明细账	A 公司	34 000	
		B 公司		12 000
		C 公司	28 000	
预收账款	总　账			31 000
	明细账	D 公司		37 000
		E 公司	6 000	
应付账款	总　账			97 000
	明细账	F 公司		66 000
		G 公司		34 000
		H 公司	3 000	
预付账款	总　账		23 000	
	明细账	I 公司	27 000	
		J 公司		4 000

另外还得知，应收账款计提坏账准备 1 200 元，预付账款计提坏账准备 500 元。试填列资产负债表中的"应收账款""预收款项""应付账款""预付款项"项目。

【解析】根据前述相关项目计算填列的方法可知：

"应收账款"项目金额=34 000+28 000+6 000-1 200=66 800(元)

"预收款项"项目金额=12 000+37 000=49 000(元)

"应付账款"项目金额=66 000+34 000+4 000=104 000(元)

"预付款项"项目金额=27 000+3 000-500=29 500(元)

【例 10-3】20××年 12 月 31 日，东方公司"固定资产"科目借方余额 28 万元，"累计折旧"科目贷方余额 6.7 万元，"固定资产减值准备"科目贷方余额 1.5 万元，"固定资产清理"科目借方余额4.2万元。试填列"固定资产"项目。

【解析】东方公司当年年末的资产负债表中,"固定资产"项目应填报的金额=28-6.7-1.5+4.2=24(万元)。

【例10-4】20××年12月31日,东方公司"长期借款"科目贷方余额16万元,在未来的一年内将有4.8万元长期借款即将到期。试填列"长期借款"项目。

【解析】东方公司当年年末的资产负债表中,"长期借款"项目应填报的金额=16-4.8=11.2(万元)。

三、资产负债表编制举例

【例10-5】华泰公司20××年12月31日全部总账和有关明细账期末余额如表10-4所示。

表10-4 华泰公司全部总账和有关明细账期末余额

20××年12月31日　　　　　　　　　　　单位:元

总 账	明细账	借方余额	贷方余额	总 账	明细账	借方余额	贷方余额
库存现金		6 000		短期借款			80 000
银行存款		480 000		应付账款			60 000
交易性金融资产		120 000			F公司		40 000
应收票据		64 000			G公司	10 000	
应收账款		60 000			H公司		30 000
	A公司		4 000	预收账款			48 000
	B公司	50 000			I公司		50 000
	C公司	14 000			J公司	2 000	
坏账准备			2 000	其他应付款			42 000
预付账款		20 000		应付职工薪酬			90 000
	D公司		10 000	应交税费			20 000
	E公司	30 000		长期借款			180 000
其他应收款		50 000		实收资本			560 000
原材料		40 000		资本公积			78 000
生产成本		70 000		盈余公积			30 000
库存商品		45 000		利润分配	未分配利润		100 000
固定资产		125 000					
累计折旧			30 000				
在建工程		55 000					
无形资产		135 000					
长期待摊费用		50 000					

需要说明的是,坏账准备都是应收账款计提的,没有一年内即将到期的长期借款。根

据上述资料，编制该公司20××年12月31日的资产负债表，如表10-5所示。

表 10-5　资产负债表

会企 01 表

编制单位：华泰公司　　　　　　　　　20××年12月31日　　　　　　　　　　单位：元

资　产	期末余额	年初余额	负债及所有者权益	期末余额	年初余额
流动资产：			流动负债：		
货币资金	486 000		短期借款	80 000	
交易性金融资产	120 000		交易性金融负债	0	
衍生金融资产	0		衍生金融负债	0	
应收票据	64 000		应付票据	0	
应收账款	64 000		应付账款	80 000	
预付款项	40 000		预收款项	54 000	
其他应收款	50 000		合同负债	0	
存货	155 000		应付职工薪酬	90 000	
合同资产	0		应交税费	20 000	
持有代售资产	0		其他应付款	42 000	
一年内到期的非流动资产	0		持有代售负债	0	
其他流动资产	0		一年内到期的非流动负债	0	
流动资产合计	979 000		其他流动负债	0	
非流动资产：			流动负债合计	366 000	
债权投资	0		非流动负债：		
其他债券投资	0		长期借款	180 000	
长期应收款	0	(略)	应付债券	0	(略)
长期股权投资	0		租赁负债	0	
其他权益工具投资	0		长期应付款	0	
其他非流动金融资产	0		预计负债	0	
投资性房地产	0		递延收益	0	
固定资产	95 000		递延所得税负债	0	
在建工程	55 000		其他非流动负债	0	
生产性生物资产	0		非流动负债合计	180 000	
油气资产	0		负债合计	546 000	
无形资产	135 000		所有者权益：		
开发支出	0		实收资本	560 000	
商誉	0		其他权益工具	0	
长期待摊费用	50 000		资本公积	78 000	
递延所得税资产	0		盈余公积	30 000	
其他非流动资产	0		未分配利润	100 000	
非流动资产合计	335 000		所有者权益合计	768 000	
资产总计	1 314 000		负债和所有者权益总计	1 314 000	

第三节　利　润　表

【思政课堂】

乐视网连续十年财务造假

2021年，中国证监会北京监管局查明，乐视网存在以下违法事实：①乐视网于2007年至2016年连续10年财务造假，其报送、披露的申请首次公开发行股票并上市(IPO)相关文件及2010年至2016年年报存在虚假记载；②乐视网未按规定披露关联交易；③乐视网未披露为乐视控股等公司提供担保事项；④乐视网未如实披露贾某芳、贾某亭向上市公司履行借款承诺的情况；⑤乐视网2016年非公开发行股票行为构成欺诈发行。

那么，乐视网是如何做到连续10年财务造假，却能够瞒天过海的呢？

从操作手法上看，首次发行阶段，乐视网通过虚构业务及虚假回款等方式虚增业绩以满足上市发行条件，主要是通过贾某亭实际控制的公司虚构业务，并通过贾某亭控制的银行账户构建虚假资金循环的方式虚增业绩。同时，乐视网还虚构与第三方公司业务。在与客户真实业务往来中，通过冒充回款等方式虚增业绩。

乐视网上市后，财务造假更频繁，包括虚构广告业务确认收入，无形资产冲抵全部或部分应收账款，虚构与第三方公司业务，与客户签订并未实际执行的广告互换框架合同或虚构广告互换合同确认业务收入并虚计利润。

思考题：

(1) 在严格的监管下，上市公司财务造假仍屡禁不止，主要原因是什么？

(2) 财务造假的类型有哪些？对财务造假，应该如何识别并加以处罚？

(资料来源：新华社新媒体. 贾跃亭被罚2.4亿还被终身"拉黑"！证监会一纸罚单，乐视网10年财务造假细节全曝光[EB/OL]. (2021-04-14)[2024-01-22]. https://baijiahao.baidu.com/s?id=1696998377363857583&wfr=spider&for=pc)

一、利润表的内容与格式

利润表是在动态会计等式"收入-费用=利润"基础上编制的，反映企业一定会计期间(月度、季度、半年度、年度)经营成果的报表。通过利润表我们可以了解到：①企业收入、费用、利润的实现及其内部构成情况；②通过横向和纵向的对比，判断企业利润高低及发展变动趋势，评价和考核企业管理层的业绩；③根据利润表内相关项目的计算和比较，计算企业销售利润率、每股收益等指标，分析企业的盈利能力，判断资本保值、增值情况，为经济决策提供依据。

利润表一般由表头、表体两部分组成。其中，表头概括地说明报表名称、编制单位名称、编制日期、报编号、计量单位等；表体由收入、费用、利润的各组成项目构成，反映形成经营成果的各个项目和计算过程。在利润表中，收入应当按照其重要程度分项列示；费用应当按照其性质分项列示；利润应当按照营业利润、利润总额和(税后)净利润等

构成分类分项列示。根据第六章介绍的内容,利润的简化计算公式如下:

营业利润=营业收入-营业成本-税金及附加-期间费用-资产减值损失±公允价值变动损益±投资净收益

利润总额=营业利润+营业外收入-营业外支出

净利润=利润总额-所得税费用

在上述公式的基础上,可以按一定的格式编制利润表。利润表表体的格式一般有两种:单步式和多步式。单步式利润表是将本期所有的收入加总在一起,然后将本期所有的费用加总在一起,两者相减直接得出当期净利润或者净亏损的表格。这种格式比较简单,但缺乏利润构成项目的详细资料。多步式利润表是将利润分成多个层次,通过多个步骤分别计算每一层次的利润,最后计算税后净利润。在我国,利润表一般采用多步式,具体格式和内容如表10-6所示。

表 10-6　利润表

会企 02 表

编制单位:××公司	20××年××月	单位:元
项　目	本期金额	上期金额
一、营业收入		
减:营业成本		
税金及附加		
销售费用		
管理费用		
财务费用		
其中:利息费用		
利息收入		
资产减值损失		
加:投资收益(损失以"-"号填列)		
公允价值变动收益(损失以"-"号填列)		
二、营业利润(亏损以"-"号填列)		
加:营业外收入		
减:营业外支出		
三、利润总额(亏损总额以"-"号填列)		
减:所得税费用		
四、净利润(净亏损以"-"号填列)		
五、其他综合收益的税后净额		
六、综合收益总额		
七、每股收益		
(一)基本每股收益		
(二)稀释每股收益		

二、利润表的编制方法

根据《企业会计准则》和《企业财务会计报告条例》等的规定,利润表中各项目均需填列"上期金额"和"本期金额"两栏。

(一)"上期金额"的填列方法

"上期金额"栏内各项目数字,通常根据上年该期利润表"本期金额"栏内所列数字填列。如果本期利润表某项目的名称和内容与上年不一致,应对上年该期利润表相关项目的名称和内容按本期的规定进行调整,调整后的数字填入"上期金额"栏内。

(二)"本期金额"的填列方法

"本期金额"栏反映各项目的本期实际发生数。除"基本每股收益"和"稀释每股收益"项目外,均应按照相关科目的发生额分析填列。

(1) "营业收入"项目,反映企业经营主要业务和其他业务所取得的收入总额。应根据"主营业务收入"和"其他业务收入"科目的发生额分析填列。

(2) "营业成本"项目,反映企业经营主要业务和其他业务所发生的成本总额。应根据"主营业务成本"和"其他业务成本"科目的发生额分析填列。

(3) "税金及附加"项目,反映企业经营业务应负担的各种税金及附加。应根据"税金及附加"科目的发生额分析填列。

(4) "销售费用""管理费用""财务费用"项目,应分别根据"销售费用""管理费用""财务费用"科目的发生额分析填列。其中,"利息费用"项目,反映企业为筹集生产经营所需资金而发生的应予费用化的利息支出,应根据"财务费用"科目的相关明细科目发生额分析填列;"利息收入"项目,反映企业应冲减财务费用的利息收入,应根据"财务费用"科目的相关明细科目发生额分析填列。

(5) "资产减值损失"项目,反映企业有关资产发生的减值损失。应根据"资产减值损失"科目的发生额分析填列。

(6) "投资收益""公允价值变动收益"项目,应分别根据"投资收益""公允价值变动损益"科目的发生额分析填列。如为净损失,以"-"号填列。需要注意的是,"公允价值变动损益"会计科目的名称与利润表中相关项目名称有一字之差。

(7) "营业利润"项目,反映企业实现的营业利润。如为亏损,以"-"号填列。

(8) "营业外收入"和"营业外支出"项目,反映企业发生的与其生产经营无直接关系的各项收入和支出。应分别根据"营业外收入"和"营业外支出"科目的发生额分析填列。

(9) "利润总额"项目,反映企业实现的利润总额。如为亏损,以"-"号填列。

(10) "所得税费用"项目,反映企业应从本期利润总额中扣除的所得税费用。应根据"所得税费用"科目的发生额分析填列。

(11) "净利润"项目,反映企业实现的净利润。如为净亏损,以"-"号填列。

净利润后的若干项目,本门课没有涉及,留待以后相关课程中学习。

三、利润表编制举例

【例10-6】华泰公司20××年度有关收入、费用科目累计发生额如表10-7所示。

表 10-7　华泰公司有关收入、费用科目累计发生额

单位：元

科目名称	借方发生额	贷方发生额
主营业务收入		1 280 000
其他业务收入		300 000
主营业务成本	960 000	
其他业务成本	200 000	
税金及附加	72 000	
销售费用	110 000	
管理费用	184 000	
财务费用	28 000	
资产减值损失	34 000	
投资收益		130 000
公允价值变动损益		13 000
营业外收入		65 000
营业外支出	20 000	
所得税费用	45 000	

根据上述资料，编制华泰公司 20××年的利润表，如表 10-8 所示。

表 10-8　利润表

会企 02 表

编制单位：华泰公司　　　　　　　　20××年度　　　　　　　　单位：元

项　目	本期金额	上期金额
一、营业收入	1 580 000	
减：营业成本	1 160 000	
税金及附加	72 000	
销售费用	110 000	
管理费用	184 000	
财务费用	28 000	（略）
其中：利息费用		
利息收入		
资产减值损失	34 000	
加：投资收益	130 000	
公允价值变动收益	13 000	
二、营业利润	135 000	
加：营业外收入	65 000	
减：营业外支出	20 000	
三、利润总额	180 000	
减：所得税费用	45 000	

续表

项　目	本期金额	上期金额
四、净利润	135 000	
五、其他综合收益的税后净额	(略)	
六、综合收益总额		(略)
七、每股收益		
(一)基本每股收益		
(二)稀释每股收益		

第四节　现金流量表

【知识链接】

现金流量表的演变与发展

现金流量表的前身称为财务状况变动表。它最初是属于企业在经营管理中使用的一张内部报表。1971 年 3 月，美国会计原则委员会发表了第 19 号意见书《财务状况变动的报告》，指出："关于企业理财和投资活动以及在一个期间内财务状况变动的信息，对财务报表使用者(尤其是投资人和债权人)是至关重要的。由于现行的财务报表旨在反映财务状况(资产负债表)和经营业绩(收益表)，所以总括财务状况变动的报表也必须作为每一期间的一种基本财务报表。"至此，财务状况变动表首先在美国成为企业的一种强制性的正式对外编制的财务报表。美国财务会计准则委员会于 1987 年 11 月发表了第 95 号财务会计准则公告《现金流量表》，取代美国会计原则委员会的第 19 号意见书，要求从 1988 年 7 月 15 日以后的会计年度起以现金流量表取代财务状况变动表。1992 年，国际会计准则委员会在广泛征求意见的基础上，于同年 10 月发布了国际会计准则第 7 号《现金流量表》并规定在1994 年 1 月 1 日起执行。

(资料来源：整理改编自王文红. 财务报表分析[M]. 上海：上海财经大学出版社，2020.)

一、现金流量表的概念及作用

现金流量表是反映企业在一定会计期间(月度、季度、半年度、年度)现金和现金等价物流入流出情况的报表。从广义上看，现金流量表是以现金为基础编制的财务状况变动表，属于动态报表。其中，现金是指企业库存现金以及可以随时用于支付的存款，不能随时用于支付的存款不属于现金。现金等价物是指企业持有的期限短、流动性强、易于转换为已知金额现金、价值变动风险很小的投资，一般三个月内到期的投资符合这一标准。现金流量表具有以下作用：①了解和评价企业获取现金和现金等价物的能力，预测未来的现金流量；②分析企业收益质量及影响现金净流量的因素，改善和加强企业经营管理；③结合其他报表的数据分析企业的支付能力、偿债能力和周转能力，为企业筹资提供有用的信息，有利于社会资源的有效配置和使用。

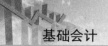

二、现金流量表的内容和格式

(一)现金流量表的内容

现金流量表编制是在现金和现金等价物的基础上，将权责发生制下的盈利信息调整为收付实现制下的现金流量的信息。企业应当按照经营活动、投资活动和筹资活动的现金流量分类分项列示。

1. 经营活动产生的现金流量

经营活动是指企业投资活动和筹资活动以外的所有经济业务。对于制造业企业而言，经营活动主要包括：销售商品、提供劳务、经营性租赁、购买商品、接受劳务、发放工资、广告宣传、缴纳税款等。

2. 投资活动产生的现金流量

投资活动是指企业长期资产的购建和不包括在现金等价物范围内的投资及其处置活动。投资活动主要包括：取得和收回投资，构建和处置固定资产、无形资产和其他长期资产等。

3. 筹资活动产生的现金流量

筹资活动是指导致企业资本及债务规模、构成发生变化的活动。筹资活动主要包括：吸收投资、取得借款、分配股利或利润、还本付息等。

需要说明的是，对于企业日常经营活动之外特殊的、不经常发生的项目，如自然灾害损失、保险赔偿、捐赠等，企业应根据其性质，将其归并到相关类别中单独反映。

(二)现金流量表的格式和编制方法

现金流量表分为三部分，第一部分为表头，第二部分为表体，第三部分为补充资料。表头概括地说明报表名称、编制单位名称、编制日期、报表编号、计量单位等。表体反映现金流量表的具体内容：经营活动产生的现金流量；投资活动产生的现金流量；筹资活动产生的现金流量；汇率变动对现金及现金等价物的影响；现金及现金等价物净增加额；期末现金及现金等价物余额。补充资料有三项：一是将净利润调节为经营活动产生的现金流量；二是不涉及现金收支的重大投资和筹资活动；三是现金及现金等价物净变动情况。

经营活动的现金流量要按收付实现制确认损益，而现行的会计制度是按权责发生制确认损益的，由于确认基础不同，利润表上的收入、费用数据不能直接作为编制现金流量表的依据，必须综合运用相关方法，才能确定经营活动对现金流量的影响。编制经营活动现金流量的方法有两种，直接法和间接法。所谓直接法，是指通过现金收入和现金支出的总括分类直接反映来自经营活动的现金流量。比如，销售商品、提供劳务收到的现金和购买商品、接受劳务支付的现金就是按收入支出的来源分类计算的；所谓间接法，是指以净利润为起算点，调整不涉及现金的收入、费用、营业外收支等有关项目，据此计算出经营活动产生的现金流量。

现金流量表的基本格式如表 10-9 所示，限于篇幅，只包括表头和表体，补充资料略去。

表 10-9　现金流量表

会企 03 表

编制单位：××公司　　　　　　　　　20××年××月　　　　　　　　　单位：元

项　目	本期金额	上期金额
一、经营活动产生的现金流量：		
销售商品、提供劳务收到的现金		
收到的税费返还		
收到的其他与经营活动有关的现金		
经营活动现金流入小计		
购买商品、接受劳务支付的现金		
支付给职工以及为职工支付的现金		
支付的各项税费		
支付的其他与经营活动有关的现金		
经营活动现金流出小计		
经营活动产生的现金流量净额		
二、投资活动产生的现金流量：		
收回投资收到的现金		
取得投资收益收到的现金		
处置固定资产、无形资产和其他长期资产收回的现金净额		
收到其他与投资活动有关的现金		
投资活动现金流入小计		
购建固定资产、无形资产和其他长期资产支付的现金		
投资支付的现金		
取得子公司及其他营业单位支付的现金净额		
支付其他与投资活动有关的现金		
投资活动现金流出小计		
投资活动产生的现金流量净额		
三、筹资活动产生的现金流量：		
吸收投资收到的现金		
取得借款收到的现金		
收到的其他与筹资活动有关的现金		
筹资活动现金流入小计		
偿还债务支付的现金		
分配股利、利润或偿付利息支付的现金		
支付其他与筹资活动有关的现金		
筹资活动现金流出小计		
筹资活动产生的现金流量净额		

续表

项　目	本期金额	上期金额
四、汇率变动对现金及现金等价物的影响		
五、现金及现金等价物净增加额		
加：期初现金及现金等价物余额		
六、期末现金及现金等价物余额		

本 章 小 结

(1) 财务报告，是指企业对外提供的反映某一特定日期财务状况和某一会计期间经营成果、现金流量等会计信息的文件。财务报告的作用包括：为投资者、债权人等信息使用者进行经济决策提供信息；为企业管理者改善经营管理提供信息；为投资者评价企业管理层受托责任履行情况提供信息；为主管部门和国家宏观管理部门制定政策提供重要依据。

(2) 企业的财务报告由会计报表、会计报表附注和其他应当在财务报告中披露的相关信息和资料组成。企业对外提供的财务报表包括资产负债表、利润表、现金流量表、所有者权益(股东权益)变动表及其附注。

(3) 财务报表按反映的经济内容不同，分为资产负债表、利润表、现金流量表和所有者权益变动表；按资金运动状态的不同，分为静态报表和动态报表；按编报时间的不同，分为中期财务报表和年度财务报表；按编报会计主体的不同，分为个别财务报表和合并财务报表；按报送对象的不同，分为内部报表和外部报表。编制财务报告的基本要求包括：真实可靠；计算准确、相关可比；编报及时；手续完备。

(4) 资产负债表是在静态会计等式"资产=负债+所有者权益"基础上编制的，反映企业在某一特定日期财务状况的报表。它一般有两种格式：左右账户式和上下报告式。资产负债表中"年初余额"栏内各项目数字，通常根据上年年末资产负债表中有关项目的期末余额填列；"期末余额"栏可根据总账科目余额直接填列、总账科目余额计算填列、明细科目余额分析计算填列、总账科目和明细科目余额分析计算填列、总账科目期末余额减去其备抵科目余额后的净额填列，或者综合上述方法填列。

(5) 利润表是在动态会计等式"收入-费用=利润"基础上编制的，反映企业一定会计期间经营成果的报表。其格式一般有两种：单步式和多步式。利润表中"上期金额"栏内各项目数字，通常根据上年该期利润表"本期金额"栏内所列数字填列；"本期金额"栏反映各项目的本期实际发生数，除"基本每股收益"和"稀释每股收益"外，均应按照相关科目的发生额分析填列。

(6) 现金流量表是反映企业一定会计期间现金和现金等价物流入流出情况的报表。现金流量表编制是在现金和现金等价物的基础上，将权责发生制下的盈利信息调整为收付实现制下的现金流量的信息。企业应当按照经营活动、投资活动和筹资活动的现金流量分类分项列示。编制经营活动现金流量的方法有两种：直接法和间接法。

复习与思考题

1. 什么是财务报告？它由哪些内容构成？
2. 财务报告有哪些作用？
3. 财务报告/报表有哪些不同的分类方式？
4. 什么是会计报表附注？会计报表附注应披露哪些内容？
5. 编制财务报告必须符合哪些基本要求？
6. 简述资产负债表的内容与格式。
7. 简述利润表的内容与格式。
8. 资产负债表中"期末余额"栏的数字是如何填列的？
9. 利润表中"本期金额"栏的数字是如何填列的？
10. 什么是利润表？简述利润表的内容与格式。
11. 什么是现金等价物？

单项选择题

1. 资产负债表中资产是按照(　　)的顺序排列。
   A. 永久性程度　　B. 流动性强弱　　C. 重要性程度　　D. 收益性强弱
2. 资产负债表中"期末余额"栏可根据总账科目余额直接填列的是(　　)。
   A. 应付账款　　B. 固定资产　　C. 实收资本　　D. 货币资金
3. 资产负债表中"期末余额"栏按照总账科目期末余额减去其备抵科目余额后的净额填列的是(　　)。
   A. 无形资产　　B. 长期借款　　C. 应付账款　　D. 盈余公积
4. 应收账款明细账中如果有贷方余额，应在资产负债表中(　　)项目中填列。
   A. "应收账款"　　　　　　B. "预付款项"
   C. "应付账款"　　　　　　D. "预收款项"
5. 我国资产负债表的格式一般采用(　　)。
   A. 左右账户式　　B. 上下报告式　　C. 单步式　　D. 多步式
6. 财务报表按编报主体的不同分为(　　)。
   A. 资产负债表和利润表　　　　　B. 静态报表和动态报表
   C. 个别财务报表和合并财务报表　　D. 内部报表和外部报表
7. 以下关于现金流量表的说法，错误的是(　　)。
   A. 属于动态报表
   B. 在现金和现金等价物基础上编制的
   C. 编制经营活动现金流量的方法有直接法和间接法
   D. 企业的内部报表
8. 下列项目中，不属于"营业利润"项目的有(　　)。
   A. 营业外收入　　B. 投资收益　　C. 资产减值损失　　D. 管理费用

9. 我国的利润表格式一般采用( )。

    A. 左右账户式   B. 上下报告式   C. 单步式   D. 多步式

10. 发行公司债券引起的现金流量属于( )产生的现金流量。

    A. 经营活动   B. 筹资活动   C. 投资活动   D. 汇率变动

11. 企业的年度财务报告应于( )报出。

    A. 年度终了后 10 天内   B. 年度终了后 2 个月内

    C. 年度终了后 3 个月内   D. 年度终了后 4 个月内

12. 利润表中的"本期金额"栏应根据损益类科目的( )分析填列。

    A. 期初余额   B. 发生额

    C. 期末余额   D. 期初余额加发生额的折中

综 合 题

1. 资料: 王先生在企业创办一年之后, 面临一个非常棘手的问题。工商局、税务局的工作人员都指责他的企业没有遵守我国会计准则的要求建立企业的会计制度, 记账随意性很大, 财政局的工作人员又提出企业的财会人员没有经过资格认证。王先生觉得非常委屈, 因为公司是自己的, 企业应该有自主权, 为什么会计非要按照国家规定的会计准则和制度去做? 请问: 会计人员为什么要有资格认证? 你认为王先生的说法是否有道理?

2. 天禧公司 20×× 年 12 月 31 日全部总账和明细账期末余额如表 10-10 所示。

表 10-10 天禧公司全部总账和有关明细账期末余额

20×× 年 12 月 31 日   单位: 元

总 账	明细账	借方余额	贷方余额	总 账	明细账	借方余额	贷方余额
库存现金		3 000		短期借款			50 000
银行存款		180 000		应付账款			40 000
交易性金融资产		97 000			F 公司		20 000
应收票据		20 000			G 公司	10 000	
应收账款		28 000			H 公司		30 000
	A 公司		6 000	预收账款			22 000
	B 公司	30 000			I 公司		26 000
	C 公司	4 000			J 公司	4 000	
坏账准备			2 000	其他应付款			12 000
预付账款		18 000		应付职工薪酬			70 000
	D 公司		2 000	应交税费			16 000
	E 公司	20 000		长期借款			80 000
其他应收款		12 000		实收资本			260 000
原材料		24 000		资本公积			52 000

续表

总　账	明细账	借方余额	贷方余额	总　账	明细账	借方余额	贷方余额
生产成本		50 000		盈余公积			12 000
库存商品		26 000		利润分配	未分配利润		22 000
固定资产		100 000					
累计折旧			24 000				
在建工程		23 000					
无形资产		71 000					
长期待摊费用		10 000					

需要说明的是，坏账准备都是应收账款计提的，没有一年内即将到期的长期借款。要求：根据上述资料编制天禧公司的资产负债表。

3. 天龙公司 20××年损益类账户的本年累计发生额资料如表 10-11 所示。

表 10-11　天龙公司损益类账户本年累计发生额

20××年　　　　　　　　　　　　　　　　　　　　　单位：元

账户名称	本年累计发生额	账户名称	本年累计发生额
主营业务收入	148 000	财务费用	4 800
主营业务成本	65 000	管理费用	25 000
其他业务收入	21 000	投资收益	45 000
其他业务成本	18 000	营业外收入	32 000
税金及附加	13 000	营业外支出	45 000
销售费用	25 000		

假定天龙公司企业所得税税率为 25%。要求：根据上述资料编制利润表。

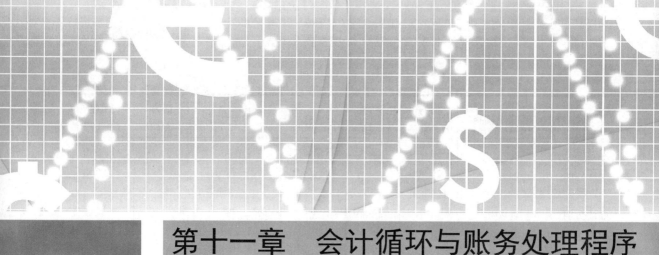

第十一章 会计循环与账务处理程序

【教学目的与要求】

通过本章的教学，要求学生了解账项调整的概念；理解会计循环及其流程；理解账项调整的内容；理解账务处理程序的概念及意义；掌握会计循环的步骤；掌握记账凭证账务处理程序、汇总记账凭证账务处理程序、科目汇总表账务处理程序的概念、步骤及适用范围。

【关键词】

会计循环　工作底稿　账项调整　应计收入　应计费用　预收收入　预付费用　估计项目　账务处理程序　记账凭证账务处理程序　汇总记账凭证账务处理程序　科目汇总表账务处理程序

【引导案例】

账务处理程序的选择

小李自幼喜欢电脑，本科所学专业为计算机科学与技术，热心的他在大学期间经常给师生义务维修电脑，寒暑假期间也给亲戚朋友帮忙解决电脑方面的难题。2020 年，小李大学毕业后自己创办了一家名叫"乐天"的小型电脑公司，主营电脑及其相关电子产品和软件的销售，并提供电脑维修服务。因公司刚刚创办，只聘用了一名工作人员，尚未聘用专职的财务人员。小李自学了相关会计课程并通过了初级会计职称考试。

思考题： 小李经营的小型电脑公司应采用哪种账务处理程序？公司规模扩大、业务量增多后，可以采取哪种账务处理程序？

(资料来源：整理改编自李秀莲，等. 基础会计[M]. 3 版. 北京：北京大学出版社，2020.)

第一节　会计循环概述

一、会计循环及其流程

会计循环是指企业将一定时期发生的全部经济业务，依据一定的步骤和方法，加以计量、记录、分类、汇总直至编制财务报告/会计报表的会计处理全过程。在连续的会计期间内，这些会计处理工作从会计期初开始，到会计期末为止，循环往复，周而复始，因而称为会计循环。每一会计期间为一个会计循环的周期。纵观整个会计循环的过程：①就其会计核算方法而言，包括三个环节，即填制和审核凭证、登记账簿、编制财务报告。在一个会计期间所发生的一切经济业务，都要借助这三个环节，周而复始地进行会计处理，以提供对决策有用的会计信息。②就其会计核算基本程序来说，涉及三个环节，即会计确认、会计记录和会计报告。其中，会计确认包括初次确认和再次确认，在确认的同时还要进行会计计量；会计记录是通过填制、审核会计凭证，登记账簿来完成的；会计报告是通过编制财务报告/会计报表来实现的。会计循环的流程如图 11-1 所示。

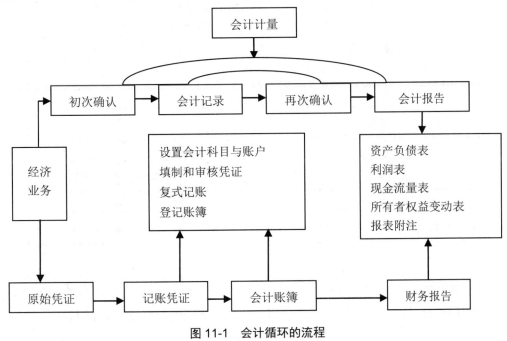

图 11-1　会计循环的流程

二、会计循环的步骤

会计循环包括以下步骤和程序。

(1) 分析经济业务。通过填制和审核原始凭证，对发生的经济业务进行初步的确认和记录。

(2) 编制会计分录，填制记账凭证。在审核原始凭证的基础上，根据经济业务的实际发生和完成情况编制正确的会计分录，并将其记录在记账凭证上。

(3) 登记账簿(过账)。根据每笔会计分录所确定的应借、应贷账户名称及金额，分别登记/过入有关日记账、总分类账和明细分类账之中。

(4) 编制调整前的试算平衡表。根据总分类账户发生额及余额试算平衡公式来编制试算平衡表，检查、验证会计分录和过账工作有无错误，以确定账簿记录的正确性。

(5) 账项调整即编制调整分录并登记账簿。根据权责发生制和配比原则的要求，按照收入、费用的归属期，对日常会计记录进行必要的调整，编制调整分录并登记到账户中，从而正确地计算当期损益和反映企业会计期末的财务状况。

(6) 编制调整后的试算平衡表。根据总分类账户调整后的本期发生额和期末余额，编制调整后的试算平衡表，以判断调整账务处理是否存在错误。

(7) 对账和结账。根据会计账户提供的数据和财产清查的结果，在期末进行对账，以确保账簿反映会计资料的真实性和可靠性；同时进行结项，计算账户的发生额和余额，并结转下期。

(8) 编制财务报告。根据账账、账证和账实相符的账簿记录，编制财务报告并保证其完整性和准确性。编制财务报告的过程，可以不涉及工作底稿，也可以结合工作底稿来完成。会计循环的步骤如图 11-2 所示。

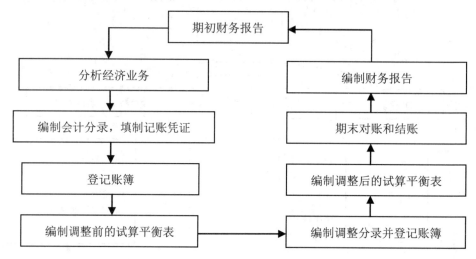

图 11-2 会计循环的步骤

除了编制调整分录和工作底稿处，会计循环的大部分步骤我们在相关章节中都详细讲解过。编制调整分录将在本章的第二节介绍。而工作底稿的基本格式如表 11-1 所示。

表 11-1 工作底稿的基本格式

单位：元

会计账户	调整前试算平衡表		调整分录		调整后试算平衡表		利润表		资产负债表	
	借方	贷方	借方	贷方	借方	贷方	借方	贷方	借方	贷方
库存现金										
银行存款										
（略）										
合 计										
利润总额										

会计工作底稿

在期末阶段，账项调整、结账、试算平衡等工作，经手人多，工作集中，反映的内容又分散，这样登账时就难免会出现错误，而且查找时又费时费力，不利于及时准确地编制会计报表。于是，工作底稿便应运而生。

工作底稿在会计期末编制：①可以避免调整、结算账项工作中出现差错；②可以及时地反映企业经营期内的财务成果；③有助于加速会计报表的编制工作。

工作底稿的格式因其用途不同而异，表内的栏次按照会计处理过程的顺序进行排列，包括试算表、账项调整、账项结转、会计报表等。在实际工作中，工作底稿的格式有以下几种：①"六栏式"格式。"六栏式"工作底稿，表上设有"调整前试算平衡表""账项调整/调整分录""调整后试算平衡表""账项结转""利润表""资产负债表"六栏。每一大栏下再划分"借方""贷方"两栏。②"五栏式"格式。"五栏式"工作底稿是在"六栏式"的基础上，省去"调整后试算平衡表"或者"账项结转"栏后而形成的。③"四栏式"格式。"四栏式"格式的工作底稿只设置"调整前试算平衡表""账项调整/调整分录""利润表"和"资产负债表"四栏。

第二节　账项调整

【引导案例】

何时确认收入和费用

假设乘客在7月份就预订了去澳大利亚的机票，他于8月10日才登机，那么A航空公司应将该乘客的机票款确认为哪个月的收入？

B公司9月份向某酒店销售了200台空调，总价款500 000元，合同约定11月20日从酒店收取货款，那么对于B公司而言，这笔产品销售收入应归属于9月份还是11月份？

员工11月的工资在12月中旬才支付，这些工资支出应该在哪个月确认为C公司的费用？

如果12月10日D公司为其拥有的多部汽车购买了次年一年的保险，支付保险费60 000元，这笔支出应将其全部确认为12月的费用还是次年1月的费用？还是每月仅确认其中的1/12呢？

思考题：上述公司全部以权责发生制为基础确认收入和费用，什么是权责发生制？上述例子在权责发生制下应在哪个月确认收入或费用？

一、账项调整概述

账项调整是指按照权责发生制的要求，对预收收入、应计收入、预付费用、应计费用和估计项目等事项进行调整，以确定应归属于本期的收入和费用的一种方法。在持续经营的假设下，为了准确、及时地提供会计信息，需要将持续不断的生产经营活动划分为一个一个首尾相连、间距相等的时间段，即会计期间，按照权责发生制来确定每一期的收入和费用。通过严格区分本期/非本期的收入和费用，将相关的收入和费用配合起来进行比较，计算出当期利润或亏损，为信息使用者提供真实、可靠的会计信息。账项调整的直接依据是权责发生制，前面章节已经详细介绍过，此处不再赘述。

由于日常账簿记录仅根据原始凭证反映的经济业务来记录收入和费用，而有些经济业务虽然在本期没有收到或支付款项，没有直接取得原始凭证，但根据权责发生制应在本期确认收入或费用，记入相关的账户；有的款项虽然本期收到但却不属于本期的收入，不应记入本期的收入账户；有些款项虽然在本期支付但不属于本期的费用，不应记入本期的费用账户。上述几类业务以及某些估计事项，均需在期末结账前进行账项调整，通过编制调整分录并登记会计账簿来实现。

二、账项调整的内容

(一)预收收入的调整

预收收入是指已经收到相应款项，但尚未交付产品、提供劳务的收入，包括预收货款、预收劳务费、预收租金等。对企业来说，预收收入之后要在后续期间内以产品交付、劳务提供等方式来履行其义务。当企业提供了相应的产品或者服务之后，就有权利将这部分预收收入转为本期已实现的收入。期末应将预收收入中已经符合收入确认条件的部分调整计入当期收入。

【例 11-1】东海公司是一家运输服务公司。20×1 年 11 月，东海公司与华盛公司签订了一份为期一年的劳务合同。从次年 1 月 1 日起，东海公司为华盛公司提供运输服务。20×1 年 12 月，华盛公司按合同约定预付一年的运输费 60 000 元给东海公司。(不考虑增值税)试编制会计分录。

【解析】20×1 年 12 月，东海公司预先收到合同款 60 000 元。该笔业务的发生，导致东海公司资产和负债同时增加。其中，资产中的银行存款增加 60 000 元，记入该账户的借方；负债中的预收账款增加 60 000 元，记入该账户的贷方。编制的会计分录如下。

　　借：银行存款　　　　　　　　60 000
　　　　贷：预收账款　　　　　　　　60 000

运输服务对东海公司来说属于主营业务。在次年一年的合同期范围内，东海公司每月确认主营业务收入 5 000(60 000/12)元。该笔业务的发生，导致东海公司收入增加、负债减少。其中，收入中的主营业务收入增加 5 000 元，记入该账户的贷方；负债中的预收账款减少 5 000 元，记入该账户的借方。编制的调整会计分录如下。

　　借：预收账款　　　　　　　　5 000
　　　　贷：主营业务收入　　　　　　5 000

(二)应计收入的调整

应计收入是指企业本期已获得但尚未收到相应款项也没有登记入账的收入。比如期末已经获得了获取收入的权利但还没有登记入账的利息收入和其他合同收入等。会计期末，对于企业已经获得但没有登记入账的收入，应调整入账，以便准确地反映企业当期的经营成果。

【例 11-2】20×2 年 1 月 1 日，东海公司将闲置不用的办公设备租给北利公司使用，租期为 9 个月，每月租金为 1 000 元，约定租金于 9 月月末一次性收取。试编制会计分录。

【解析】办公设备租出去，理应在租赁期内确认收入，但租金暂时未取得，因此这笔收入属于应计收入，按月计入东海公司的收入中，到期再收取全部租金。在租赁期的每个月内，该笔业务的发生，导致东海公司资产和收入同时增加。其中，资产中的其他应收款增加 1 000 元，记入该账户的借方；收入中的其他业务收入增加 1 000 元，记入该账户的贷方。编制的调整会计分录如下。

　　借：其他应收款　　　　　　　　　1 000
　　　　贷：其他业务收入　　　　　　　　　1 000

当 9 月月末实际收到相应款项时，借记"银行存款"账户，贷记"其他应收款"账户。

(三)预付费用的调整

预付费用是指本期已付款入账，但应由本期和以后各期分别负担的费用，如预付房屋租赁费、预付保险费、预付报刊费等。随着时间的推移，预付费用会逐渐转为当期实际承担的费用。在计算本期费用时，应将这部分费用进行调整。如果企业的预付费用摊销期在一年(不含一年)以上，则应通过"长期待摊费用"账户核算，该账户是中级财务会计的内容，不再赘述。

【例 11-3】20×2 年 3 月，东海公司以银行存款预付第二季度的办公用房屋租金 3 000 元。试编制会计分录。

【解析】20×2 年 3 月预付房屋租赁费时，该笔业务的发生，导致东海公司资产内部有增有减。其中，资产中的预付账款增加 3 000 元，记入该账户的借方；资产中的银行存款减少 3 000 元，记入该账户的贷方。编制的会计分录如下。

　　借：预付账款　　　　　　　　　　3 000
　　　　贷：银行存款　　　　　　　　　　3 000

20×2 年 4—6 月，东海公司每月实际承担的租赁费 1 000(3 000/3)元。该笔业务的发生，导致东海公司费用增加、资产减少。其中，费用中的管理费用每月增加 1 000 元，记入该账户的借方；资产中的预付账款减少 1 000 元，记入该账户的贷方。编制的调整会计分录如下。

　　借：管理费用　　　　　　　　　　1 000
　　　　贷：预付账款　　　　　　　　　　1 000

(四)应计费用的调整

应计费用是指应由本期负担，但尚未确认入账也未实际支付的费用。应计费用的特点是费用发生在前，实际支付在后。如应付利息、应付租金、应付职工薪酬、应交税费等。到了每期期末，会计应将尚未入账的应计费用调整入账，同时增加企业的负债。

【例 11-4】经计算，东海公司本期应承担短期借款利息费用 1 800 元，因该笔借款到期一次性还本付息，所以本期并未支付。试编制会计分录。

【解析】该笔业务的发生，导致东海公司费用和负债同时增加。其中，费用中的财务费用增加 1 800 元，记入该账户的借方；负债的应付利息增加 1 800 元，记入该账户的贷方。编制的调整会计分录如下。

  借：财务费用   1 800

    贷：应付利息   1 800

【例 11-5】经计算，海泰公司本期应承担消费税 5 000 元，应交城市维护建设税 350 元，应交教育费附加 150 元，但本期并未支付。试编制会计分录。

【解析】该笔业务的发生，导致海泰公司费用和负债同时增加。其中，费用中的税金及附加增加 5 500 元，记入该账户的借方；负债中的应交税费增加 5 500 元，记入该账户的贷方。编制的调整会计分录如下。

  借：税金及附加   5 500

    贷：应交税费——应交消费税   5 000

       ——应交城市维护建设税 350

       ——应交教育费附加   150

(五)估计项目的调整

根据权责发生制，为了使企业在每一会计期间的收入与相关的成本、费用相配比，需根据经验对某些事项进行主观判断和估计，计入当期费用。主要的估计项目如图 11-3 所示。

估计项目的调整
- 固定资产计提折旧：是把购置或建造固定资产所形成的原始价值减去预计净残值，在整个固定资产使用期间进行分期摊销
- 资产减值准备
  - 坏账准备：预估的不能收回的债权
  - 存货跌价准备：存货的可变现净值低于存货成本的部分
  - 固定资产/无形资产减值准备：固定资产/无形资产可收回金额低于其账面净值的部分
- 无形资产累计摊销：是对无形资产原始价值在其有效期限内进行分期摊销

图 11-3 估计项目的调整

【例 11-6】东海公司购置一辆管理部门用汽车，原始价值为 130 000 元，预计使用 10 年，预计净残值为 10 000 元，该公司采用平均年限法计提折旧。试编制会计分录。

【解析】该辆汽车每年计提折旧(130 000-10 000)/10=12 000 元，每月计提折旧 1 000(12 000/12)元。每月月末编制的调整会计分录如下。

  借：管理费用   1 000

    贷：累计折旧   1 000

第三节 账务处理程序

【知识链接】

选择账务处理程序考虑的因素

企业选择科学、合理的会计账务处理程序是组织会计工作、进行会计核算的前提。主要应考虑以下因素。

(1) 企业的经营规模。一般情况下，中小企业规模小，业务量较少，因此企业的管理和决策对会计信息的依赖性较小，此时设计账务处理程序首先考虑的是简单实用，可选择记账凭证账务处理程序。大、中型企业业务量较大，更需要考虑为企业管理服务，需要对内部提供较详细的财务分析报告，可采用汇总记账凭证、科目汇总表或多栏式日记账账务处理程序。特大型企业，编制汇总记账凭证的工作量大，一般采用科目汇总表账务处理程序。

(2) 企业的业务特点。企业有的业务综合，有的业务单一，有的业务十分繁杂，因此，设计的账务处理程序也有所不同。比如，银行业务单一，常用原始凭证代替记账凭证，直接依据科目日结单登记总账；一般企业，可采用日记总账或者汇总记账凭证进行账务处理；业务繁杂的企业可采用科目汇总表的形式进行账务处理。

(3) 企业的会计核算手段。在账务处理程序的演变过程中，最重要的是减少手工记账的工作量。如从日记账账务处理程序过渡到记账凭证账务处理程序，再发展到汇总记账凭证账务处理程序。现代企业由于会计电算化的发展，会计核算工作量大大减少，这时候更突出的问题是如何更好地设置会计科目，并利用现代化手段来提供更多、更有用的会计信息，为企业的管理和决策提供优质服务。

(资料来源：整理改编自王前锋. 基础会计[M]. 2版. 北京：化学工业出版社，2018.)

账务处理程序，又称会计核算组织程序或会计核算形式，是指在会计循环中，会计主体采用的会计凭证、会计账簿、会计报表的种类和格式与记账程序有机结合的方法和步骤。记账程序是综合运用一定的记账方法，从填制、审核、整理各种原始凭证和记账凭证到登记日记账、明细分类账和总分类账，再到编制财务报告的整个步骤与过程。即使是对于同样的经济业务进行账务处理，如果选用的记账程序不同，所采用的会计凭证到会计账簿和会计报表的流程也有所不同。不同种类与格式的会计凭证、会计账簿、会计报表与一定的记账程序相结合，就形成了在做法上有着一定区别的账务处理程序，其基本模式如图 11-4 所示。

账务处理程序的意义如下：①有利于提高会计核算工作的效率和质量，及时提供经营管理所需的会计信息；②有利于强化会计核算工作的分工协作，促进会计机构和人员明确分工、有条不紊地处理好各项会计工作，保证会计信息加工过程的科学性和严密性；③有利于缩减不必要的会计核算环节，适当地减少账簿数量和周转时间，节约会计核算工作的费用开支；④有利于保证企业内部控制和会计监督的高效进行。

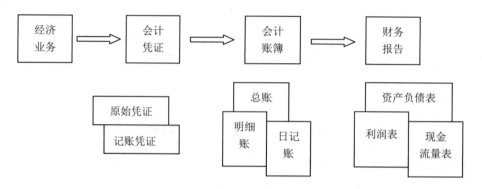

图 11-4　账务处理程序的基本模式

一、记账凭证账务处理程序

　　记账凭证账务处理程序是指根据经济业务发生后所填制的各种记账凭证直接逐笔登记总分类账，并定期编制财务报告的一种账务处理程序。其他账务处理程序都是在此基础上发展演变而形成的。采用记账凭证账务处理程序时，需要设置三类专用记账凭证，即收款凭证、付款凭证和转账凭证，以便据以登记总账。

　　记账凭证账务处理程序的步骤如下：①根据原始凭证编制原始凭证汇总表；②根据审核无误的原始凭证或原始凭证汇总表，编制记账凭证(包括收款凭证、付款凭证和转账凭证)；③根据收款凭证、付款凭证逐日逐笔登记特种日记账(包括现金日记账、银行存款日记账)；④根据原始凭证、原始凭证汇总表，逐笔登记有关的明细分类账；⑤根据收款凭证、付款凭证和转账凭证逐笔登记总分类账；⑥期末，将特种日记账的余额以及各种明细账的余额，分别与总账中有关账户的余额核对相符；⑦期末，根据经核对无误的总账和有关明细账的记录，编制财务报告。记账凭证账务处理程序的优点是简单明了、易于掌握，总分类账户可清晰地反映经济业务的具体内容；缺点是登记总分类账的工作量较大。因而记账凭证账务处理程序适用于规模较小、业务量较少、会计凭证数量不多的企业和单位。记账凭证账务处理程序的步骤如图 11-5 所示。

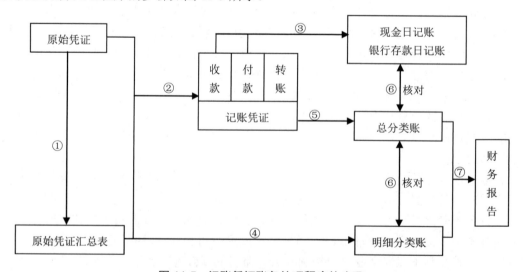

图 11-5　记账凭证账务处理程序的步骤

二、汇总记账凭证账务处理程序

汇总记账凭证账务处理程序是根据各种专用记账凭证定期汇总编制汇总记账凭证，然后根据汇总记账凭证登记总分类账，并定期编制财务报告的一种账务处理程序。在这种账务处理程序下，应设置专用记账凭证(包括收款凭证、付款凭证和转账凭证)和汇总记账凭证。其中的汇总记账凭证，是指对日常会计核算过程中所填制的专用记账凭证，采用一定的方法定期进行汇总而重新填制而成，包括汇总收款凭证、汇总付款凭证和汇总转账凭证。

汇总记账凭证账务处理程序的步骤如下：①根据原始凭证编制原始凭证汇总表；②根据审核无误的原始凭证或原始凭证汇总表，填制记账凭证(包括收款凭证、付款凭证和转账凭证)；③根据收款凭证、付款凭证逐日逐笔登记特种日记账(包括现金日记账、银行存款日记账)；④根据原始凭证、原始凭证汇总表，逐笔登记有关的明细分类账；⑤根据收款凭证、付款凭证和转账凭证，定期编制汇总收款凭证、汇总付款凭证和汇总转账凭证；⑥根据各种汇总记账凭证登记总分类账；⑦期末，将特种日记账和明细分类账的余额分别与有关总分类账的期末余额核对相符；⑧期末，根据经核对无误的总账和有关明细账的记录，编制财务报告。汇总记账凭证账务处理程序的优点是可以减少登记总分类账的工作量，便于了解账户之间的对应关系并进行检查；缺点是当转账凭证数量较多时，编制汇总转账凭证的工作量较大，不利于会计核算的日常分工。该账务处理程序主要适用于规模较大、经济业务较多、财会力量较强的企业和单位。整个步骤如图 11-6 所示。

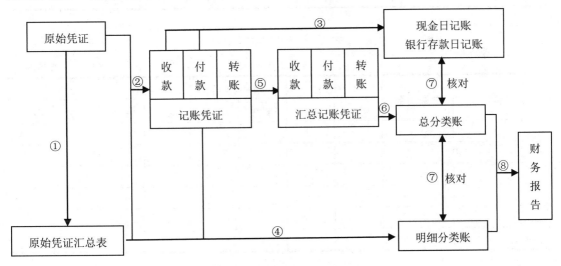

图 11-6　汇总记账凭证账务处理程序的步骤

三、科目汇总表账务处理程序

科目汇总表账务处理程序是指根据记账凭证逐日或定期(5 天、10 天或 15 天等)按照相同的科目分别归类、汇总编制科目汇总表，然后根据科目汇总表登记总分类账，并定期编制财务报告的一种账务处理程序。在这种账务处理程序下，应设置专用记账凭证(包括收款凭证、付款凭证和转账凭证)和科目汇总表。

科目汇总表又称记账凭证汇总表,是根据专用记账凭证汇总编制而成的。其基本的编制方法是:根据一定时期内的全部收款凭证、付款凭证和转账凭证,按照相同会计科目进行归类,定期分别汇总每一个科目的借、贷方发生额,并将其填列在科目汇总表的相应栏内,借以反映全部账户的借、贷方发生额。根据科目汇总表登记总分类账时,只需要将该表中汇总起来的各科目的本期借、贷方发生额合计数,分次或月末一次记入相应总分类账的借方或贷方即可。

"科目汇总表"的基本格式与前面所讲的发生额试算平衡表很类似,如表 11-2 和表 11-3 所示。

表 11-2 科目汇总表(1)

20××年××月×日至×日   第××号

会计科目	本期发生额		总账页数
	借 方	贷 方	
合计			

表 11-3 科目汇总表(2)

20××年××月   第××号

会计科目	总账页数	1—10 日		11—20 日		21—30 日		本月合计	
		借方	贷方	借方	贷方	借方	贷方	借方	贷方
合计									

科目汇总表账务处理程序的步骤如下:①根据原始凭证编制原始凭证汇总表;②根据审核无误的原始凭证或原始凭证汇总表,填制记账凭证(包括收款凭证、付款凭证和转账凭证);③根据收款凭证、付款凭证逐日逐笔登记特种日记账(包括现金日记账、银行存款日记账);④根据原始凭证、原始凭证汇总表,逐笔登记有关的明细分类账;⑤根据收款凭证、付款凭证和转账凭证,定期编制科目汇总表;⑥根据科目汇总表登记总分类账;⑦期末,将特种日记账和明细分类账的余额分别与有关总分类账的期末余额核对相符;⑧期末,根据经核对无误的总账和有关明细账的记录,编制财务报告。科目汇总表账务处理程

序的优点是可以减少登记总分类账的工作量，并实现入账前的试算平衡，通俗易懂、方便易学；缺点是不能反映账户的对应关系，不便于了解经济业务的内容和核对账目，并且编制科目汇总表的工作量也较大。该账户处理程序主要适用于经济业务较多的企业和单位。科目汇总表账务处理程序的步骤如图11-7所示。

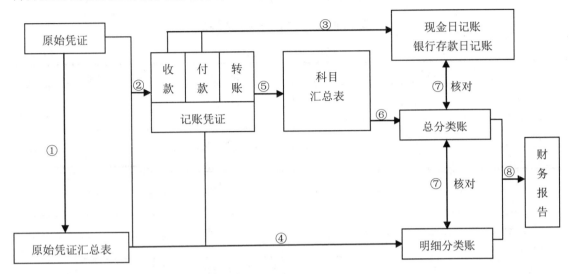

图11-7 科目汇总表账务处理程序的步骤

第四节 记账凭证账务处理程序综合实例

【思政课堂】

【例 11-7】利民公司为增值税一般纳税人，适用的增值税税率为 13%，城市维护建设税税率为 7%，教育费附加提取率为 3%，所得税税率为 25%。公司采用权责发生制作为会计核算基础，存货计价采用实际成本法。日常的会计核算，采用记账凭证账务处理程序。2021 年 7 月初总分类账户期初余额如表 11-4 所示(表内不包括损益类账户)。

表 11-4 总分类账户期初余额表

2021 年 7 月 1 日   单位：元

账户名称	借　方	贷　方
库存现金	2 000	
银行存款	150 000	
应收账款	28 000	
预付账款	0	
其他应收款	12 000	
在途物资	0	
原材料	63 000	
库存商品	90 000	
固定资产	169 000	
累计折旧		44 000
生产成本	36 000	
制造费用	0	
短期借款		33 000
应付账款		55 000
应付利息		1 000
应交税费		22 000
应付职工薪酬		85 000
实收资本		200 000
资本公积		50 000
盈余公积		20 000
本年利润(未分配利润)		40 000

7 月月初有关明细账户余额如下。

原材料：甲材料 4 000 千克，每千克 10.5 元，共 42 000 元。

乙材料 3 000 千克，每千克 7 元，共 21 000 元。

库存商品：A 产品 750 件，每件成本 120 元，共 90 000 元。

经过整理，该公司 7 月份发生如下经济业务。

(1) 7 月 1 日，从开户银行提取现金 3 000 元，以备零星开支使用。

(2) 7 月 2 日，购买甲材料 2 000 千克，每千克 10.5 元，共 21 000 元；购买乙材料 1 000 千克，每千克 7 元，共 7 000 元；增值税进项税额 3 640 元，全部款项以银行存款支付，材料尚未验收入库。

(3) 7月3日，公司接受某投资人投入设备一台价值 50 000 元，已办完相关手续。

(4) 7月5日，上述材料运抵企业，验收入库。

(5) 7月6日，生产领用甲材料 2 000 千克，乙材料 2 000 千克，全部用于 A 产品生产。

(6) 7月9日，以银行存款支付行政管理部门办公费 2 500 元。

(7) 7月11日，以银行存款支付产品广告费 2 000 元。

(8) 7月14日，李某因公出差预借差旅费 3 000 元，以银行存款支付。

(9) 7月16日，向银行取得三个月期短期借款 50 000 元，款项已收到。

(10) 7月18日，销售 A 产品一批 400 件，每件售价 200 元，共 80 000 元，增值税销项税额 10 400 元，款项尚未收到，对方承诺付款。

(11) 7月20日，以银行存款 50 000 元发放上月应发的职工薪酬。

(12) 7月22日，李某出差归来，报销差旅费 2 500 元，交回现金 500 元。

(13) 7月24日，预付购甲材料款 10 000 元，以银行存款支付。

(14) 7月27日，以银行存款支付车间用水电费 1 000 元，行政管理部门用水电费 600 元。

(15) 7月29日，收到因销售业务形成的应收账款 28 000 元，存入银行。

(16) 7月31日，计算分配本月应付职工薪酬 52 000 元，其中 A 产品生产工人工资 30 000 元，车间管理人员工资 10 000 元，厂部行政管理人员工资 12 000 元。

(17) 7月31日，提取本月固定资产折旧，其中车间固定资产折旧 1 000 元，行政管理部门固定资产折旧 800 元。

(18) 7月31日，计算本月应承担短期借款利息 200 元，未支付。

(19) 7月31日，计算分配本月制造费用。

(20) 7月31日，本月生产的 A 产品完工 700 件，每件成本 120 元，结转完工产品成本。

(21) 7月31日，计算本月应交城市维护建设税 473.2 元，应交教育费附加 202.8 元。

(22) 7月31日，结转本月已售出 A 产品成本，已售 400 件，每件成本 120 元。

(23) 7月31日，结转所有损益类账户。

试根据上述已知条件对利民公司本月的经济业务进行账务处理。

【解析】

(1) 根据以上经济业务的原始凭证或者原始凭证汇总表，按时间顺序编制记账凭证，限于篇幅，此处采用会计分录表的形式体现，如表 11-5 所示。除了原材料明细分类账涉及公斤和元两个计量单位外，以下所有表格的计量单位都为元。

表 11-5 会计分录表

2021 年		凭证 字号	摘　要	会计科目	借方金额	贷方金额
月	日					
7	1	银付 1	从银行提取现金	库存现金	3 000	
				银行存款		3 000
7	2	银付 2	购买材料	在途物资	28 000	
				应交税费——应交增值税	3 640	
				银行存款		31 640

2021年		凭证字号	摘 要	会计科目	借方金额	贷方金额
月	日					
7	3	转1	接受固定资产投资	固定资产	50 000	
				实收资本		50 000
7	5	转2	材料验收入库	原材料	28 000	
				在途物资		28 000
7	6	转3	领用材料	生产成本	35 000	
				原材料		35 000
7	9	银付3	支付办公费	管理费用	2 500	
				银行存款		2 500
7	11	银付4	支付广告费	销售费用	2 000	
				银行存款		2 000
7	14	银付5	预借差旅费	其他应收款	3 000	
				银行存款		3 000
7	16	银收1	借入短期借款	银行存款	50 000	
				短期借款		50 000
7	18	转4	销售产品	应收账款	90 400	
				主营业务收入		80 000
				应交税费——应交增值税		10 400
7	20	银付6	发放工资	应付职工薪酬	50 000	
				银行存款		50 000
7	22	现收1	报销差旅费	库存现金	500	
				其他应收款		500
7	22	转5	报销差旅费	管理费用	2 500	
				其他应收款		2 500
7	24	银付7	预付购料款	预付账款	10 000	
				银行存款		10 000
7	27	银付8	支付水电费	制造费用	1 000	
				管理费用	600	
				银行存款		1 600
7	29	银收2	收到应收账款	银行存款	28 000	
				应收账款		28 000
7	31	转6	分配计算工资	生产成本	30 000	
				制造费用	10 000	
				管理费用	12 000	
				应付职工薪酬		52 000

续表

2021年 月	日	凭证 字号	摘　要	会计科目	借方金额	贷方金额
7	31	转7	计提固定资产折旧	制造费用 管理费用 　累计折旧	1 000 800	 1 800
7	31	转8	计算承担的利息费用	财务费用 　应付利息	200	 200
7	31	转9	分配制造费用	生产成本 　制造费用	12 000	 12 000
7	31	转10	结转完工产品成本	库存商品 　生产成本	84 000	 84 000
7	31	转11	计算城市维护建设税及教育费附加	税金及附加 　应交税费——应交城市维护建设税 　　　　——应交教育费附加	676	 473.2 202.8
7	31	转12	结转销售成本	主营业务成本 　库存商品	48 000	 48 000
7	31	转13	结转收入	主营业务收入 　本年利润	80 000	 80 000
7	31	转14	结转费用	本年利润 　主营业务成本 　税金及附加 　销售费用 　管理费用 　财务费用	69 276	 48 000 676 2 000 18 400 200

(2) 根据收款凭证、付款凭证登记现金日记账和银行存款日记账，如表 11-6 和表 11-7 所示。日记账需每日结出余额。

表 11-6　库存现金日记账

2021年 月	日	凭证号数	摘　要	对方科目	收入	支出	余额
7	1		期初余额				2 000
7	1	银付1	从银行提取现金	银行存款	3 000		5 000
7	22	现收1	报销差旅费	其他应收款	500		5 500
7	31		本月合计		3 500	0	5 500

表 11-7 银行存款日记账

2021年		凭证号数	摘 要	对方科目	收 入	支 出	余 额
月	日						
7	1		期初余额				150 000
7	1	银付1	从银行提取现金	库存现金		3 000	147 000
7	2	银付2	购买材料	在途物资		28 000	
7				应交税费		3 640	115 360
7	9	银付3	支付办公费	管理费用		2 500	112 860
7	11	银付4	支付广告费	销售费用		2 000	110 860
7	14	银付5	预借差旅费	其他应收款		3 000	107 860
7	16	银收1	借入短期借款	短期借款	50 000		157 860
7	20	银付6	发放工资	应付职工薪酬		50 000	107 860
7	24	银付7	预付购料款	预付账款		10 000	97 860
7	27	银付8	支付水电费	制造费用		1 000	
7				管理费用		600	96 260
7	29	银收2	收到应收账款	应收账款	28 000		124 260
7	31		本月合计		78 000	103 740	124 260

(3) 根据原始凭证和原始凭证汇总表登记有关明细分类账,限于篇幅,此处以原材料明细分类账为例,如表 11-8 和表 11-9 所示。其他从略。

表 11-8 原材料明细分类账

材料名称:甲材料　　　　　　　　　　　　　　　　　　数量计量单位:千克
编号:××　　　　　　　　　　　　　　　　　　　　　　存放地点:××仓库
规格:××　　　　　　　　　　　　　　　　　　　　　　储备定额:××千克

2021年		凭证号	摘 要	借 方			贷 方			借或贷	余 额		
月	日			数量	单价	金额	数量	单价	金额		数量	单价	金额
7	1		期初余额							借	4 000	10.5	42 000
7	5	转2	入库	2 000	10.5	21 000							
7	6	转3	发出				2 000	10.5	21 000				
7	31		本月合计	2 000	10.5	21 000	2 000	10.5	21 000	借	4 000	10.5	42 000

(4) 根据收款凭证、付款凭证和转账凭证逐笔登记总分类账,如表 11-10~表 11-36 所示。

(5) 将总分类账与日记账相核对,将总分类账与所属明细账相核对(略)。

(6) 根据总分类账的记录,编制试算平衡表,如表 11-37 所示。需要说明的是,本例中所有账项调整的业务和期末结账业务都已经在题干中列出,所以无须编制两次试算平衡表,一次即可。

表 11-9　原材料明细分类账

材料名称：乙材料　　　　　　　　　　　　　　　　　　　　数量计量单位：千克

编号：××　　　　　　　　　　　　　　　　　　　　　　　存放地点：××仓库

规格：××　　　　　　　　　　　　　　　　　　　　　　　储备定额：××千克

2021年		凭证号	摘要	借　方			贷　方			借或贷	余　额		
月	日			数量	单价	金额	数量	单价	金额		数量	单价	金额
7	1		期初余额							借	3 000	7	21 000
7	5	转2	入库	1 000	7	7 000							
7	6	转3	发出				2 000	7	14 000				
7	31		本月合计	1 000	7	7 000	2 000	7	14 000	借	2 000	7	14 000

表 11-10　库存现金总分类账

2021年		凭证号	摘要	借　方	贷　方	借或贷	余　额
月	日						
7	1		期初余额			借	2 000
7	1	银付1	从银行提取现金	3 000			
7	22	现收1	报销差旅费	500			
7	31		本月合计	3 500	0	借	5 500

表 11-11　银行存款总分类账

2021年		凭证号	摘要	借　方	贷　方	借或贷	余　额
月	日						
7	1		期初余额			借	150 000
7	1	银付1	从银行提取现金		3 000		
7	2	银付2	购买材料		31 640		
7	9	银付3	支付办公费		2 500		
7	11	银付4	支付广告费		2 000		
7	14	银付5	预借差旅费		3 000		
7	16	银收1	借入短期借款	50 000			
7	20	银付6	发放工资		50 000		
7	24	银付7	预付购料款		10 000		
7	27	银付8	支付水电费		1 600		
7	29	银收2	收到应收账款	28 000			
7	31		本月合计	78 000	103 740	借	124 260

表 11-12　应收账款总分类账

2021 年		凭证号	摘　要	借　方	贷　方	借或贷	余　额
月	日						
7	1		期初余额			借	28 000
7	18	转 4	销售商品	90 400			
7	29	银收 2	收到应收账款		28 000		
7	31		本月合计	90 400	28 000	借	90 400

表 11-13　预付账款总分类账

2021 年		凭证号	摘　要	借　方	贷　方	借或贷	余　额
月	日						
7	1		期初余额			平	0
7	24	银付 7	预付购料款	10 000			
7	31		本月合计	10 000	0	借	10 000

表 11-14　其他应收款总分类账

2021 年		凭证号	摘　要	借　方	贷　方	借或贷	余　额
月	日						
7	1		期初余额			借	12 000
7	14	银付 5	预借差旅费	3 000			
7	22	现收 1	报销差旅费		500		
7	22	转 5	报销差旅费		2 500		
7	31		本月合计	3 000	3 000	借	12 000

表 11-15　在途物资总分类账

2021 年		凭证号	摘　要	借　方	贷　方	借或贷	余　额
月	日						
7	1		期初余额			平	0
7	2	银付 2	购买材料	28 000			
7	5	转 2	材料验收入库		28 000		
7	31		本月合计	28 000	28 000	平	0

(7) 根据总分类账编制资产负债表和利润表，如表 11-38 和表 11-39 所示。已知应付账款明细账无借方余额，应收账款、预付账款明细账无贷方余额。同时利民公司享受税收减免政策，当月不涉及所得税的缴纳。

根据第十章所学内容，资产负债中：①"货币资金"项目，根据"库存现金""银行存款""其他货币资金"(后者为 0)总账科目期末余额合计填列；②"其他应付款"项目，根据"应付利息""应付股利""其他应付款"总账科目期末余额合计填列(后两者为0)；③"存货"项目，根据"原材料""库存商品""生产成本"等总账科目期末余额合计填列；④"固定资产"项目，根据"固定资产"科目期末余额，减去"累计折旧"科目期末余额后的金额填列。

表 11-16 原材料总分类账

2021年		凭证号	摘 要	借 方	贷 方	借或贷	余 额
月	日						
7	1		期初余额			借	63 000
7	5	转2	材料验收入库	28 000			
7	6	转3	领用材料		35 000		
7	31		本月合计	28 000	35 000	借	56 000

表 11-17 库存商品总分类账

2021年		凭证号	摘 要	借 方	贷 方	借或贷	余 额
月	日						
7	1		期初余额			借	90 000
7	31	转10	结转完工产品成本	84 000			
7	31	转12	结转销售成本		48 000		
7	31		本月合计	84 000	48 000	借	126 000

表 11-18 固定资产总分类账

2021年		凭证号	摘 要	借 方	贷 方	借或贷	余 额
月	日						
7	1		期初余额			借	169 000
7	3	转1	接受固定资产投资	50 000			
7	31		本月合计	50 000	0	借	219 000

表 11-19 累计折旧总分类账

2021年		凭证号	摘 要	借 方	贷 方	借或贷	余 额
月	日						
7	1		期初余额			贷	44 000
7	31	转7	计提固定资产折旧		1 800		
7	31		本月合计	0	1 800	贷	45 800

表 11-20　生产成本总分类账

2021年		凭证号	摘　要	借　方	贷　方	借或贷	余　额
月	日						
7	1		期初余额			借	36 000
7	6	转 3	领用材料	35 000			
7	31	转 6	分配计算工资	30 000			
7	31	转 9	分配制造费用	12 000			
7	31	转 10	结转完工产品成本		84 000		
7	31		本月合计	77 000	84 000	借	29 000

表 11-21　制造费用总分类账

2021年		凭证号	摘　要	借　方	贷　方	借或贷	余　额
月	日						
7	1		期初余额			平	0
7	27	银付 8	支付水电费	1 000			
7	31	转 6	分配计算工资	10 000			
7	31	转 7	计提固定资产折旧	1 000			
7	31	转 9	分配制造费用		12 000		
7	31		本月合计	12 000	12 000	平	0

表 11-22　短期借款总分类账

2021年		凭证号	摘　要	借　方	贷　方	借或贷	余　额
月	日						
7	1		期初余额			贷	33 000
7	16	银收 1	借入短期借款		50 000		
7	31		本月合计	0	50 000	贷	83 000

表 11-23　应付账款总分类账

2021年		凭证号	摘　要	借　方	贷　方	借或贷	余　额
月	日						
7	1		期初余额			贷	55 000
7	31		本月合计	0	0	贷	55 000

表 11-24 应付利息总分类账

2021 年		凭证号	摘 要	借 方	贷 方	借或贷	余 额
月	日						
7	1		期初余额			贷	1 000
7	31	转 8	计算承担的利息费用		200		
7	31		本月合计	0	200	贷	1 200

表 11-25 应交税费总分类账

2021 年		凭证号	摘 要	借 方	贷 方	借或贷	余 额
月	日						
7	1		期初余额			贷	22 000
7	2	银付 2	购买材料	3 640			
7	18	转 4	销售产品		10 400		
7	31	转 11	计算城市维护建设税及教育费附加		676		
7	31		本月合计	3 640	11 076	贷	29 436

表 11-26 应付职工薪酬总分类账

2021 年		凭证号	摘 要	借 方	贷 方	借或贷	余 额
月	日						
7	1		期初余额			贷	85 000
7	20	银付 6	发放工资	50 000			
7	31	转 6	分配计算工资		52 000		
7	31		本月合计	50 000	52 000	贷	87 000

表 11-27 实收资本总分类账

2021 年		凭证号	摘 要	借 方	贷 方	借或贷	余 额
月	日						
7	1		期初余额			贷	200 000
7	3	转 1	接受固定资产投资		50 000		
7	31		本月合计	0	50 000	贷	250 000

表 11-28 资本公积总分类账

2021 年		凭证号	摘 要	借 方	贷 方	借或贷	余 额
月	日						
7	1		期初余额			贷	50 000
7	31		本月合计	0	0	贷	50 000

表 11-29　盈余公积总分类账

2021 年		凭证号	摘　要	借　方	贷　方	借或贷	余　额
月	日						
7	1		期初余额			贷	20 000
7	31		本月合计	0	0	贷	20 000

表 11-30　本年利润总分类账

2021 年		凭证号	摘　要	借　方	贷　方	借或贷	余　额
月	日						
7	1		期初余额			贷	40 000
7	31	转 13	结转收入		80 000		
7	31	转 14	结转费用	69 276			
7	31		本月合计	69 276	80 000	贷	50 724

表 11-31　主营业务收入总分类账

2021 年		凭证号	摘　要	借　方	贷　方	借或贷	余　额
月	日						
7	1		期初余额			平	0
7	18	转 4	销售产品		80 000		
7	31	转 13	结转收入	80 000			
7	31		本月合计	80 000	80 000	平	0

表 11-32　主营业务成本总分类账

2021 年		凭证号	摘　要	借　方	贷　方	借或贷	余　额
月	日						
7	1		期初余额			平	0
7	31	转 12	结转销售成本	48 000			
7	31	转 14	结转费用		48 000		
7	31		本月合计	48 000	48 000	平	0

表 11-33　税金及附加总分类账

2021 年		凭证号	摘　要	借　方	贷　方	借或贷	余　额
月	日						
7	1		期初余额			平	0
7	31	转 11	计算城市维护建设税及教育费附加	676			
7	31	转 14	结转费用		676		
7	31		本月合计	676	676	平	0

表 11-34 管理费用总分类账

| 2021年 | | 凭证号 | 摘 要 | 借 方 | 贷 方 | 借或贷 | 余 额 |
月	日						
7	1		期初余额			平	0
7	9	银付3	支付办公费	2 500			
7	22	转5	报销差旅费	2 500			
7	27	银付8	支付水电费	600			
7	31	转6	分配计算工资	12 000			
7	31	转7	计提固定资产折旧	800			
7	31	转14	结转费用		18 400		
7	31		本月合计	18 400	18 400	平	0

表 11-35 销售费用总分类账

| 2021年 | | 凭证号 | 摘 要 | 借 方 | 贷 方 | 借或贷 | 余 额 |
月	日						
7	1		期初余额			平	0
7	11	银付4	支付广告费	2 000			
7	31	转14	结转费用		2 000		
7	31		本月合计	2 000	2 000	平	0

表 11-36 财务费用总分类账

| 2021年 | | 凭证号 | 摘 要 | 借 方 | 贷 方 | 借或贷 | 余 额 |
月	日						
7	1		期初余额			平	0
7	31	转8	计算承担的利息费用	200			
7	31	转14	结转费用		200		
7	31		本月合计	200	200	平	0

表 11-37　总分类账户发生额和余额试算平衡表

会计科目	期初余额		本期发生额		期末余额	
	借　方	贷　方	借　方	贷　方	借　方	贷　方
库存现金	2 000		3 500	0	5 500	
银行存款	150 000		78 000	103 740	124 260	
应收账款	28 000		90 400	28 000	90 400	
预付账款	0		10 000	0	10 000	
其他应收款	12 000		3 000	3 000	12 000	
在途物资	0		28 000	28 000	0	
原材料	63 000		28 000	35 000	56 000	
库存商品	90 000		84 000	48 000	126 000	
固定资产	169 000		50 000	0	219 000	
累计折旧		44 000	0	1 800		45 800
生产成本	36 000		77 000	84 000	29 000	
制造费用	0		12 000	12 000	0	
短期借款		33 000	0	50 000		83 000
应付账款		55 000	0	0		55 000
应付利息		1 000	0	200		1 200
应交税费		22 000	3 640	11 076		29 436
应付职工薪酬		85 000	50 000	52 000		87 000
实收资本		200 000	0	50 000		250 000
资本公积		50 000	0	0		50 000
盈余公积		20 000	0	0		20 000
本年利润		40 000	69 276	80 000		50 724
合计	550 000	550 000	586 816	586 816	672 160	672 160

表 11-38 资产负债表

会企 01 表

编制单位：利民公司　　　　　　　　　2021 年 7 月 31 日　　　　　　　　　单位：元

资　　产	期末余额	年初余额	负债及所有者权益	期末余额	年初余额
流动资产：			流动负债：		
货币资金	129 760		短期借款	83 000	
交易性金融资产	0		交易性金融负债	0	
衍生金融资产	0		衍生金融负债	0	
应收票据	0		应付票据	0	
应收账款	90 400		应付账款	55 000	
预付款项	10 000		预收款项	0	
其他应收款	12 000		合同负债	0	
存货	211 000		应付职工薪酬	87 000	
合同资产	0		应交税费	29 436	
持有代售资产	0		其他应付款	1 200	
一年内到期的非流动资产	0		持有代售负债	0	
其他流动资产	0		一年内到期的非流动负债	0	
流动资产合计	453 160		其他流动负债	0	
非流动资产：			流动负债合计	255 636	
债权投资	0		非流动负债：		
其他债券投资	0		长期借款	0	
长期应收款	0	(略)	应付债券	0	(略)
长期股权投资	0		租赁负债	0	
其他权益工具投资	0		长期应付款	0	
其他非流动金融资产	0		预计负债	0	
投资性房地产	0		递延收益	0	
固定资产	173 200		递延所得税负债	0	
在建工程	0		其他非流动负债	0	
生产性生物资产	0		非流动负债合计	0	
油气资产	0		负债合计	255 636	
无形资产	0		所有者权益：		
开发支出	0		实收资本	250 000	
商誉	0		其他权益工具	0	
长期待摊费用	0		资本公积	50 000	
递延所得税资产	0		盈余公积	20 000	
其他非流动资产	0		未分配利润	50 724	
非流动资产合计	173 200		所有者权益合计	370 724	
资产总计	626 360		负债和所有者权益总计	626 360	

表 11-39 利润表

会企 02 表

编制单位：利民公司　　　　　　　　2021 年 7 月　　　　　　　　单位：元

项　目	本期金额	上期金额
一、营业收入	80 000	
减：营业成本	48 000	
税金及附加	676	
销售费用	2 000	
管理费用	18 400	
财务费用	200	
其中：利息费用	200	
利息收入	0	
资产减值损失	0	（略）
加：投资收益（损失以"－"号填列）	0	
公允价值变动收益（损失以"－"号填列）	0	
二、营业利润（亏损以"－"号填列）	10 724	
加：营业外收入	0	
减：营业外支出	0	
三、利润总额（亏损总额以"－"号填列）	10 724	
减：所得税费用	0	
四、净利润（净亏损以"－"号填列）	10 724	
（略）		

本 章 小 结

(1) 会计循环是指企业将一定时期发生的所有经济业务，依据一定的步骤和方法，加以计量、记录、分类、汇总直至编制财务报告/会计报表的会计处理全过程。在连续的会计期间内，这些会计处理工作从会计期初开始，到会计期末为止，循环往复，周而复始，因而称为会计循环。

(2) 会计循环包括以下步骤和程序：①分析经济业务；②编制会计分录，填制记账凭证；③登记账簿(过账)；④编制调整前的试算平衡表；⑤账项调整即编制调整分录并登记账簿；⑥编制调整后的试算平衡表；⑦对账和结账；⑧编制财务报告。

(3) 账项调整是按照权责发生制的要求，对预收收入、应计收入、预付费用、应计费用和估计项目等事项进行调整，以确定应归属于本期的收入和费用的一种专门方法。

(4) 账务处理程序是指在会计循环中，会计主体采用的会计凭证、会计账簿、会计报表的种类、格式与记账程序有机结合的方法和步骤。记账程序是综合运用一定的记账方法，从填制、审核、整理各种原始凭证和记账凭证到登记日记账、明细分类账和总分类账，再到编制财务报告的整个步骤与过程。

(5) 账务处理程序主要包括：记账凭证账务处理程序、汇总记账凭证账务处理程序、科目汇总表账务处理程序等。

复习与思考题

1. 什么是会计循环? 会计循环的流程是怎样的?

2. 简述会计循环的步骤。

3. 什么是工作底稿? 工作底稿有哪些不同的格式?

4. 什么是账项调整? 简述账项调整中的预收收入、应计收入、预付费用、应计费用和估计项目的调整。

5. 什么是账务处理程序? 账务处理程序的基本模式是怎样的?

6. 简述记账凭证账务处理程序的步骤、优缺点及适用范围。

7. 简述汇总记账凭证账务处理程序的步骤、优缺点及适用范围。

8. 简述科目汇总表账务处理程序的步骤、优缺点及适用范围。

单项选择题

1. 记账凭证账务处理程序一般适用于(　　)。

　　A. 规模小、经济业务较少、记账凭证不多的单位

　　B. 规模较大、经济业务较多、财会力量强的单位

　　C. 会计人员少但经济业务较多的单位

　　D. 会计人员较少的单位

2. 汇总记账凭证账务处理程序一般适用于(　　)。

　　A. 规模小、经济业务较少、记账凭证不多的单位

　　B. 规模较大、经济业务较多、财会力量强的单位

　　C. 会计人员少但经济业务较多的单位

　　D. 会计人员较少的单位

3. 汇总付款凭证的贷方科目可能是(　　)。

　　A. 应付账款　　　B. 银行存款　　　C. 应收账款　　　D. 短期借款

4. 关于收入和费用的实际发生期和实际收付期,下列说法正确的是(　　)。

　　A. 两者一定完全一致　　　　　　B. 实际发生期早于实际收付期

　　C. 实际收付期早于实际发生期　　D. 两者有可能一致,也有可能不一致

5. 期末账项调整的基础是(　　)。

　　A. 收付实现制　　B. 权责发生制　　C. 会计主体　　　D. 持续经营

6. 科目汇总表定期汇总的是(　　)。

　　A. 每一账户的本期借方发生额　　　　　B. 每一账户的本期贷方发生额

　　C. 每一账户的本期借方、贷方发生额　　　D. 每一账户的本期借方、贷方余额

7. 在各种不同的账务处理程序中,不能作为登记总账依据的是(　　)。

　　A. 科目汇总表　　B. 记账凭证　　　C. 汇总原始凭证　　D. 汇总记账凭证

8. 以下各项中,不属于会计循环的步骤的是(　　)。

　　A. 对账和结账　　　　　　　　B. 分析经济业务

C. 选择合适的账务处理程序　　　　D. 编制会计分录

9. 下列项目中，属于会计估计项目的是(　　)。

A. 固定资产的使用年限和净残值

B. 借款费用是资本化还是费用化

C. 坏账损失的核算方法

D. 发出存货的计价方法

10. 最基本的账务处理程序是(　　)，其他账务处理程序都是在此基础上发展演变而形成的。

A. 记账凭证账务处理程序　　　　　B. 汇总记账凭证账务处理程序

C. 科目汇总表账务处理程序　　　　D. 会计循环账务处理程序

综 合 题

1. 资料：

(1) A 公司 2023 年 1 月 1 日至 12 月 31 日按收付实现制确定收入、费用及利润情况如下：收入，50 000 元；费用，31 400 元；利润，18 600 元。

(2) 上述资料若以权责发生制为基础，则有关资料如下。

	年初	年末
预收收入	1 500 元	1 800 元
应计收入	1 000 元	900 元
预付费用	840 元	1 130 元
应计费用	1 870 元	1 460 元

要求：假设该公司年初的预收预付项目在年度内均已转为收入、费用，年初的应计项目也在年度中支出或收到现金。试根据上列资料计算该公司 2023 年度以权责发生制为基础的收入、费用和利润。

2. 小李 2023 年 1 月 1 日创办了美心公司，主要经营小家电的批发和零售。1 月份发生的经济业务如下。(不考虑增值税)

(1) 以个人资金 40 万元投资创办公司，款项已存入银行。

(2) 租用一处店面作为经营场所，以银行存款预付一年租金 6 万元；购置经营用设备和用品等价值 2 万元，以银行存款支付。

(3) 向银行借款 4 万元，借款期限 1 年，年利率为 6%，到期一次还本付息。

(4) 购入小家电两批次，每批次都为 6 万元，第一批次以银行存款支付，第二批次货款暂欠。

(5) 从银行提取现金 0.5 万元，作为日常备用金使用。

(6) 本月零售售出小家电共计 1 万元，全部收到并存入银行。

(7) 本月批发售出小家电共计 6 万元，其中有 4 万元收到并存入银行，其余对方尚未付款。

(8) 以银行存款支付临时聘用员工的工资 0.5 万元。

(9) 以银行存款支付本月水电费等 0.1 万元。

(10) 以现金 0.1 万元支付电话费和日常杂费。

(11) 结转已售出小家电成本 4 万元。

(12) 将有关收入项目转入"本年利润"账户。

(13) 将有关费用项目转入"本年利润"账户。

要求：根据美心公司的经济业务，替小李设计一套合理的账务处理程序，并向小李报告公司 1 月份的经营业绩。

参 考 文 献

[1] 崔九九，徐黎，杨滨. 基础会计学[M]. 上海：立信会计出版社，2020.

[2] 王前锋. 基础会计[M]. 北京：化学工业出版社，2018.

[3] 秦欣梅. 基础会计[M]. 大连：东北财经大学出版社，2020.

[4] 吴国萍. 基础会计学[M]. 5 版. 上海：上海财经大学出版社，2019.

[5] 师萍. 基础会计学[M]. 广州：华南理工大学出版社，2019.

[6] 陆萍，王妹，邱强. 基础会计[M]. 2 版. 南京：东南大学出版社，2020.

[7] 张捷，刘英明. 基础会计[M]. 6 版. 北京：中国人民大学出版社，2019.

[8] 李海波，蒋瑛. 基础会计[M]. 4 版. 北京：中国财政经济出版社，2015.

[9] 潘莹，饶兴明. 会计学原理[M]. 上海：上海财经大学出版社，2021.

[10] 张航，汪慧. 基础会计学[M]. 杭州：浙江大学出版社，2021.

[11] 王艳茹，刘泉军. 基础会计[M]. 4 版. 北京：中国人民大学出版社，2019.

[12] 李秀莲，贾兴飞. 基础会计[M]. 3 版. 北京：北京大学出版社，2020.

[13] 宋秀珍，牟伟明. 基础会计[M]. 南京：南京大学出版社，2016.

[14] 丁增稳，张春想. 基础会计[M]. 2 版. 大连：东北财经大学出版社，2019.

[15] 赵丽生，常洁，高慧芸. 基础会计[M]. 6 版. 大连：东北财经大学出版社，2019.

[16] 李群. 基础会计与实务[M]. 6 版. 北京：人民邮电出版社，2021.

[17] 徐泓. 基础会计学[M]. 4 版. 北京：中国人民大学出版社，2019.

[18] 会计专业技术资格考试研究中心. 初级会计实务[M]. 上海：立信会计出版社，2021.

[19] 陈国辉，陈文铭. 基础会计[M]. 5 版. 北京：清华大学出版社，2020.

[20] 赵存丽，赵雨田. 基础会计[M]. 北京：中国财政经济出版社，2020.

[21] 王玉娟. 基础会计[M]. 2 版. 北京：北京交通大学出版社，2020.

[22] 张宏萍. 基础会计[M]. 2 版. 北京：清华大学出版社，2021.

[23] 陈国辉，迟旭升. 基础会计[M]. 7 版. 大连：东北财经大学出版社，2021.

[24] 石本仁，谭小平. 会计学原理[M]. 5 版. 北京：人民邮电出版社，2021.

[25] 企业会计准则编审委员会. 企业会计准则讲解与实务[M]. 北京：人民邮电出版社，2019.

[26] 王佩琳. 公司法及司法解释汇编：典型案例·关联规定[M]. 北京：中国法制出版社，2021.

[27] 法规应用研究中心. 税法一本通[M]. 北京：中国法制出版社，2021.

[28] 财政部会计资格评价中心. 初级会计实务[M]. 北京：经济科学出版社，2020.